KB036496

역사를 읽는 법

역사를 읽는 법

류시현 지음

감사의 말

두 분 어머니, 가족

강만길 선생님 그리고 은사님

선배, 후배 그리고 동기·동창

광주교대 구성원 여러분

첫 독자 대학원 나진아, 박주현, 최지영 선생님

출판사 소개해준 박광형·전희진 선생님

좋은 책 만들어준 박성경, 신수진, 정우진 선생님

고맙습니다. 그리고 감사드립니다.

차례

머리말

어느 시인이 말했다. 요즘은 시가 전문이 아니라 일부 구절과 문장만으로 기억된다고. 예를 들면 서정주의 「자화상」은 "애비는 종이었다 … 스물 세 해 동안 나를 키운 건 팔할이 바람이다", 윤동주의 「서시」는 "잎새에 이는 바람에도 나는 괴로워했다", 이육사의 「광야」는 "백마 타고 오는 초인이 있어 이 광야에서 목놓아 부르게 하리라", 백석의 시는 "그 드물다는 굳고 정한 갈매나무라는 나무를 생각하는 것이었다" 등으로만 기억된다는 것이다. 과연 시를 비롯한 문학만 그러할까? 역사 관련한 책들은 제대로 읽히고 있을까?

역사 이론과 관련해서 E. H. 카Edward Hallett Carr의 『역사란 무엇인가』가 유명했고 많은 영향을 끼쳤다. 이 책은 '역사가와 그의 사실들' '사회와 개인' '역사, 과학 그리고 도덕' '역사에서의 인과

관계' '진보로서의 역사' '지평선의 확대' 이렇게 6장으로 구성되었다.[i] 그 가운데 "역사는 과거와 현재와의 대화이다." 같은 몇 문장이 되뇌어진다. 전공이 역사학이라 대학교 1학년 때부터 이 책을 여러 번 읽었다. 매번 새롭다. 그럼에도 내용을 이해하기 어려웠다. E. 베른하임Ernst Bernheim의 『역사학 입문』과 같은 책도 있었다. 베른하임은 독일의 역사학자로, 이 책은 '역사학의 본질과 과제' '역사학의 작업 영역' '역사학의 연구수단(방법론)'으로 구성되었다.[ii] 역사학에 관한 학술적이고 고전적인 설명이었다.

『사관이란 무엇인가』에서는 랑케Leopold von Ranke의 역사학이 실증주의가 아니라 역사주의라는 설명이 새로웠다.[iii] 고정관념과 선입관에 자극을 주었다. 그렇다면 실증주의는 무엇이며, 역사주의는 무엇일까? 물음은 많지만, 답을 찾기 쉽지 않았다. 얼개와 틀이 익숙하지 않았기 때문이었다. 게다가 역사 관련 개념을 이해하는 것도 쉽지 않았다. 이런 종류의 책을 수업과 시험 때문에 읽었지만, 재미는 없었다.

나중에 읽은 어떤 글에서 보니, 역사주의와 낭만주의는 서로 맞물린다. 역사학에서 낭만주의는 "역사를 기계론적으로 취급하는 계몽주의에 반발하여 역사의 복잡하고 법칙으로 환원되지 않

---

i E. H. 카, 김택현 옮김, 2015, 『역사란 무엇인가』, 까치.
ii E. 베른하임, 조기준 옮김, 1976, 『역사학 입문』, 정음사.
iii 차하순 편, 1982, 『사관이란 무엇인가』, 청람문화사.

는 비합리적인 측면을 강조했다."[i]라고 이해된다. 시대별로, 국가별로 공동체에 대해, 가령 같은 경제적·정치적 조건을 부여하더라도 실제로 유사한 혹은 같은 결과가 나오지 않았다는 뜻이다. 즉, 역사학에서 낭만주의는 보편성보다 특수성을 강조한 입장으로 이해할 수 있다.

타이완 학자 두유운杜維運의 『역사학연구방법론』 등의 이론서도 읽었다.[ii] 사료를 1차, 2차 사료 등으로 구분했던 것이 기억된다. 옛날의 문자 기록이 모두 사료라고 생각했는데, 그 사료들 중 어느 것이 중요한지에 관한 논의가 이에 반영되었다. 역사는 자연과학 같은 학문과는 다르지만, 사료의 분류와 평가에 접근하는 방법론은 '과학'이라고 생각했다. 30년 전에 번역되었던 이 책을 다시 읽어보았다. 서양의 역사학 관련 이론 성과를 바탕으로 중국적 전통 속에서 형성된 역사 이론을 만들기 위해 고민했던 점이 새삼 주목되었다.

대학에 와서 학문으로 배우기 시작한 역사는 재미가 없고 딱딱했으며, 선명한 답이 없는 학문처럼 느껴졌다. 심지어 역사란 학문을 내가 계속 공부할 수 있을까 하는 고민이 깊어졌다. 이러한 불안감을 극복하는 데는, 1978년 출판된 강만길의 『분단시대의 역사인식』의 영향이 컸다.[iii] 살다보면 몰랐던 사실을 알 때 드는 즐거

---

i 호리고메 요조, 박시종 옮김, 2003, 『역사를 보는 눈』, 개마고원, 149쪽.
ii 두유운, 권중달 옮김, 1984, 『역사학연구방법론』, 일조각.
iii 강만길, 1978, 『분단시대의 역사인식 : 강만길 사론집』, 창작과비평사.

움이 있다. 더 큰 즐거움은 알고 있는 것을 새롭게 이해하는 즐거움이다. 가장 큰 즐거움은 전혀 생각하지 못한 접근 방향을 소개받았을 때 생긴다. 이 책은 세 가지 즐거움 모두를 충족해주었다.

『분단시대의 역사인식』에 서술된 식민지 시기 민족운동은 고등학교 때 전혀 배우지 않은 내용이었다. 조선 후기 시대상과 실학에 대한 설명이 체계적으로 이해될 수 있도록 서술된 데 강렬한 인상을 받았다. 또한, 훈민정음의 제정이 민중 통치를 위한 방안이라고 본 새로운 해석이 경이로웠다. 이 글을 준비하면서 이 책을 다시 읽었다. 30년이란 간극이 존재하지만, 여전히 매력적이었다.

계속 여러 책을 읽고 있다. 그렇지만 역사가 무엇인지 명확히 설명하지 못하겠다. 게다가 역사가의 역할과 임무가 무엇인지에 관해 여전히 고민하게 된다. 이전에는 당연했던 명제에 관해 많은 물음이 생기고 있다. 시간을 중요시하는 역사학에서 '요즘'은 이 책이 출판되고, 독자가 읽고 있는 지금의 시점을 뜻한다. 나의 경우에는 1990년대, 2000년대, 2010년대에도 '요즘'의 고민은 계속되고 있다. '어떻게 하면 역사 용어와 개념을 보다 분명하고 구체적으로 전할 것인가?' 하는 문제가 이 책의 과제라고 생각한다.

개념을 분명히 자기 것으로 만드는 것은 학문의 출발점이다. 개념을 분명히 한다는 것은 개념을 자신의 언어와 표현으로 설명할 수 있다는 뜻이다. 하루, 한 달의 차이는 별것 없어 보이지만 10년, 50년, 100년 전의 문체와 말투를 비교해보면 크게 변했다. 역사는 '낯선 과거'와의 만남이라고 한다. 과거 인간의 삶 속에 투영된 낯선 언어와 개념을 이해하는 데서 시작해야 한다.

1900년대 후반에 양계초梁啓超(량치차오)의 『월남망국사』란 책이 번역되었다. 월남越南은 Vietnam의 한자 표기다. 지금 역사 교과서에 1960년대 박정희 정부가 군인을 파병했던 것을 '베트남 파병'이라고 서술하고 있는데, 당시에는 '월남 파병'이라고 불렀다. '월남'은 시대를 반영하는 고유명사이므로, 한자가 어렵다고 책 이름을 '베트남망국사'라고 소개할 수는 없다. 차라리 "제국주의의 침탈이 있었던 베트남의 역사를 다룬 『월남망국사』"라고 맥락을 풀어주는 것이 좋다. 낯선 과거는 고유명사를 포함해서 개념 문제로 확장된다.

역사와 관련해서 당연하게 여겨지는 명제를 다시 검토할 필요가 있다. 나는 박사논문 주제였던 최남선이라는 프리즘을 통해 한국 근현대사의 많은 부분을 설명할 수 있다고 생각했다. 최남선을 그동안 많이 주목받지 못한 '판도라의 상자'로 여겼다. 그런데 요즘 왜 최남선을 연구하며, 그에 관한 연구가 어떤 의미가 있는지 물으면 당황스럽다. 그리고 이 주제 안에서 인간의 문제를 해결할 답을 찾을 수 있다는 생각이 흔들리고 있다.

학자는 누구도 묻지 않는 질문을 제기하고 답을 찾는 존재다. 역사가의 질문은 현실적이지 않고 심지어 실용적이지도 못하다. 최남선은 일제강점기에 금강산과 백두산에 관한 기행문을 썼는데, 그것을 몰라도 괜찮다. 여행기를 통해 금강산에서 조선의 정신을, 백두산에서 단군을 발견했던 것에서 의미를 찾지 않아도 된다. 살아가는 데 전혀 불편하지 않다.

보다 구체적으로, 역사는 시간상 과거의 일만 다룬다. 과거는 왜 중요할까? 다시 말해 과거가 가진 '과거의 힘'은 무엇일까? 역사를 흔히 '오래된 미래'라고 한다. 과거를 다루지만 미래를 위한 것이라는 의미이다. 이 글에서는 역사학이란 학문과 관련해서 평소 생각했던 물음을 제기하고 싶다. 역사학이 여전히 유용하다는 관점에서, 같이 생각하고 싶은 문제를 질문으로 제시하고 이에 대한 답을 찾는 방향을 모색하고자 한다. 정답이라고 내 주장을 우기기보다는 답을 찾는 과정을 독자와 같이하고 싶다.

전문가 집단은 자신의 학문 영역과 관련된 논의에 관해 '독자가 다 알고 있는 것은 아니다.'라는 마음가짐에서 출발해야 한다. 역사는 재미있고 매력 있다는 것을 전하고자 한다. 이를 위해 최대한 역사와 관련된 구체적인 사례 속에서 그 방향을 찾아보고자 한다. 이를 통해 독자에게 생각할 거리를 준다면 그것만으로도 이 책이 의미 있지 않을까 한다.

1장

기원과 시간성

기원에 관한 호기심

역사 정보와 지식을 두고 경쟁할 때 흔히 "누가 나라를 세웠는가?" "불교의 수용 혹은 율령의 반포는 언제, 어느 왕 때인가?" 등 시작을 묻는 질문을 하는 경우가 많다. 두 번째 혹은 세 번째 임금이 누구인지는 고급 단계의 질문이다. 시작과 기원에 관한 궁금증은 인류에게 보편적인 궁금증이다. 세상이 어떻게 누구에 의해 만들어졌는가, 각 공동체는 어떻게 시작했는가에 대한 답을 찾으면서 신화가 만들어졌다. 신화의 연장선에 이야기가 있으며, 언제 어디서 시작하는지는 중요한 물음이다.

일단 현재 가장 오래된 동굴 벽화라고 추정되는 벽화를 보자. 인도네시아 술라웨시Sulawesi 동굴에서 발견된 것으로 4만~4만 5,000년 전에 그려졌다고 추정된다. 현생인류인 호모 사피엔스 사피엔스의 출현 시기와 거의 비슷하다. 당시 인류는 사냥감인 돼지에 주목했다. 이유는 무엇일까? 많이 잡히게 해달라는 기원을 담았을까, 아니면 어리거나 젊은 다음 세대에게 사냥감에 관한 지식을 알려주려는 것이었을까?

관찰을 바탕으로 한 사실적인 동물 그림 옆에는 손바닥 그림이

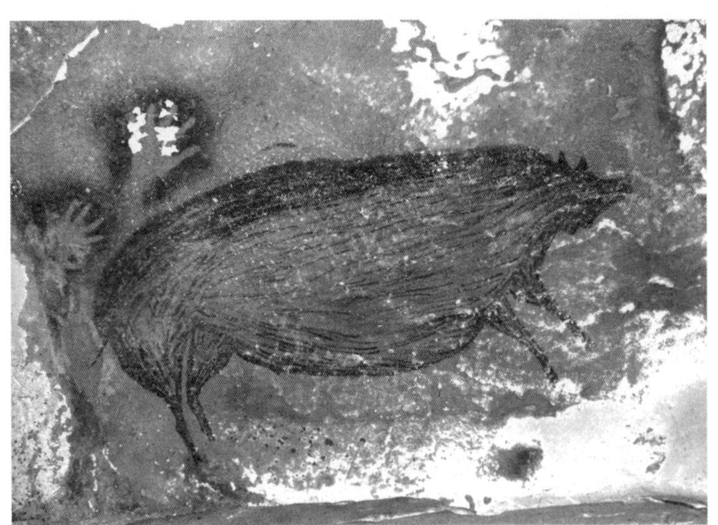

1-1 인도네시아 술라웨시 동굴 벽화.

두 개 있다. 스텐실 기법이라고 한다. 자신의 손을 동굴 벽에 대고 그 위에 물감을 입으로 뿜어서 만드는 것이다. 작가의 탄생을 의미한다.

그림을 그린 사람은 왜 손바닥 그림을 남겼을까? 이러한 방식은 어두운 동굴에 벽화를 그린 프랑스의 쇼베Chauvet 동굴, 페슈-메를Pech-Merle 동굴 등 여러 지역에서도 나타난다. 미술사학자 양정무는 이를 그림 그린 사람이 자신의 존재를 확인하는 것이며, 자기 작품이라는 걸 표시하는 행위라고 해석했다.[i] 미국의 인류

i 양정무, 2016, 『난생 처음 한 번 공부하는 미술이야기』 1, 사회평론, 75~81쪽.

학자이자 고고학자인 브라이언 페이건Brian Murray Fagan은 큰 동물 옆에 이러한 손자국을 찍는 일은 흔했고, 말 그림에 그려진 손자국 관련해서는 "말의 초자연적 힘은 손을 통해 들어오고 사냥을 허락한다."[i]라고 보았다. 한편, 프랑스 선사 고고학자 마릴렌 파투-마티스Marylène Patou-Mathis는 젠더의 관점에서 프랑스와 스페인의 8개 동굴에서 약 2만 5,000년 전에 만들어진 손자국 32개 가운데 대다수가 여성의 것이라고 주장했다.[ii] 작품을 만드는 예술가로서의 여성에 주목한 것이다. 서로 다른 관점의 접근이다.

기록이 남겨지지 않은 선사시대에 관해서는 유적과 유물을 통해 당대 사회에 접근할 수 있다. 옆 쪽 사진과 그림은 경상북도 울산시 울주군에 있는 반구대 암각화다. 국보 제285호였는데, 이제는 번호를 붙이지 않고 폭넓게 '국가문화유산'이라고 부른다. 위 사진은 암각화의 전경이고 아래 그림은 새롭게 채색을 입혀 분류한 것이다. 수직 바위벽에 해양 동물과 육지 동물, 각종 도구와 사람 등의 그림이 300여 점 채워져 있다.[iii] 시기로 보면, 신석기시대부터 청동기시대에 걸쳐 있다.

이 암각화에는 동물 그림이 많은데, 그 가운데 특히 고래가 많다. 조금 더 세부적으로 나눠보면, 동물 146점, 주제 미상 61점, 도구 13점, 인물상 11점이며, 고래는 북방긴수염고래, 혹등고래, 참고

---

i 브라이언 페이건, 김정은 옮김, 2016, 『위대한 공존』, 반니, 29쪽.
ii 마릴렌 파투-마티스, 공수진 옮김, 2022, 『파묻힌 여성』, 프시케의 숲, 171쪽.
iii 전호태, 2021, 「울산 반구대암각화의 가치와 의미」, 『역사문화연구』 89, 3쪽.

1-2 울산 반구대 암각화 전경과 실측도.[i]

i 전호태, 2021,「울산 반구대암각화의 가치와 의미」,『역사문화연구』89, 4쪽.

1-3 작살에 꽂힌 고래 그림.[ii]

래, 귀신고래, 향유고래 등이 그려졌다고 한다.[i]

실제 동물을 관찰하고 그린 것이기에 자세하다. 사냥도구인 작살에 꽂힌 고래 그림도 있고, 큰고래와 작은 고래가 겹쳐 그려진 것도 있다. 이전에는 아기 고래를 밴 엄마 고래의 모습이라고 해석했고 요즘은 관찰을 바탕으로, 아기 고래를 업고 있는 모습을 그렸다고 설명하고 있다.

판소리 『춘향전』, 한글 소설 『홍길동전』의 시작은 어떠한가? 시작과 끝은 이야기 구성의 첫 단계다. 『홍길동전』과 『춘향전』의 시작을 살펴보자. 물론 두 책은 여러 판본이 존재한다. 필자가 인용한 경판 춘향전은 줄거리 중심의 소설이며, 1850~60년대 만들어졌다고 한다. 아래 인용한 대목을 보면, 두 이야기는 세종, 인조 때라는 시간을 언급하며 시작한다.("화설"은 이야기를 시작할 때 쓰는 관용어이고, "연광"은 젊은 나이, "두목지"는 당나라 시인 두목杜牧, "이백"은 당나라 시인 이태백李太白을 가리킨다.)

조선국 세종조 시절에 한 재상이 있었으니, 성은 홍이고 이름은 알

---

i 이상목, 2004. 4, 「울산 대곡리 반구대 선사유적의 동물 그림」, 『한국고고학보』 52, 35쪽

ii 전호태, 2021, 「울산 반구대암각화의 가치와 의미」, 『역사문화연구』 89, 8쪽.

수 없다. 대대로 내려오는 명문거족名門巨族 출신으로 어린 나이에 과거에 올라 벼슬이 이조판서에 이르렀으니 명망이 조야朝野에 으뜸이었으며, 충과 효를 겸비해 그 이름이 온 나라를 뒤흔들었다. 일찍이 두 아들을 두었으니, 큰아들의 이름은 인형으로 정실부인 유씨 소생이요, 둘째 아들의 이름은 길동으로 시비侍婢 춘섬의 소생이었다.(홍길동전)[i]

화설, 아조 인조조仁祖朝 때에 전라도 남원부사 이등이 한 아들을 두었으니 명은 령令이라. 연광年光이 십륙에 관옥의 기상과 두목지 풍채와 이백의 문장을 겸하였으니 칭찬 아닐 이 없더라.(춘향전)[ii]

역사와 시간이란 물음은 기원에 관한 인간의 호기심과 연결된다. 기원에 관한 관심은 오래되었다. 역사 교과서에서는 "최초의 ○○○" "최고最古의 ○○○"라는 표현이 자주 나온다. 무엇인가 제일 먼저 한 사람을 원조元祖, 비조鼻祖라고 한다.

음식점도 원조라고 하면 믿음이 간다. 그런데 최초에 관한 관심은 휘발성이 크다. '언제'인지를 확인하고 이에 관한 호기심이 충족되면 그만이다. 관심은 곧 사라져버린다. 즉, 기원에 관한 궁금증은 단순한 정보에 불과할 수 있다.

'역사학은 암기과목이다.'라는 말에 반대한다. 역사학자의 입장

---

i 김현양 옮김, 2010, 『홍길동전·전우치전』, 문학동네, 15쪽.

ii 이석개 역주, 2009, 『경판 춘향전』, 범우, 11쪽.

에서 이런 선입관은 억울하다. 사실 어떤 학문이라도 암기가 어느 정도는 필요하다. 그리고 잘 외우기 위해서는 어떤 사건이나 사실의 과정과 절차가 어떠했는지에 관한 맥락 이해가 필요하다. 이를 위해서는 '언제'라는 질문이 '그래서, 어떻게'라는 질문으로 변해야 한다. 다시 말해 원조집보다는 맛있는 음식점이 중요하다. 음식점을 선택할 때 친절함도 중요한 판단 기준이 된다. 쾌적한 전망과 넓은 주차장이 있으면 더욱 좋다. 꼭 원조가 중요한 것은 아니다.

정보와 지식은 구분되어야 한다. 역사학에서 정보는 연도나 인명, 활동 단체 등에 해당한다. 인터넷 등을 통해 간편하고, 쉽게 정보를 얻을 수 있다. 이렇게 확인할 수 있는 정보는 굳이 외우지 않아도 된다. 따라서 최초, 최고最古가 누구이고, 무엇인지를 너무 의식하지 않아도 좋다. 역사적 사건과 인물의 중요성은 첫 번째가 아니더라도 호기심을 충족할 이야기가 존재하는 데서 의미를 찾아야 한다.

과거 시간의 재조명

그렇지만 기원을 찾는 것은 여전히 흥미로운 일이다. 기원을 고민한다는 것은 상대적으로 먼 시간을 거슬러 올라간다는 뜻이다. 자신의 삶보다 긴 시간과 만나는 의미를 생각해보자. 한 인간의 삶을 100년 정도로 잡고 그 10배, 100배 이상이 되는 시간을 떠

올려보자. 역사는 1천 년 전, 1만 년 전까지 올라가, 먼 시간의 공간과 인물과 사건을 만나는 기회를 제공한다. 이때 인간이 느낄 수 있는 정서와 감정은 경건함 혹은 겸손함이다. 1천 년, 1만 년 이전을 생각하면, 100년을 사는 사람은 자신을 낮출 수 있다.

먼 시간에 대한 조망은 자신을 객관화할 수 있는 계기를 제공한다. 역사는 주관적인 인간이 시간을 객관화하는 학문이라고 할 수 있다. 인간은 각자의 입장에서 서로 다른 판단을 하는 주관적 존재다. 그렇다면 시간을 객관화한다는 것은 무엇일까?

시간에서 과거를 대상으로 하기에, 과거를 객관화한다는 것이다. 하지만 과거에 관한 해석은 모든 사람이 동의할 만큼 절대적인 객관화가 될 수 없다. 인간을 공부하는 인문학은 '절대'와 같은 표현을 쓰지 않는다. 인간을 하나의 단위로 설정할 수 없으며, 다수결이라고 해서 모두 옳거나 맞는 결정을 할 수 없다. 그래서 인문학은 '옳다' '그르다' 혹은 '맞다' '틀리다'와 같은 판단을 조심한다. 도리어 그렇게 할 수 있다는 생각 자체가 위험하다. 역사가는 같은 시대를 사는 사람에게 최대한의 동의와 공감을 얻으려고 노력해야 한다. 비록 이러한 설득이 실패하더라도 최소한의 논리적 진지를 구축하고자 하는 데 목표를 두어야 한다.

거듭 얘기하지만, 역사라는 학문은 과거의 시간을 기반으로 해서 성립될 수 있다. 사람의 역사를 놓고 생각해보자. 한 작가 혹은 사상가의 글을 거의 모두 모은 것을 전집이라고 한다. 아래에서 볼 수 있듯이 최남선 전집은 역사, 신화연구, 기행문, 시조와 문학

작품 등의 주제로 구분해서 구성되었고, 신채호 전집은 주제별, 저작별로 편집되었다.

신채호 전집(9권)

제1~3권 역사 / 제4권 전기 / 제5권 신문·잡지 / 제6권 논설·사론 / 제7권 문학 / 제8권 독립운동 / 제9권 신채호 연보

최남선 전집(15권)

1~2권 한국사 / 3권 조선상식문답·조선상식 /
4권 고사천자故事千字 / 5권 신화·설화·시가詩歌·수필 /
6권 백두산근참기·금강예찬 외 / 7권 신자전
8권 삼국유사·시문독본·대동지명사전 / 9~10권 논설·논문 /
11권 역사일감 / 12권 한국역사사전 / 13권 시조유취·가곡선·번역문 /
14권 신교본 / 15권 총목차·종합색인·연보

이렇게 주제별로 편집된 전집을 시간순으로 재배치하는 것이 역사학적 접근 방법이다. 신채호 전집은 역사가 신채호의 글이 1~3권에, 신문과 잡지에 기고한 글이 5~6권에 그리고 독립운동 관련 글이 따로 나뉘었다. 최남선 전집은 주제별로 나누면서 단행본 중심으로 정리되었다. 그런데 이렇게 정리하면 신채호, 최남선이 10대, 20대, 30대, 40대 쓴 글을 확인하기 어렵다. 작가 혹은 사상가의 글을 집필 혹은 출판 시간순으로 보면, 이전의 관점과

달리 저자의 의도와 인식을 재조명하는 것이 가능해진다.

시간이 갈수록 역사 서술 내용은 풍부해질까? 일반적으로 시간이 흐르면 관련 기억과 자료가 사라진다. 예를 들어, 일제강점기의 10원, 100원 등의 화폐가치가 지금과 비교하여 어떠한지 어림은 할 수 있지만 정확하게는 설명하기 어렵다. 역사 기록에 나오는 용어와 개념을 현재 모르는 경우도 많다. 기록이 존재하지만 실제 내용을 확인할 수 없는 경우도 많다. 너무 소략해서 전체상을 구성하기 어려운 사례도 많다. 심지어 역사가가 중요하지 않다고 해서 소홀하게 다루기도 한다. 김부식이 주도한 『삼국사기』에는 민중의 삶에 관한 내용이 적다. 그렇지만 부족한 자료와 소재를 바탕으로 다양한 연구 해석을 축적하여 역사적 사실의 복원이 충실해질 수 있다.

시간의 선후 흐름을 살펴봄으로써 사실의 복원에 도움을 받을 수도 있다. 시간적인 순서는 제1차 세계대전(1914~1918)이 일어난 후 제2차 세계대전(1939~1945)이 일어났다. 그렇지만 제2차 세계대전이 있었기에 제1차 세계대전이란 명칭이 생겼다. 1918년을 살았던 사람들에게 제1차 세계대전은 그냥 '세계대전'이었다. 그 때를 살았던 사람이 경험했던 가장 규모가 크고 참혹했던 전쟁이었다.

다른 예를 들어 보면, 중일전쟁(1937)이 일어나자 만주사변(1931)이 주목되었다. 공간이 겹쳐지는 곳에서 일어난 만주사변과 중일전쟁이란 사건이 연속선상에서 이해되기 시작했다. 중국과 일본의 국제관계가 만주에서 중국 관내로 확장되었다. 중일전쟁 이후 만주사변이 재해석되었다. 일본 제국주의는 만주사변 때는 중국 본토와 만주를 분리하고자 했다면, 중일전쟁 이후 일본, 중국, 만주를 하나의 단위로 설정하는 '일만지日滿支'라는 공간적 용어를 사용했다(일日은 일본, 만滿은 만주, 지支는 지나, 즉 중국을 가리킨다).

과거의 새로운 해석

해석이 풍부해지면 역사적 사실은 정확해질까? A 자료만 존재하다가 B, C, D 자료가 나타난 경우, 판단 자료가 풍부해지므로 그만큼 정확해질 수 있다. 백제 무령왕의 지석이 그러하다. 1971년 공주 송산리 6호분 뒤쪽의 배수로 공사 중 벽돌무덤 1기가 우연히 발견되었다. 출토품 가운데 지석을 통해, 왕릉의 주인이 무령왕과 왕비임을 알 수 있게 되었다. 지석의 앞면에는 "영동대장군이신 백제의 사마왕斯麻王께서 나이 62세 되던 계묘년 5월 7일 임신일에 돌아가셨다. 을사년 8월 12일 갑신일에 대묘에 잘 모시었다."라고 새겨져 있다.

'무령왕이 523년 5월 7일 사망하여, 525년 8월 12일 무덤에 안장되었다.'는 내용인데, 2년 3개월 정도 가매장했다가 정식으로 장례 지내고 매장했다는 것이다. 이는 돌아가신 왕을 추모한 기간이었다. 또한, 지석의 발견으로 평소 '사마왕'이라고 불렸다는 것이나 40살에 왕이 된 것도 알 수 있었다.[i] 사마가 일본어로 섬을 가리키는 '시마'에서 나왔다는 해석에 따라, 『일본서기』의 기록도 활용할 수 있게 되었다. 사실의 복원에 접근한 것이다.

1-4 무령왕 지석.

사료는 고고학에서 논쟁을 불러오기도 한다. 고구려 광개토왕(19대)의 무덤에 관한 논쟁을 살펴보자. 고구려는 유리왕(2대) 때 졸본에서 국내성으로 수도를 옮기고, 장수왕(20대) 때 다시 수도를 평양으로 옮겼다. 국내성은 장수왕 이전의 고구려 수도로서 많은 유적과 유물이 존재한다. 광개토왕비도 고구려의 수도 국내성이 위치했던 지안集安에 있다. 그간 어떤 무덤이 광개토왕의 무덤인지 의견이 분분했다. 공석구는 와당 분석을 통해 장군총이 광개토왕의 무덤일 확률이 높다고 보았다.[ii] 그의 논문에서 당시 중요 고구려 왕릉의 위치를 살펴보자.

---

i 묘지석의 해석과 내용은 한국역사연구회 고대사 분과, 2004, 『고대로부터의 통신』, 푸른역사, 147~155쪽 참조.

ii 광개토왕릉에 관한 지도 및 와당 사진 그리고 논지는 공석구, 2019, 「연꽃무늬와당으로 본 광개토왕릉 비정」, 『고구려발해연구』 제64집, 83~107쪽 참조.

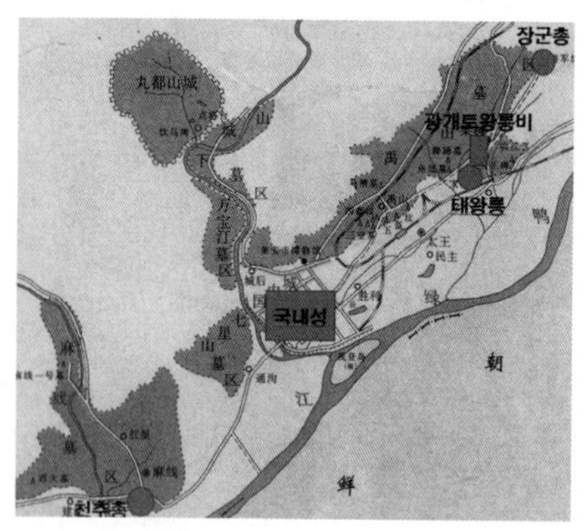

1-5 광개토왕비와 중요 고구려 왕릉 위치도.

왕의 업적을 다룬 비석이니 당연히 왕의 무덤이 근처에 존재해야 한다. 태왕릉은 광개토왕비에서 서남쪽으로 약 350미터가량 떨어졌고, 장군총은 동북쪽으로 1,300미터가량 떨어진 지점에 있다. 천추총도 후보로 가능하지만, 큰 무덤인 태왕릉과 장군총이 광개토왕 무덤의 주요 후보였다. 공석구는 이를 "한·중·일 학계에서 그동안 집중적으로 논의된 내용을 정리해보면, 광개토왕릉 비정과 관련해서 '태왕릉이냐?' 또는 '장군총이냐?' 하는 주장으로 양분된 상황"이라고 정리했다.

이러한 논쟁이 존재하는 것은 확실한 증거가 없기 때문이다. 이에 공석구는 왕릉 출토 연꽃무늬 와당을 통해 이 사안에 접근했다. 천추총·태왕릉·장군총에서 출토된 와당을 다음과 같이 분류했다.

공석구는 기와의 연꽃잎이 6엽에서 8엽으로 변한 것을 통해 와당 제작의 시간적 추이를 주목했다. 그는 장수왕이 자신의 아버지 광개토왕릉을 축조하며, 이때 연꽃무늬 8개를 배치한 8엽 연꽃무늬 와당을 제작하여 왕릉에 올렸다고 보았다. 이를 통해 장군총에 묻힌 인물이 광개토왕이라고 주장했다. 추후 다른 증거와

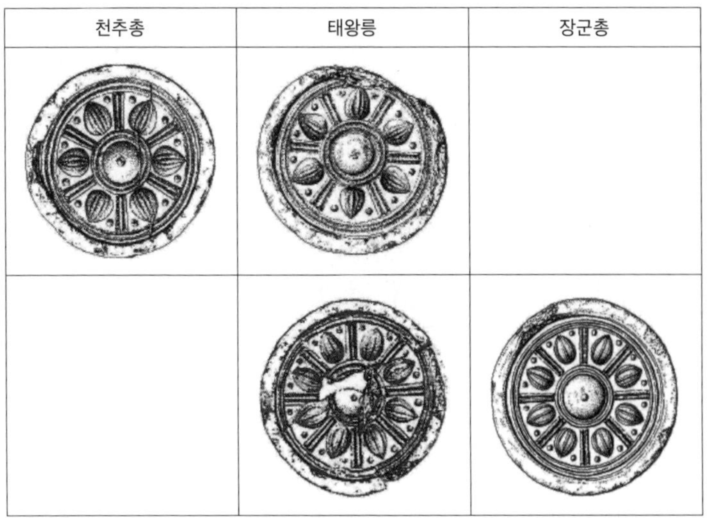

1-6 천추총->태왕릉->장군총 출토 연꽃무늬 와당의 시간적 '연속성'.

근거를 토대로 학설이 바뀔 수는 있다. 나는 그의 논리 전개에서 와당이 중요한 역사적 사료로 활용한 점에 주목했다.

역사의 '불가역성'

한국의 역사를 흔히 반만년의 역사라고 한다. 이를 세분해서 50년, 500년, 5,000년 등의 시간 단위로 고민하는 것은 어떤 의미가 있을까? 이러한 시간 단위를 설정하면 성공과 실패에 관한 역사의 평가는 달라지는 것일까? 단기간의 역사적 평가로 실패라고 했던 사건이 긴 호흡의 단위를 적용하면 실패로만 해석되지 않는 경우가 있다.

일제강점기 민족해방운동이 그러하다. 1919년의 3. 1 운동을, 1926년의 6. 10 만세 운동을, 1929~1930년의 광주학생운동을 대표적인 3대 민족운동으로 부른다. 전국적으로, 많은 민족 구성원이 참가해서 "대한 독립 만세" "조선 독립 만세"를 외쳤다. 식민지 조선의 독립이여 영원하라는 뜻이었다. 하지만 이들이 목표로 삼았던 독립은 1919년에, 1926년에 그리고 1929년에 이루지 못했다. 그러면 일제강점기의 이러한 민족운동은 실패였을까? 아니다. 긴 호흡의 시간에서 보면, 성공이라고 평가할 수 있다. 3. 1 운동 이후 대한민국 임시정부의 수립, 공화제의 정착 등이 있었고, 이러한 독립과 해방을 위한 공동체의 노력과 활동이 축적되었기에 해방이 이루어졌다고 해석할 수 있기 때문이다.

일반적 진실과 다른 역사적 진실은 무엇일까? 진실 혹은 실체를 시간의 흐름 속에서 파악하는 것은 무엇을 의미할까? 신문 자료를 보다가 중요한 사건인데 며칠 동안 보도가 안 되었거나, 결정적 상황에서 침묵을 지키고 있는 인물을 만나거나 할 때가 있다. 현장에 있었다면 정확하게 알 수 있었을까? 확신할 수 없다. 순간순간이 선택이고 진행형이므로 판단이 쉽지 않다. 도리어 결과를 알고 여러 정보를 종합할 수 있는 후대 역사가의 해석이 정확할 수 있다.

현대사에서도 사례를 찾을 수 있다. 1987년 6월 항쟁이 그러하다. 명동, 충무로 중심의 시위에 참가했던 일부는 명동성당을 농성 장소로 택했다. 명동성당이 전투경찰로 둘러싸였다. 물품의 반입은 물론 사람의 출입도 막혔다. 담벼락 너머로 계성여고생들이 도시락을 전달했다. 신부들과 수녀들을 통해 소식이 전해졌다. 언제든지 경찰이 난입할 수 있는 상황이었다.

1987년 6월 항쟁 당시 나도 명동에 있었다. 명동성당 밖 수많은 군중 속에서 함께 "호헌 철폐" "독재 타도"를 외치며, 어깨동무를 함께했다. 하지만 큰 물줄기가 어느 방향으로 흘러갈지는 몰랐다. 6월 10일 이후 매일매일의 상황이 급박했지만, 원하는 목표를 이룰 수 있는지에 관한 전망은 불투명했다. 그러다 대통령 직선제를 수용한 6. 29 선언으로 한 단락이 이루어졌다. 6월 29일 그날 그 순간은 큰 승리요 기쁨으로 다가왔다.

6월 항쟁은 전두환 정부의 간선제 헌법을 유지하고자 한 '호헌' 측면에서 보면 이에 반대해 시민들은 직선제 개헌을 관철했으므로 성공이라고 볼 수 있다. 하지만 야당 후보의 분열로 민정당 후보였던 노태우의 당선으로 귀결된 측면에서 보면 실패였다. 단기간의 역사에서 성공과 실패가 교차한 것이다. 이후 김대중, 노무현, 문재인의 당선이란 정권 교체가 이루어졌다. 한편, 노무현과 문재인 사이에 이명박, 박근혜의 당선이 있었으니 정권 교체라고 볼 수 없기도 하다. 그럼에도 한국 민주주의의 역사를 긴 호흡에서 보면, 6월 항쟁은 이전의 4. 19 혁명과 5. 18 민주화운동의 연장선에서 시민이 지도자를 직접 선출한 민주주의의 연속이라고 할 수 있다.

역사는 반복되는가? 인간의 삶을 시계추에 비유하고는 하는데, 좋은 일이 생겨 발전의 방향으로 간 만큼 나쁜 쪽으로도 그만큼 가서 반복한다는 것이다. 인류의 역사도 그렇게 보인다. 정치적으로 보수와 진보의 교체를 그렇게 설명한다. 역사는 나선형으로 발전한다고 한다. 설사 '후퇴'한 것으로 보이더라도 발전을 위한 도약의 과정으로 설명한다. '일보 후퇴, 이보 전진' '이보 후퇴, 일보 전진' 등의 표현이 나온다. 과연 뒤로 갔던 만큼 앞으로 움직이는 걸까? 잘 모르겠다. 하지만 거스를 수 없는 불가역성의 영역이 존재한다고 믿고 싶다.

인류 역사에서 노예제가 그러하다. 고대 그리스, 로마 시대에는 노예제가 존재했고, 노예는 노동수단으로 간주되고 이들은 "말하는 도구"로 불렸다. 노예에 대한 생사여탈권이 주인에게 있던 시대였다. 노예 출신의 검투사가 생사를 걸고 싸우는 것이 당시 로마 시민에게 유흥거리로 제공되었다. 대중들의 정치적 관심을 돌리는 "빵과 서커스"를 통한 통치는 통치자의 일반적인 지배 방침이었다. 검투사 등으로 대표되는 노예제도는 이런 로마 사회의 모습을 반영한 것이다.

물론 미래에 노예제가 다시 생길 수도 있다. 〈혹성탈출〉이라는 영화가 있다. 우주 여행 중 발견한 행성에서 인류가 유인원의 지배를 받으며 노예와 같은 생활을 한다는 설정의 이야기다. 최근 새로 만들어진 〈혹성탈출〉은 지능을 향상하는 의약품으로 인해 똑

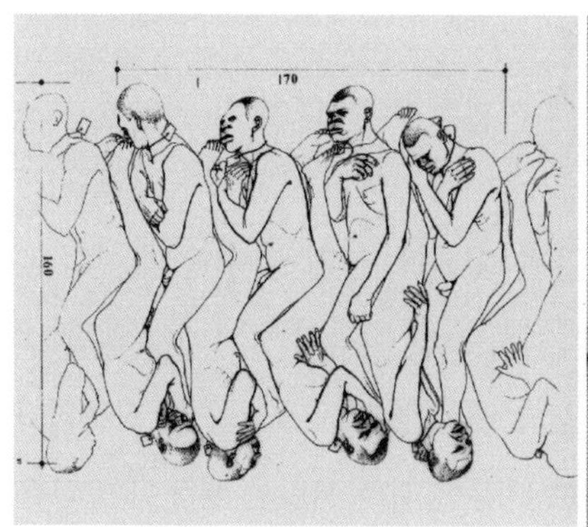

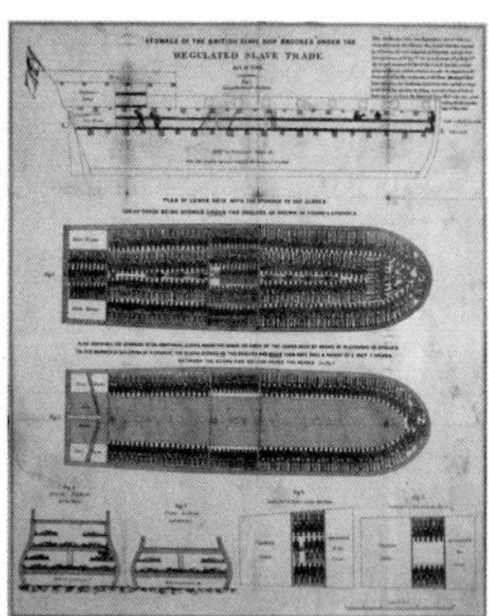

1-7 노예선 선박의 내부 모습.

똑한 유원인이 나타나 진화하고 인류에 반기를 든다는 이야기다. 그러나 영화와 달리 인간의 역사에서 과거의 노예제가 똑같은 형태로 복원되지 않을 것이며, 그러기를 바란다.

그리스, 로마 시대의 노예제는 사라졌지만, 근대 서구 제국주의는 유럽과 아메리카 대륙에서 필요한 노동력을 제공하고자 아프리카 흑인 노예제도를 만들었다. 아메리카 대륙의 현지인도 있었지만 그들만으로는 노동 강도를 감당할 수 없었다. 서양에서 건너온 전염병에도 약했다. 자발적인 의지보다 '사냥'의 방식으로 흑인 노예를 잡아 배를 통해 유럽과 아메리카 대륙으로 옮겼다. 인간이 상품이 된 것이다.

당시 노예선은 100~300톤 정도로 규모가 작았다. 그리고 아프리카 해안에서 아메리카 대륙까지 항해하는 데 평균 50~80일이 걸렸다. 심지어 6개월이 걸리기도 했다. 바람의 힘으로 움직이는 범선으로는 긴 시간이 필요할 수밖에 없었다.

선박이라는 한정된 공간에 사람을 가장 많이 싣는 방법은 무엇이었을까? 인간의 간악한 지혜가 작동하기 시작했다. 사람을 세워놓고 항해하면 면적을 줄일 수 있지만, 잠을 잘 수 없어 이는 불가능하다. 앞 쪽의 그림을 자세히 보면 한정된 공간에 흑인을 실어 나르려고 사람을 엇갈려 눕게 해서 공간을 줄이는 등 빈틈없이 구석구석 채워 넣었다. 그리고 칸칸이 겹쳐 서랍을 쌓듯이 공간을 구성했다. 인간을 화물 혹은 상품으로 본 것이다.

빽빽하게 채워진 흑인들 사이에 공간이 없어 위생 조건이 열악했다. 심지어 도망과 반란을 막기 위해 목과 발에는 쇠사슬을 채웠다. 가끔 갑판에 올라와 햇볕을 쬐는 것이 잡혀 온 흑인이 누릴 수 있는 '사치'였다. 목욕은 유럽과 아메리카 대륙의 항구에 들어올 때 배에서 이루어졌다. 인간 상품의 가치를 높이는 방안이었다.

이러한 흑인 노예는 사탕수수, 면화 생산에 투입되었고, 비인격적 노동 조건과 환경에서 많은 어려움을 겪었다. 흑인 노예에 대한 인권 문제는 심각했다. 미국 작가 해리엇 스토Harriet Beecher Stowe의 소설 『톰 아저씨의 오두막』은 이를 잘 보여준다. 사실 미국을 포함한 아메리카 대륙에서 행해지던 노예제는 자본주의 시스템에 부적합했다. 심지어 미국 북부 지역 임금 노동자는 남부 지역의 노예보다 높은 이윤을 만들었다. 남북전쟁(1861~1865)이 일어났고, 공화당 정부의 승리로 노예제가 사라졌다.

우리나라에서는 일제강점기에 『톰아저씨의 오두막』을 소설가 이광수가 번역해 『검둥의 설음』으로 출간되었다. 이 책의 광고가 1914년 1월에 발간된 『청춘』 1호에 실렸다.

1-8 이광수 번역의 『검둥의 설음』.

광고의 내용을 현대문으로 바꿔보면, “당시 미국에서는 백인의 흑인 학대함이 이르지 않는 곳이 없어 금전으로 매매하는 물품과 같고 천하고 채찍으로 때림은 짐승을 대함보다 심하니 … 결국 승리가 의로운 사람에게 돌아가 4백만 노예가 양민이 됨”을 강조했다.

이광수는 1910년 8월 일제에 의해 강제 병합된 이후 한동안 글을 발표하지 않았다. 4년 정도 침묵하다가 1914년 『톰아저씨의 오두막』을 『검둥의 설음』으로 번역해 세상에 내놓았다. 왜 이 책을 택했을까? 이유는 분명치 않다. 하지만 흑인 노예가 자유민이 되었다는 책의 내용을 식민지 조선인에게 적용할 수 있지 않았을까? 노예의 해방이 식민지 조선인의 해방과 연결된 것이다. 광고에서는 인류의 보편적 가치라고 할 수 있는 ‘인도’ ‘정의’ ‘도리’ ‘양심’ 등이 강조되었다.

인류 역사에서 노예제는 농노제로 바뀌었다. 노예 계급의 소멸은 노예의 공급과 소비 사이에 존재했던 비인간적 요소에 대한 역사적 심판이 있었기 때문에 가능했다. 고대사회에서는 '생사여탈권'이 전적으로 노예주에게 있었는데, 중세사회에서는 농노가 지주에게 생산물의 일부를 제공하는 형태로 바뀌었다. 마르크스는 서양의 경우 노예보다 농노의 생산력이 높았기 때문에 그렇게 바뀌었다고 보았다.

역사학에서는 '다시는 돌아올 수 없다.'는 '불가역성'에 관한 논의가 있다. 그렇다면 20세기 초반의 '파시즘'은, '홀로코스트'는 다시 되풀이되지 않을까? 이러한 질문에 쉽게 답하기는 어렵다. 나치즘을 포함한 파시즘은 공동체의 동의 속에서 이루어진 독재정치를 가리킨다. 정치, 경제, 사회 모든 영역의 권력이 소수의 집단 혹은 개인인 총통, 천황 등에게 집중되는 것이다. 홀로코스트는 인종에 대한 적대 감정이 폭력적 방법으로 행사된 것으로, 제2차 세계대전 당시 유대인을 대상으로 이루어진 대규모 '인종 청소'다.

히틀러와 무솔리니가 통치했던 방식의 파시즘은 미래의 역사에서 다시 나타나지 않을 것이다. 그리고 유대인을 대상으로 한 홀로코스트도 없을 것이다. 하지만 민주적 가치를 무시한 절대 권력자의 독재 혹은 인종적, 문화적 차이를 기반으로 한 학대와 학살은 여전히 존재한다. 공동체 간 증오심의 증폭은, 사회적 불안으로 인한 내부 계층, 집단 사이의 정치적 결집은 항상 존재하기 때문이다. 그럼에도 불구하고 과거의 파시즘과 홀로코스트가 되풀이되어서는 안 된다는 것은 분명하다.

시대착오와 시간 지체

'시간착오' 혹은 '시대착오'라는 것이 있다. 앞서 살펴본 고대 노예제가 유럽 및 북미 대륙에서 흑인 노예제로 다시 재현된 것이 그 예다. 미국의 노예제도는 남북전쟁의 원인이 되었다. 인종차별의 경우도 그러하다. 흑인 혹은 유색인에 대한 차별은 미국에서, 오스트레일리아에서 점차 사라졌지만, 남아프리카공화국에서는 계속되었다.

흑백분리와 차별을 일컫는 아파르트헤이트Apartheid가 법률적으로 공식화된 것은 1948년이었고, 아프리카민족회의African National Congress의 지도자 넬슨 만델라Nelson Rolihlahla Mandela는 1962년 체포되어 1964년 국가반란죄로 무기징역을 선고받고 27년간 투옥되었다.[i] 1994년 만델라는 대통령으로 선출되었고, 그제서야 마침내 아파르트헤이트는 종결되었다.

불가역성과는 반대 개념이라 할 수 있는 시대착오적 태도와 인식을 살펴봐야 한다. 이태준의 소설 「해방 전후」를 보면, 해방된 상황에서 조선의 왕을 다시 세우자는 지방 유생의 사례가 나

i 김경집, 2022, 『진격의 10년, 1960년대』, 동아시아, 550~559쪽.

온다. 당시에는 1907년 공화제가 제기되어 1919년 3. 1 운동을 통해 우리 공동체 구성원에게 일반적으로 당연하다고 공유되었다. 1941년 11월 발표된 대한민국 임시정부의 「건국강령」이 그러했다. 민족운동 좌우파 세력의 공감대가 형성된 것이다. 이러한 상황에서 왕정으로 돌아가자는 논의는 '시대착오'적인 해프닝이라고 할 수 있다. 이와 유사한 에피소드가 더 있었는데, 흔히 역사 책에서 일화逸話라고 소개될 뿐이다. 당대와 가까운 미래에 별다른 영향력을 미치지 못하는 사건이었다. 현재 신문 정치, 경제, 사회 각 영역에 소개된 사례 가운데도 지금은 관심이 있지만 향후 기록되어 역사화될 생명력까지는 지니지 못하고 일회성으로 소비되는 것들도 많을 것이다.

시대착오적인 논리보다 영향력이 큰 것이 '시간 지체'에 관한 논의다. 사전적으로 '지체'는 한 공간이 다른 공간에 비해 시간적으로 뒤져 있다는 뜻이다. 국가간, 공동체간 비교는 선진과 후진을 구분했다. 우리나라에 비해 "일본은 몇십 년 앞섰다."라는 논의가 있어왔다. 일본을 따라잡아야 한다는 전제로 언급되지만, 그 '몇십 년'은 쉽게 당겨지지 않았다. 심지어 사회적 질서 의식과 같은 것은 20년 전에도, 10년 전에도, 지금도 '몇십 년'은 관형어처럼 따라다닌다.

물론 세대별로 차이가 있다. 기성세대는 일본 연필이 종이 위에 부드럽게 써졌다는 기억을 갖고 있다. 일본 제품은 선망의 대상이었다. 반면, 요즘 젊은 세대는 일본에 관한 '열등의식'이 존재하지 않는다. 나아가 자신감과 당당함이 돋보인다.

일제강점기에는 '시간 지체'가 제국의 식민 지배의 논리적 근거로 활용되었다. 일제강점기 일본의 논리는 식민사관의 일환인 '정체성론'과 연동된다. 100년 이상, 심지어 1,000년 정도 식민지 조선이 제국 일본보다 뒤떨어져 있다는 것이다. 이러한 문명과 야만의 대비 논리를 통해 일제의 통치를 합리화했다.

'개발도상국'도 '시간 지체'의 논리에 따른 것이다. '선진국'과 '후진국'을 구분하고 그 중간에 '개발도상국'이 있다. 발전을 시간적으로 나누어 선진과 후진으로 구분하고, 그 중간에 개발의 과정 중에 있는 나라를 가리키는 개념을 설정한 것이다. 얼마 전까지만 해도 대한민국은 국제 무대에서 공식적으로는 개발도상국으로 불렸다. 그러다 유엔무역개발회의UNCTAD는 2021년 7월 2일 스위스 제네바 본부에서 열린 제68차 무역개발이사회 회의에서 만장일치로 대한민국을 선진국으로 공식 결정했다. "1964년 유엔무역개발회의가 설립된 이후 개발도상국에서 선진국으로 지위가 변경된 것은 처음 있는 일"[i]이라고 한다. 대한민국의 '시간 지체'가 어느 정도인지를 유엔이 결정한 셈이다.

오늘날 우리는 큰 단위의 의제agenda 설정이 부재한 시대를 살고 있다. 비록 큰 도화지에 그림 그리기가 주저되더라도, 시간과 관련하여 최소한 기본적인 문제의식은 공유되어야 한다. 역사는 시간

---

i 김경집, 2022, 『진격의 10년, 1960년대』, 동아시아, 5쪽.

문제에 예민하다. 따라서 "개념을 역사화 하라." 같은 명제를 고민해야 하는 것이다. 예를 들어 민주주의, 공화제 등의 정치적 개념을 그리스 민주주의, 로마 공화제 등의 역사적 경험을 통해 설명하는 것이다.

개념은 통시대적인 것이 아니다. 그리스의 민주정과 오늘날의 민주정은 다르다. 당시 민주정을 구가하는 존재는 남성 시민에 국한되었을 따름이다. 또한, 로마제국과 19~20세기 서구의 제국들도 다르다. 근현대의 제국주의는 원료와 노동력 및 상품 판매 시장의 확보 같은 자본주의의 확장과 맞물려 있다. 따라서 개념을 설명하려면 시간적 검토 단위를 설정해야 한다.

어떠한 결과로 완결될 수 없는 상황도 존재한다. '전환시대' '분단시대' 등이 그러하다. 이러한 개념은 앞으로 찾아올 미래를 전제로 한 규정이다. 일반적으로 시대의 물음을 해결하고자 하는 첫걸음은 시대적으로 당대에 마땅히 해야 할 일을 찾는 것이다. 이를 '시대적 당위'라고 한다. 이를 해결하려면 사회가, 학문이, 역사가 해야 할 역할과 임무를 모색해야 한다.

권위주의 시대에는 일본을 경제적으로 따라잡기 위해 정치와 문화 영역에서 희생은 불가피하다고 주장되었다. 이는 독재 체제 유지를 위한 논리로 작용할 수 있었다. 일제강점기에는 침략 전쟁을 수행하기 위해 식민지 조선인의 인적·물적 피해를 당연시하고, 해방 후에는 반공의 명분으로 시민의 민주주의를 침해하기도 했다.

근대 민족주의로 인해 표준적 시대 인식이 생겼다. 이를 기준으로 지체, 초월, 초극 등의 시간 격차가 발생한다. 지체의 논의는 근대(인)의 관점에서 비롯된 것이다. 당대의 문명 혹은 발전에 도달하려는 한편으로, 이러한 기준에 도달하기 어려운 농어촌 지역, 구습으로 표현되는 전통이 존재했다.

지름길은 없다. 근대라는 시간을 기준으로 문명과 야만을 기준으로 등급을 매겨 순위를 매기고, 이에 도달하기 위해 다른 여러 영역에 희생을 요구하는 권력관계가 존재하기 때문이다. 하지만 '시간 지체'를 '시간 공존'으로 볼 수는 없을까? 전통시대에 관해서는 근대와는 다른 시간관이 적용되어야 한다. 물론 근대 안에서도 다양한 사람이 만들어가는 다채로운 시간의 공존을 인정해야 한다.

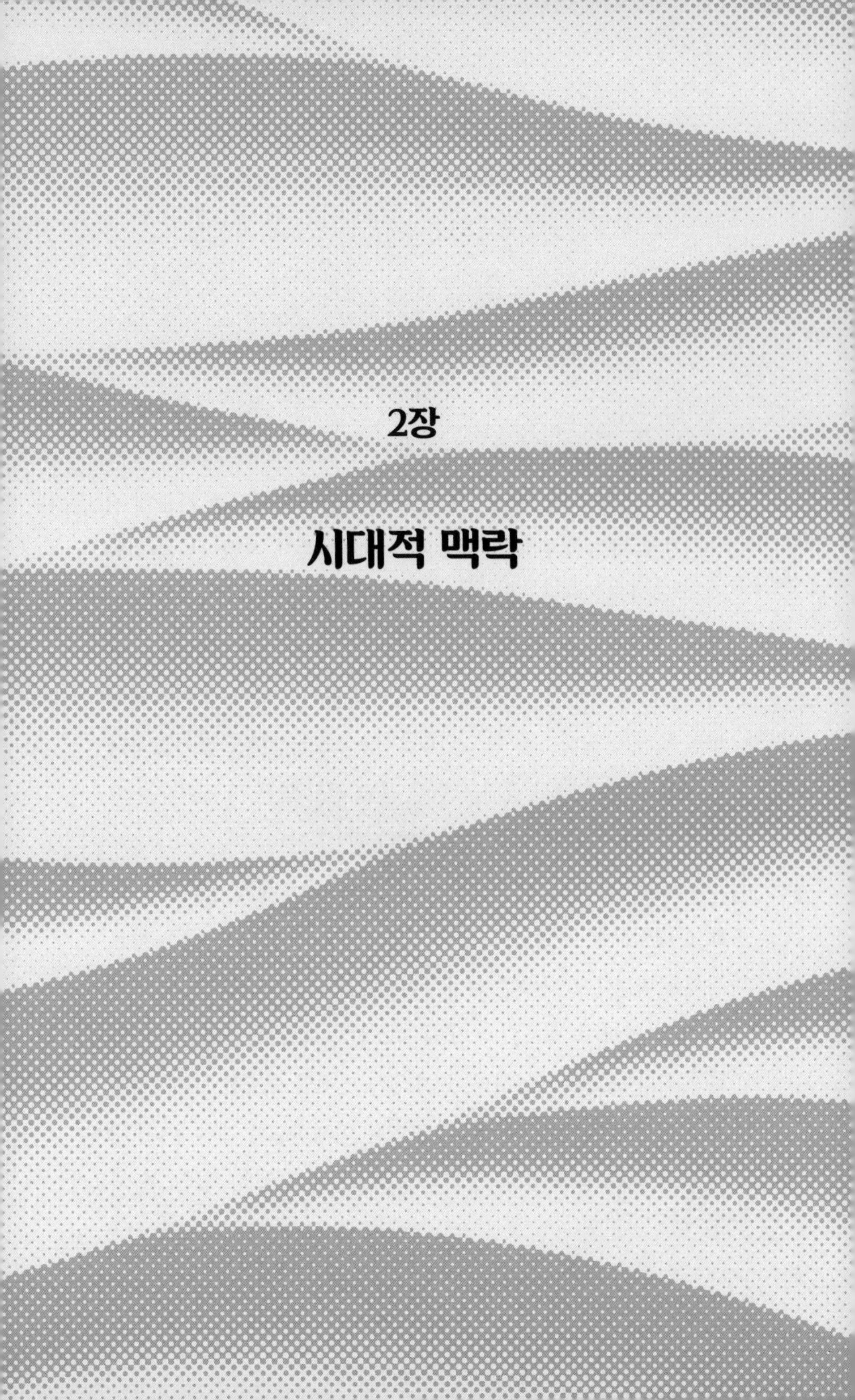

2장

시대적 맥락

시대착오성과 영토 민족주의

출전과 근거를 확인하지는 못했지만, 어느 교수님으로부터 다음과 같은 흥미로운 이야기를 들었다. 전통시대 예술품 가운데 기술적으로 탁월한 작품이 많으며 그런 공예품에 따라다니는 일반적 수식어가 "오늘날에도 쉽지 않다."거나 "불가능하다."라는 평가다. 그런데 이러한 예술품을 제작한 당대 장인은 대부분 '노예' 신분이었다. 따라서 조각칼의 한 획만 잘못 비켜나가 작품을 손상하면 목숨이 위태로울 수 있었다. 따라서 오늘날에도 불가능하다는 예술 작품 속에서 당대 장인이 '목숨 걸고 만든 작품'이라는 역사적 맥락을 봐야 한다는 이야기였다.

사료史料는 과거 역사를 구성하는 주된 자료다. 근현대사에 비해 상대적으로 사료가 부족한 전통시대의 경우 서로 다른 사료 해석을 바탕으로 다양한 역사상이 존재한다. 민족사의 기원이 되는 '우리 역사 속 최초의 국가'인 고조선과 단군에 관해서도 다양한 논의와 해석이 가능하다. 초기 국가 단계의 고조선과 삼국시대 이후 왕권이 강화된 국가들의 차이를 이해하도록 해야 한다. 내가 담당한 〈교양 한국사〉 강의의 고조선시대 수업은, 백지도를 제시하고 “고조선의 영토를 그려보라.”며 시작한다. 지도는 한반도 전체와 함께 중국 동북 3성 및 러시아 지역이 포함된 것을 준비한다.

2-1 한반도 관련 백지도.

민족사 서술과 구성에서 영토는 민감한 사안이다. 〈교양 한국사〉 수강생들이 그린 고조선의 국경선은 다양하다. 대체로 북쪽 경계선은 중·고등학교 교과서에 나온 내용과 비슷하게 만주 지역을 포함하여 그린다. 반면, 고조선의 남쪽 국경선은 한반도의 한강 이북까지만 그리기도 하고 한반도 전체를 포함하는 경우도 있다. 이를 확인한 후, 한강 남쪽 지역을 포함한 국경선을 그린 학생들에게 제주도가 포함되는지 묻는다.

고조선의 영토를 그려보라는 질문에는 일정한 의도가 깔려 있다. 영토를 표현하려고 선을 긋는 순간 국경선의 개념으로 이해될 수밖에 없다는 것을 강조한다. 연대기적 맥락을 염두에 두면, 국경선은 고조선이 존재했던 청동기시대에는 성립할 수 없는 개념이기 때문이다.

학생들에게 “국경은 무엇인가?” 재차 질문한다. 근대적 국경 개념을 적용했을 때 장벽, 철망 등으로 연상되는 국경선이 존재하며, 이를 건너오려면 어느 나라 국민임을 확인해주는 여권, 상대국에서 입국을 허가한다는 비자 등이 필요하다는 점을 언급한다. 그리고 이것이 존재하지 않던 고조선시대에 무엇이 국경을 의미하는지 다시금 문제제기한다.

나아가, 고조선의 영토와 근대적 국경 사이의 차이를 다룬다. 근대적 국경선이 없는 고조선을 염두에 둘 때 어떻게 영토 문제에 접근할 수 있을지 물어보니, 중·고등학교에서 배운 학습 내용을 바탕으로 고인돌, 비파형 동검 등의 유물이 근거가 된다는 답변이 나온다. 그런데 유물은 무역과 교류를 통해 다양한 공간으로 이동할 수 있다. 예를 들어 울릉도에서 어떤 유물이 발견되더라도 이는 인적, 물적 전파에 의한 것일 수 있다고 설명한다. 이를 통해, 이러한 유물이 발굴되었다고 해서 곧바로 고조선의 영토로 설정할 수 없음을 지적한다.

고고학 연구의 성과를 반영하면, 고조선은 신석기시대와 청동기시대에 해당한다. 따라서 "근대적 국가 개념에 입각한 영토 개념을 고조선의 역사에 적용할 수 있는가?"라는 질문으로 연장될 수 있다. 이어 고조선 국경에 관해 초등 교과서에는 다음과 같은 서술이 있음을 확인한다.

> 고조선은 우수한 청동기 문화를 바탕으로 다른 부족을 정복하거나 통합하면서 세력을 확장했다. 그리고 고조선만의 독특한 문화를 발전

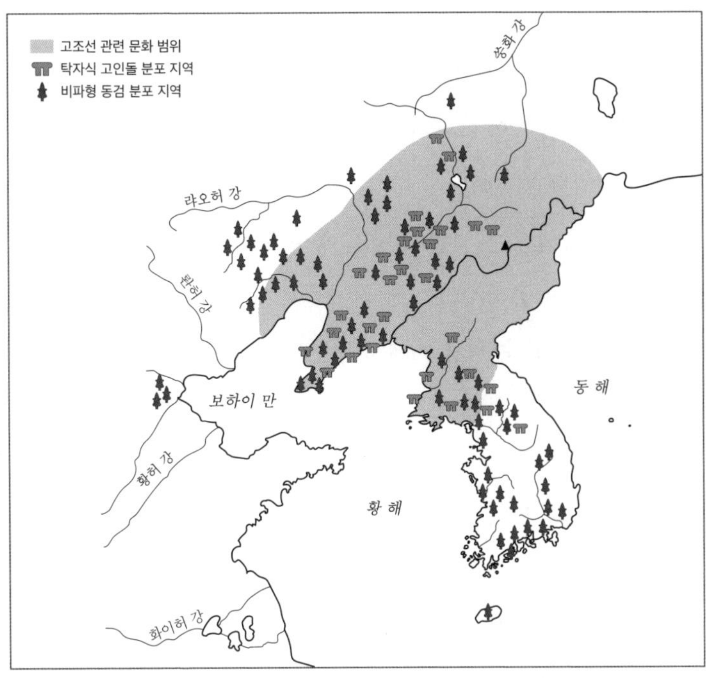

2-2 고조선의 문화 범위.

시켰는데, 그중에서도 미송리식 토기, 비파형 동검, 탁자식 고인돌들이 고조선을 대표하는 문화유산이다. 이 유물들의 분포 지역으로 고조선의 문화 범위를 짐작할 수 있다.[i]

역사 교과서에서는 해당 지역이 "만주와 북한 지역"이라면서, 선이 아니라 색으로만 공간을 표시하고는 "고조선의 문화 범위"라

---

i 교육부, 2019, 『사회』 5-2, 지학사, 13쪽.

고 설명했다. 실제로 삼국시대 이후 국가의 영토는 선으로 분명하게 표시된 반면, 고조선의 영역은 색으로만 표시되어 있다. 국경에 관한 이러한 질문은 전통시대와 근현대 사이의 시대적 차이를 알리고자 제기한 것이다.

역사 수업에서는 시간의 흐름에 반영된 인과관계를 중요시한다. 고조선이 삼국시대 이후 국가들보다 강력한 국력을 지닐 수 있었는지에 관한 논의가 이에 해당한다. 이러한 차이를 확인하는 것은 학습자들이 흔히 지닐 수 있는 '시대착오성'에 관한 교정 작업이 될 수 있다.

나아가 영토 민족주의에 대해 물음을 제기할 수 있다. 자국의 역사를 강조하는 입장에서 영토의 크기는 국력의 강약으로 연결되기도 한다. 이렇게 민족적 정체성을 영토와 연결시키는 것을 '영토 민족주의'라고 한다. 중국을 대륙으로, 한국을 반도로, 일본을 섬으로 규정하는 것은 바로 그 결과다. 이러한 영토 민족주의는 자국 중심주의와 이어질 수 있다. 이러한 인식을 바로잡는 과정에서 고조선의 영토와 관련된 다양한 학설을 소개할 수도 있다.

영토 문제는 국경을 접하고 있는 국가들 사이에 민감한 물음을 불러올 수 있다. 일부 '재야' 학자는, 고조선은 넓은 영토에 강력한 권력자가 지배한 '제국'이었다고 주장하기도 한다. 요즘에는 인터넷 등을 통해 이러한 정보에 쉽게 노출될 수 있으니, 올바른 역사 인식 구축을 위해서는 자국 중심적인 영토의 크기 문제에서 벗어날 필요가 있어 보인다.

전통시대와 시대 읽기

삼국시대 고구려에 관한 중국인의 인식은 어떠했을까? 『삼국지 위서』「동이전」 고구려 부분에서는, "고구려 사람들은 가무를 좋아하여 나라 안 마을들에는 초저녁 때가 되면 남녀가 모여서 무리를 지어 노래도 하고 유희도 하며 즐긴다. … 술을 잘 빚는다."[i]라고 기록했다. 중국인이 보기에, 고구려 사람은 좋은 술과 함께 춤과 노래를 즐겼다는 내용이다.

중국적 정체성을 지닌 기록자는 외부이자 타자로 설정된 고구려 사람들의 모습 가운데 자신들과 동일한 것을 기록할까, 아니면 다른 모습을 언급할까? 중국의 역사책에는 자신들과 다른 '한민족韓民族'의 '특이한' 부분이 주목된 것으로 보인다. 고구려 외에 삼한에 관한 기록에서도 노래하고 춤추기를 즐긴다는 언급이 보인다. 누구는 이러한 부분에서 오늘날 K팝, K컬처의 원형, 원류를 찾기도 한다.

삼국시대 이후 통일신라가 쇠락하는 과정과 관련해서는 골품제의 한계가 언급된다. 실력으로 성장한 육두품의 도전이 거세진 것이다. 당나라에 유학을 가서 과거에 급제하거나, 불교 및 상업 등 교류를 했던 육두품이 특히 그러했다. 통일신라 말기 육두품

---

i 『삼국지 위서』, 「동이전」; 신채호, 박기봉 옮김, 2007, 『조선상고문화사 (외)』, 비봉출판사, 587쪽.

을 대표하는 인물로, 12살의 어린 나이에 당나라에서 과거에 급제하고 28살에 신라에 돌아와서 활동했던 최치원을 들 수 있다. 최치원은 많은 기대를 받았고, 본인 역시 큰 희망을 가지고 귀국했다. 귀국 후 문서를 담당하는 임무를 맡았으며, 몇 지역의 태수를 지냈다. 그런데 최치원의 죽음을 포함한 후반의 삶은 자세히 알려져 있지 않다.

최치원은 당대의 지식인이었다. 『삼국사기』에서는 최치원을 "중국에 유학한 이래 얻은 바가 많았으므로 신라에 돌아왔을 때 자기의 품은 뜻을 펴고자 했으나, 말세에 의심하고 꺼리는 게 많아 용납되지 못하고 외직으로 나가 대산군大山郡 태수가 되었다."[i]라고 평가했다. 골품제 사회에서 육두품 출신인 최치원이 올라갈 수 있는 한계는 태수 자리까지였다.

당시에는 새롭게 호족 세력이 등장하고 있었는데, 최치원은 그들에게 신라를 지지해달라고 요청했다. 반면, 호족 세력과 결합해서 골품제의 한계를 벗어나고자 한 육두품도 등장했다. 육두품 출신인 최승우는 견훤을 통해, 최언위는 왕건을 통해 자신의 꿈을 실현하고자 했다. 결국 고려의 건국으로 지방 호족 세력은 정치권력에 참여할 수 있게 되었다.

고려시대에 몽골의 침입을 받았을 때는 무신정권 집권 시기였다. 당시 최이崔怡를 중심으로 한 최씨 정권은 고종 19년(1232)

---

i 김부식, 『삼국사기』; 김부식, 이강래 옮김, 1998, 『삼국사기』 II, 한길사, 827쪽.

에 몽골과의 전쟁을 지속할 것을 결정하고 수도를 개성에서 강화도로 옮겼다. 허허벌판에 왕궁과 권력자의 거처를 만들어야 했다. 『고려사』「열전」 권42를 보면, 이주 당시 장맛비가 열흘을 내려 진흙에 사람과 말이 마구 쓰려졌다고 한다. 나아가 고종 21년(1234) 최이가 자신의 집에 정원을 짓는 데 소나무와 잣나무를 육지에서 배로 실어오고, 그 과정에서 인부들이 많이 물에 빠져 죽었으며, 심지어 전쟁 중인데도 사사로이 사용할 얼음저장소를 만들게 했다고 한다.[i] 고려민에게 자행된 권력자의 민낯을 볼 수 있다.

또한, 고려 말에는 경제적으로 권문세족이 소유한 대규모 농장이 문제가 되었다. 그 면적이 어느 정도인지 정확하지 않지만, 농장은 산과 들에 걸쳐 있었다고 한다. 그래서 고려 말 농장에는 항상 '대규모'라는 수식어가 붙는다. 그리고 농장에서 농사를 짓는 농민들은 권력자에 기대어 국가에 세금을 내거나 노동력을 제공하지 않았다.

당시 권문세족의 위세가 어떠했는지 잘 보여주는 것이 '조반 사건'이다. 조반은 전직 고위 관리였는데, 권문세족 염흥방의 집안 노비인 이광이 주인의 힘에 기대어 조반의 땅을 빼앗은 데서 사건은 비롯되었다. 조반은 이광에게 땅을 다시 돌려주기를 요청했다. 반환이 이루어지지 않자, 조반 측에서 이광을 죽이고 말았다. 권력자 염흥방에 의한 후환이 두려웠던 조반은 염흥방에게 사정을 이

---

i 『고려사』 권129, 「열전」 권42.

해시키고자 일가와 함께 개성으로 향했다. 허나 염흥방은 조반 일행이 무기를 가지고 개성에 온다며 '반란' 혐의로 체포했다. 이러한 불합리한 횡포에도 고려 왕실은 마땅한 해결 방안을 제시하지 못하다가, 당시 신흥무장세력으로 공로를 인정받던 최영과 이성계가 염흥방을 제어하고나서야 문제가 해결되었다.

조선시대를 읽을 때 빼놓을 수 없는 임진왜란은, 일본의 침략과 명나라의 참전으로 한·중·일 세 나라의 국제전으로 확대되었다는 측면에서 볼 필요가 있다. 전쟁 초기의 상황은 명백하게 조선 측의 패배였다. 그런데 전쟁 이후 중국은 명에서 청으로의 왕조 교체가, 일본은 도쿠가와 이에야스德川家康에 의한 정권 교체가 이루어진 반면, 전쟁의 주된 무대이자 가장 피해가 컸던 조선은 왕조가 계속 이어졌다. 그 이유 가운데 하나는 선조를 비롯한 조선의 집권층이 전쟁 공로를 독점했기 때문이다. 아래의 인용은 선조의 인식을 잘 보여준다.

> 이번에 왜적을 물리친 것은 오로지 명군明軍 덕이었고 … 그나마 이순신과 원균 두 장수는 바다에서 적군을 무찔렀고, 권율은 행주에서 승전하였으니 다소 나은 편이다. 명군이 구원하러 오게 된 이유로 말하자면 여러 신하들이 위험을 무릅쓰고 나를 따라 의주까지 가서 명에 부탁하였기 때문이며, 그로 인해 왜적을 토벌하고 우리 땅을 되찾게 된 것이다.[i]

위의 대목은 공훈을 세운 신하와 장수에 대한 녹훈에 나타난 선조의 입장이라고 할 수 있다. 임진왜란에서 초기의 패배를 딛고 전쟁 상황의 국면을 전환한 계기는 이순신과 수군, 의병 활동 그리고 재차 정비한 관군의 노력 때문이었다. 그런데 선조의 인식은 달랐다. 명나라 군대의 도움을 강조했다. 나아가 명군을 불러온 공로는 '나'라고 표현된 선조의 '부탁' 때문이라고 보았다. 이는 전쟁의 책임에서 벗어나는 것을 넘어서 체제 유지에 강조점을 둔 것으로 볼 수 있다.

근현대와 시대 읽기

시대적 맥락을 살피는 작업은 근대에도 해당한다. 근대의 대표적 상징은 철도였고, 철도로 인해 많은 변화가 나타났다. 한국의 이상과 독일의 하이네Heinrich Heine를 통해 이를 살펴보자. 1900년 경성역이 새로 세워졌고, 이상은 이곳에서 새로운 공간을 찾았다. 이상의 소설 「날개」의 주인공은 서울 시내를 다니다가 "어쨌든 나섰다. 나는 좀 야맹증이다. 그래서 될 수 있는 대로 밝은 거리로 골라서 돌아다니기로 했다. 그리고는 경성역 일이등 대합실 한 곁 ㅁㅁ에 들렀다. 그것은 내게는 큰 발견이었다. 거기는 우선 아무도

---

i 『선조실록』, 선조 34년(1601) 3월 14일.

아는 사람이 안 온다. 설사 왔다가도 곧들 가니까 좋다. 나는 날마다 여기 와서 시간을 보내리라 속으로 생각하여 두었다."[i]라고 보았다. ㅁㅁ에 들어갈 공간은 '티룸Tea Room' 즉 다방이다.

철도가 항상 긍정적이고 우호적인 것은 아니었다. 시인 하이네는 철도에 대해 반감이 컸다. 하이네는 1843년 파리에서 오를레앙으로 가는 기차를 탔다. 그러고는 "이제 우리의 직관 방식과 우리의 표상에 어떤 변화가 생긴 것임에 틀림없다. 심지어 시간과 공간에 대한 기본적인 개념들도 흔들리게 되었다. 철도를 통해 공간은 ○○되었다."라고 표현했다. ○○에 들어갈 시인의 언어는 '살해'였다.

한편, 한말 계몽운동의 주된 방안은 교육과 언론 활동이었다. 『황성신문』 『대한매일신보』를 비롯해 이전의 『독립신문』 등이 주요 언론이었다. 그 가운데 한글과 영어로 발행된 『독립신문』은 국권과 민권을 중심으로 문명개화의 논리를 전개했다. 서재필이 발간 및 사설 집필 등 주된 역할을 담당했다. 독립신문의 사설은 필자를 밝히지 않았지만 아래 사설은 미국 생활을 했던 서재필이 쓴 것이 분명하다. 조선이 문명국이 되려면 김치와 밥 대신 쇠고기와 빵을 먹어야 한다는 주장이다. 문명개화에 관한 '강박관념'을 발견할 수 있다.

---

i 이상, 2001, 『날개·권태·종생기(외)』, 범우사, 39쪽.

조선이 강하고 부요하고 관민이 외국에 대접을 받으려면 이 사람들이 새 학문을 배워 구습을 버리고 개화한 자주 독립국 백성과 같이 되어야 … 백성이 무명 옷을 아니 입고 모직과 비단을 입게 되며 김치와 밥을 버리고 우육과 브레드를 먹게 되며 말총으로 얽은 그물을 머리에 동이지 아니 하고 남에게 잡혀 끄드리기 쉬운 상투를 없애고 세계 각국 인민과 같이 머리부터 우선 자유를 하게 될 터이요.[i]

위의 사설이 당대 논의에서 보편적인 것은 아니다. 빵과 고기를 일반적으로 먹을 수 있는 상황도 아니고, 그렇게 해서 '강하고 부요富饒한' 나라가 될 수도 없다. '부요'는 재물이 많고 넉넉하다는 뜻이다. 다시 말해, 위의 사설은 한말 당시의 일반적인 논의 내용이 아닌 '이색적인' 주장에 해당한다. 역사 자료를 통해 역사적 맥락을 이해할 때는 당대의 가장 보편적이고 일반적인 논의에서 접근해야 한다.

그렇지만 예외적이고 특이한 주장이 매력적일 때도 있다. 일제강점기인 1910년대를 상징하는 「조선태형령」이 누구에게 어떻게 적용되는지 살펴보는 것이 이에 해당한다. 사람을 때려서 벌을 주는 '태형'은 전근대적 처벌이다. 근대 이후에는 사라졌다. 금전적인 징벌로 바뀌었다. 근대의 형벌은 벌금과 징역이 대부분이다. 벌금이 금전적 징벌인데, 징역은 금전과 어떻게 연결될까? '시간이 돈'

---

i 『독립신문』, 1896년 10월 10일.

이라는 자본주의의 금언을 떠올리면 된다. 징역은 징벌 대상자의 시간을 가두는 것이다. 1912년 3월 제정된 「조선태형령」의 주된 내용은 다음과 같다.[i]

> [제1조] 1월 이하의 징역 또는 구류에 처할 자는 그 정상情狀에 따라 태형에 처할 수 있다.
>
> [제5조] 14세 이상 60세 이하의 남자.
>
> [제7조] 태 30대 이하이면 이를 1회에 집행하고, 매 30대를 초과할 때마다 1회씩 가한다.
>
> [제11조] 태형은 감옥 또는 즉결 관서에서 비밀히 집행한다.
>
> [제13조] 본령은 조선인에 한限하여 이를 적용한다.

그렇다면 일제는 조선을 문명화한다면서 왜 전통적인 태형제도를 존속시켰을까? 일제강점기 태형에는 크게 두 가지 효과가 있었다. 태형의 대상은 '식민지 조선인 남성'이었다. 때리는 형벌은 대상자 및 이를 간접체험한 이들에게 공포심을 불러일으켜 일제의 지배에 '순응'하도록 했다. 아울러 태형은 일제의 통치 비용을 절약하는 효과가 있었다. 징역이나 구류를 집행하려면 해당자를 가둘 감옥 및 감시할 간수, 먹고 입히는 비용이 필요하기 때문이다.

---

i 권태억 외, 1994, 『(자료모음) 근현대 한국 탐사』, 역사비평사, 138쪽.

어떤 '식민지 조선인 남성'들에게 태형이 가해졌을까? 태형에 처한 '범죄'는 광범위했다. 1910년대는 식민 통치의 초기여서 일상적인 '위반' 행위에도 심한 육체적 처벌이 가해졌다. 태형에 처한 범죄 가운데 비중이 높은 것은 '도박'과 「산림령」 위반이었다고 한다.[i] 태형에 처해진 사례 가운데 오늘날 상식에 비추어볼 때 특이하고 낯선 사례가 있어 주목된다.

태형 대상인 식민지 조선인은 일제 권력의 전방위적인 '감시' 아래 놓여 있었다. 『매일신보』의 기사를 살펴보자. 과일장사하는 이완우는 "익지 아니한 감을 팔다가 해서 순사에게 발각"되어 태 15대를 맞고(1912년 10월 8일 자), 인천에 사는 김원택은 "그 거주하는 근처가 청결치 못하여 위생상에 방해가 적지 아니 함으로" 태 20대에 처해졌다고 한다(1913년 4월 30일 자). 또한, "경성 경복궁 신무문 밭 보안림 안에 들어가서 솔입새 한웅큼을 절취하다가 발현"되어('발현'은 '발각'과 같은 의미), 태 15대에 처해졌다(1918년 2월 3일 자).

3. 1 운동 당시 체포된 사람 가운데 심문 과정에서 "글을 모른다" "시위 참여의 구체적 내용은 모른다" 등을 강조한 사례가 나온다. 노동자와 농민이라는 민중의 입장에서 형벌과 징벌을 낮추어 보고자 한 행위였다. 천정환은 무식과 유식을 가르는 질문에서 일반적으로는 유식함이 자랑거리가 되지만, 이때는 일부러 무식을

---

i 염복규, 2004, 「1910년대 일제의 태형제도 시행과 운용」, 『역사와 현실』 53, 208쪽.

과장한 것이라고 보았다.[i] 또한, 당시 3. 1 운동 참여자들은 자발적이거나 적극적이지 않고 "마지못해" "어쩔 수 없이" 연루되었다고 밝혔다. 권보드래는 이를 "위험을 나누자는 협박이었지만 동시에 환희를 함께 하자는 초대"[ii]라고 해석했다. 두 해석 모두 3. 1 운동의 맥락에 관한 적확한 지적이라고 생각한다.

시간적 감각과 맥락 읽기

역사를 읽을 때는 시간적 감각 혹은 시대적 감각을 가져야 한다. 시간대를 서로 섞어서는 안 된다는 것이다. 최남선의 친일 행적을 옹호하는 논리 가운데 장준하를 언급하는 경우가 있다. 1957년 『사상계』의 최남선 추모 특집에 장준하가 추도사를 썼다. 독립운동가 장준하가 인정한 최남선이니, 최남선이 친일한 것은 아니라는 주장이다. 즉, 최남선의 친일 문제를 '희석'하고자 하는 것이다. 시간적 감각을 가졌다면 1957년 당시 장준하의 정치적 입장이 무엇인지 검토하는 데서 물음을 시작해야 한다.

장준하는 1944년 학병으로 징집되었으나 일본군에서 탈출하여 한국광복군에 합류하였다. 임정 요원으로 귀국해서 정치적

---

i 천정환, 2009, 「소문·방문·신문·격문: 3·1운동 시기의 미디어와 주체성」, 박헌호·류준필 편, 『1919년 3월 1일에 묻다』, 성균관대 출판부 참조.
ii 권보드래, 2019, 『3월 1일의 밤』, 돌베개, 338쪽.

으로 우익의 길을 걸었다. 1948년 남북협상을 추진한 김구의 정치적 입장과는 달랐다. 그리고 1960년대 이후부터 반독재 활동을 했다. 1957년은 민주주의 활동을 본격적으로 실천하기 직전이었다. 전시체제기 '친일'에 관한 이해도 부족했다. 친일문학에 대한 본격적인 문제제기인 임종국의 『친일문학론』은 1966년이 되어서야 출판되었다. 그래서 장준하가 최남선을 높게 평가하고 추모했던 것으로 판단된다. 이것이 시대적 맥락에 관한 해석이 요구되는 이유다.

1980년 광주 5. 18 민주화 운동에 관해 홍희담의 「깃발」이라는 소설도 시간과 공간의 이해에서 인상적이었다. 7일간 해방구 기간의 경험이 주된 내용이었다. 순분이란 여성 주인공은 "평소에 낯선 사람과 말도 못 하는 주제에 어떻게 자전거까지 얻어 탈 수 있나. 하고 순분은 자신의 대담성을 놀라워했다. 그러나 낯선 사람들이 아니었다. 도시 전체가 일체감을 느끼고 있었다. 모두가 하나였다. 모두가 보고 웃었다. 피어나는 기쁨에 손에 손을 잡았다."[i]라는 대목처럼, 광주에서 실현되었던 '절대공동체'의 모습이 잘 묘사되었다.

최근 들어서는 맥락 읽기와 관련해서 디지털 시대 검색 엔진의 공과를 살펴볼 필요가 있다. 디지털 자료의 개방성 때문에 사료

---

i 홍희담, 「깃발」, 『창작과비평』 1988년 봄호 ; 5월문학총서간행위원회 엮음, 2012, 『5월 문학 총서 2 소설』, 5·18기념재단, 126쪽에서 재인용.

접근이 쉬워졌다. 인명, 개념을 검색어로 찾으면, 신문, 잡지 등의 방대한 자료가 검색된다. 모든 관심 분야의 자료 찾기가 가능해진 것이다. 전공 분야는 역사학, 문학, 사회학 등으로 차이가 있지만, 문화 영역에서 겹치는 연구 주제의 공유가 이루어질 수 있다. 같은 연구 주제에 관해 사료 접근성이 높아져서 다양한 연구 영역에서 접근이 가능해졌다.

그리 오래전은 아닌 일이다. 문학 전공자와 역사 전공자가 함께 일제강점기 독서에 관한 공부 모임을 가졌다. 논문과 책을 많이 쓰는 것을 "생산력이 높다."라고 표현하는데, 역사학계에서 좋은 글을 쓰고 생산력이 높은 두 명의 '맹장'이 모임에 참여했다. 공부를 마친 후 역사학자 두 명은 각각 한 편의 글을, 반면 국문학자들은 한 권의 책을 썼다고 한다. '생산력'에서 비교가 되지 않았다.

인문학 안에서 문학과 철학에 대비되는 역사학만의 특징은 무엇인가? 역사학의 경우 매체를 한꺼번에 본다는 면에서 장점을 갖는다. 역사학 접근 방법의 특징은 검색어에 해당하는 자료뿐만 아니라, 이를 포함하고 있는 매체 전체에 대한 장악력에서 나온다. 잡지와 신문에 실린 기사와 논설 등을 한 지면에서 확인한다. 예를 들어, 경제 기사를 검색하는 경우에도 신문 사설과 논설, 소설과 광고를 함께 보면서 맥락을 이해하는 것이다. '동시대 함께 읽기'가 수행된다. 인간의 활동과 실천 행위를 시대적 맥락에서 이해한다는 것은 무엇일까? 시대에 관한 '깊이 읽기'를 통해 인간 활동의 추상적 정의인 개념화가 이루어진다는 뜻이다.

가치와 교환가치의 맥락 읽기

매체를 접하다보면 새로운 단어와 개념을 만나는데, 학술적 개념을 자신의 방법으로 이해하는 것이 학문 연구의 출발점이다. 나아가 이해한 내용을 상대방에게 잘 설명해야 한다. 이렇게 여러 상대방에게 설명을 하다보면, 개념이 자신의 것으로 정립되는 경우도 많다. 거듭 강조하지만, 자신의 언어로 개념을 설명하는 습관을 길러야 한다.

마르크스주의 경제학을 공부할 때 가치와 교환가치, 교환가치와 사용가치의 차이점이 무엇인지를 이해하는 일은 중요하며 많이들 어렵다고 한다. 이 개념들에 관한 필자 개인의 이해를 재구성해보면서, 개념을 자신의 것으로 만드는 예로 삼아보고자 한다.

마르크스의 『자본론』은 총 3권으로 구성되었는데, 1867년 제1권이 출판되었다. 제2권과 제3권은 엥겔스가 마르크스의 유고를 모아 정리해 각각 1885년과 1894년 출판되었다. 『자본론』은 자본주의 시스템을 비판적으로 검토하는 것을 목적으로 삼았다.

자본주의를 비판적으로 살펴보는 책의 제목을 왜 "자본(자본론)"이라고 했을까? 마르크스는 자본이 자본주의를 관통하는 제일 중요한 개념이라고 생각했으며 그 개념을 이해해야 비판이 가능하다고 봤다. 『자본론』 제1권은 '상품과 화폐' '화폐의 자본으로의 전환' '절대적 잉여가치의 생산' '상대적 잉여가치의 생산' '절대적 및 상대적 잉여가치의 생산' '임금' '자본의 축적과정' '이른바

시초始初축적'을 다루는 8편으로 구성되었다.[i] '시초축적'은 '원시적 축적'이라고도 표현되는데, 자본주의의 자본이 처음 어떻게 형성되었는지를 영국의 사례를 통해 살펴본 내용이다.

마르크스의 『자본론』은 자본주의의 '원자'에 해당하는 상품으로부터 논의를 시작한다. 자본주의 사회는 인류 역사에서 처음으로 기계의 도입을 통해 상품의 '대량생산과 대량소비'를 할 수 있게 됐다. 세상의 모든 상품은 '가치'와 '사용가치'로 구성되어 있다. 사용가치는 상품을 구입해서 사용하고자 하는 용도를 뜻한다. 망치는 못을 박으려고, 톱은 나무 자르려고 구입하니, 그것이 각각의 사용가치다. 즉, 모든 상품은 구매자의 욕구를 위해 만들어지는 것이다.

물물교환이 있던 시절, 톱과 망치는 어떻게 교환되었을까? 일대일로 교환되었을까, 아니면 톱 하나는 망치 두 개의 가치를 가졌을까? 생수 500밀리리터 상품을 한국의 마트에서 사는 것과 아프리카의 사하라 사막에서 구입하는 것은 각각 가치가 다르다. 점포도 없고 물이 귀해서 구하기 힘든 사막에서 생수의 가격은 높게 형성될 것이다. 또한, 수집용 우표와 동전은 보다 오래되고 구하기 힘들수록 보다 높은 가격을 형성할 것이다.

그렇다면 상품의 교환, 매매에는 당사자들이 서로 합리적으로

---

i 각 편의 제목은 K. 마르크스, 김수행 옮김, 1989, 『자본론』 I(상), 비봉출판사에서 인용했다.

동의하는 어떤 기준이 있을까? 『자본론』에서는 20미터의 아마포와 한 벌의 저고리를 예로 들어 상품 교환을 설명했다.('아마포'는 아마亞麻로 만든 천으로, 서양에서는 린넨linen이라고 부른다. 1927년 일본에서 번역된 『자본론』에서는 가타가나로 リンネル(린넨)으로 표현되었다.[i]) 두 상품의 교환을 통해 『자본론』에서 표현한 "단순한, 개별적인, 또는 우연적인 가치 형태"를 이해할 수 있었다. 사용가치는 아마포와 저고리란 상품에 관한 필요성이다. 살아가는 데 천과 옷이 필요한 것이다. 그렇다면 가치는 무엇을 의미하는 것일까? 20미터의 아마포와 1벌의 저고리가 같다는 인정 혹은 합의는 무엇에서 비롯될까?

가치는 상품과 상품(혹은 화폐)이 교환되는 등가의 가치(혹은 단위)를 뜻한다. 마르크스는 상품의 가치는 아마포와 저고리가 생산되는 노동의 가치, 일반적으로 투여된 노동자의 노동 시간에서 비롯된다고 보았다. 즉, 사용가치는 현실의 필요성을 반영하지만, 가치는 눈에 보이지 않는다.

가치는 언제 드러나는 것일까. 가치와 교환가치의 관계는 상품이 교환될 때 발생한다. 상품과 상품, 상품과 구매하는 화폐 사이에 교환이 일어날 때 숨어 있던 가치가 교환가치로 드러난다. 가치가 교환가치로 바뀌는 것이다. 가치와 사용가치, 교환가치라는 개념에 관해 마르크스의 『자본론』과 자본론을 쉽게 풀어쓴 개설서

---

i 高畠素之, 1927, 『자본론』 제1권 제1책, 改造社, 18쪽.

의 서술을 대비해보자.

① 원전·번역서

사용가치 또는 有用物이 가치를 가지는 것은 다만 거기에 추상적 인간노동이 體化되거나 대상화되어 있기 때문이다. 그러면 그 가치의 크기는 어떻게 측정되는가? 간단히 말해서 그 물건에 들어가 있는 '가치를 형성하는 실제'인 노동의 量에 의하여 측정된다. 노동의 양은 노동의 계속시간으로 측정되고, 노동시간은 시간, 日, 週 등을 기준으로 측정된다.(K. 마르크스, 김수행 옮김, 1989, 『자본론』 I(상), 비봉출판사, 47~48쪽)

② 해설서

상품의 가치가 무차별한 인간노동의 대상화라면 상품의 가치량은 노동시간으로 측정된다. 여기서 주의해야 할 것은 이 가치의 실체를 이루는 노동은 무차별하고 동등한, 사회적·평균적 인간노동력의 지출로서의 노동이라는 점이다. … 여기서 사회적·평균적으로 필요한 노동시간이란 현존의 사회적·표준적 생산조건 및 사회적·평균적 노동의 숙련과 강도에 의해 어떤 사용가치를 생산하는 데 필요한 노동시간이다.(부총양삼, 김우홍 옮김, 1983, 『경제학원론』, 전예원, 30쪽)

③ 대중서

상품이 교환되는 비율을 나타내는 '교환가치'는 그 상품을 만드는

데 '사회적으로 필요한 노동시간'에 따라 결정됩니다.(임승수, 2008, 『원숭이도 이해하는 자본론』, 시대의창, 48쪽)

가치와 사용가치, 교환가치에 관한 다양한 책의 설명이다. 각각을 비교해보면, ① 원전·번역서에는 한자가 눈에 띄며(2015년 개역판에는 병기가 되거나 생략되었다), ② 해설서는 원전·번역서보다 이해하기 쉽게 서술되어 있다. ③ 대중서에서는 '가치'에 대한 설명이 없고 '교환가치'만 '사회적으로 필요한 노동시간'으로 설명되었다.

원전에서 구사되고 있는 개념이 어려우면 입문서, 해설서의 도움을 받는 것이 좋다. 단, 해설서는 이해하기 쉬운 대신 잘못 해석했을 수 있다는 점을 감안하며 읽어야 한다. 원전으로 다시 돌아가자. 바로 해석되는 것은 아니지만, 여러 차례 읽다보면 이해되는 부분이 많아진다. 읽으면서 깊게 생각하도록 해준다. 고전의 힘이다.

문학으로 공간과 시간을 깊게 읽기

필자의 경험에 따르면, '깊다'라는 것은 비슷한 주제를 다룬 이 시대의 글과 책에서는 발견할 수 없는 표현 및 논리 전개와 마주할 수 있다는 뜻이다. 몇 가지 방안을 생각해보자. 공간과 시간을 좀 더 '깊게' 사유하는 것도 한 방법일 테다.

2-3 벌교 소화다리.

해방 8년사를 다룬 조정래의 소설 『태백산맥』은 주요 무대가 전라남도 여수와 순천 그리고 벌교다. 그런데 왜 책의 제목을 "태백산맥"으로 했을까? 『태백산맥』의 주요 인물인 김범우는 벌교 읍내 소화다리 가운데 서서 북쪽을 바라보며 다음과 같은 지리적 상상을 한다.

징광산도 금산도 그리고 조계산으로 뻗어나가고 있는 산줄기들도 농밀한 어둠의 장막에 가려 보이지 않았다. 무수하게 뻗은 산줄기들은 모두 북으로 북으로 치달아가고 있었다. 조계산 줄기는 무등산 줄기와 손을 맞잡으며 섬진강에 이르고, 그 지맥은 섬진강을 뛰어넘어 지리산으로 이어졌다. 산속에 산을 품은 지리산의 준령들은 북으로 치달아오

> 르다가 덕유산을 만나고, 덕유산은 가쁜 숨을 몰아 추풍령에 다다라 선 속리산으로 건너뛰는 것이다. 그 줄기가 소백산에 이르러, 원줄기인 태백산맥이 거느린 네 개의 실한 가지 중에서 최남단으로 뻗어내린 소백산맥을 형성하고 있는 것이다. 그러니까 낙안벌을 보듬듯이 하고 있는 징광산이나 금산은 태백산맥이란 거대한 나무의 맨 끝가지에 붙어 있는 하나씩의 잎사귀인 셈이었다.[i]

소설의 무대인 여수, 순천, 벌교가 태백산맥과 이어지는 웅장한 묘사를 통해, 이 거대한 서사가 단지 지엽적인 이야기가 아니라 한반도 전체를 관통하는 시대의 이야기임을 직감하게 해주는 대목이다. 이렇듯 시간과 공간에 대한 더 깊은 이해는 사유를 풍부하게 해주는 것이다. 더불어 시대적 맥락을 더 폭넓게 이해하게 해주는 몇 가지 방법을 살펴보자.

첫째, 공간의 이해가 시간이라는 맥락에 다가갈 때 도움이 될 수 있다. 시간의 학문인 역사에서 공간이 주는 맥락의 힘이 존재한다. 시오노 나나미塩野七生의 『로마인 이야기』가 그 예가 된다. 그녀는 율리우스 카이사르Gaius Julius Caesar에 애정이 깊다. 전체 15권에서 2권을 배려했을 뿐만 아니라, 카이사르를 높게 평가했다. 카이사르라는 인물을 중심으로 역사를 구성하기 위해, 그녀는 〈공화정 시대의 로마〉 〈로마 시내의 단독주택 설계도〉 〈카이사르가

---

i 조정래, 2007, 『태백산맥』 1, 해냄, 264쪽.

해적을 만난 킬리키아 주변과 유학한 로도스 섬〉〈갈리아 전도〉〈갈리아 부족도〉 등의 도상을 활용해서 당대에 관한 이야기를 더 풍성하게 만들었다.[i]

둘째, 글쓴이의 삶을 알면 시대적 맥락을 더 풍부하게 이해할 수 있다. 저자가 살아온 이력을 알고 작품을 읽을 때 그 효과는 크다. 조지 오웰George Orwell의 『동물농장』은 전체주의에 대한 비판을 담고 있어서, 고등학교 다닐 때는 반공 책으로 이해하고 읽었다. 그러다 조지 오웰이 스페인 내전에 직접 참가했으며, 이 책은 1945년 제2차 세계대전이 끝난 직후에 출판되었다는 사실을 알게 되었다. 그렇게 보면 『동물농장』을 스탈린 체제를 우화로 비판한 것으로 이해할 수도 있고, 스페인 내전에 참여했던 작가 조지 오웰의 삶을 생각해보면 파시즘 비판이 담겨 있다고도 볼 수 있다.

셋째, 당대의 사건에 주목해 시대적 맥락을 이해할 필요가 있다. 당대의 사건과 시대적 맥락을 작품과 엮어서 읽어내면 작품과 시대에 관한 이해가 모두 깊어진다. 제1차 세계대전과 『서부전선 이상 없다』, 1929년 시작된 세계대공황과 『분노의 포도』, 스페인 내전과 『누구를 위해 종을 울리나』 등을 사례로 들 수 있다.

한국 문학에서 그 사례를 찾아보자. 소설을 원작으로 하여 드

---

i 시오노 나나미, 김석희 옮김, 1996, 『로마인 이야기 4—율리우스 카이사르 (상)』, 한길사 참조.

라마를 제작해 방영한 〈TV문학관〉이라는 프로그램이 있었다. 그 가운데 황석영의 「삼포 가는 길」을 원작으로 하는 동명의 드라마가 인상적이었다. 황석영의 원작 역시 매력적이었지만, 실재하지 않는 가상의 지역을 영상으로 구현한 드라마 속 눈 덮인 '삼포'의 이미지도 마음속에 깊게 남았다. 여담인데, '삼포'를 막연히 강원도로 설정했다고 생각했는데 언제인가 차를 운전하다가 경상도에서 동명의 지명을 확인하고 새삼스러운 적이 있었다.

어쨌든, 말을 하도 잘해서 '황구라'라고 불리는 황석영의 이야기를 닮은 글쓰기 솜씨의 매력에 이후로도 빠져들어갔다. 신문소설로 연재되었던 『장길산』의 '야함'은 고등학생에게는 큰 유혹이 되었다. 대학 때 책으로 읽은 『장길산』은 '건전'했다. 같은 글일까 아니면 새로 편집했을까? 황석영의 구체적인 묘사 속에서 조선시대 사람의 삶이 눈에 보이듯이 생생하게 그려졌다. 대학생 때 들은 역사 수업에서, 장길산에 관한 기록은 얼마 안 되는데 12권의 책으로 이루어질 정도로 작가의 상상력이 대단하다는 언급과 숙종 대 인물인데 묘사되고 있는 시대상은 조선 후기까지 포괄하고 있다는 평가가 기억난다.

『장길산』의 마지막에 나오는 운주사의 와불臥佛과 천불천탑千佛千塔에 관한 대목에서 민중을 다시금 생각했다. 운주사가 있는 계곡으로 민중들이 몰려왔다. 이들은 "구백구십구의 미륵상과 탑을 세웠다." 그리고 마지막 미륵님을 만들고자 했다. 그러면서 이들은 "자. 이 미륵님만 일으켜 세워드리면 세상이 바뀐다네."라고 생각했다. 그러다가 닭이 울었다. 북을 치던 고수는 북채를 던졌고 "미륵을 밀어올리던 사람들도 힘을 잃고 주저앉자 버렸다."[i] 봉기가, 혹은 반란이 실패한 것이다. 그럼에도 『장길산』은 희망으로 소설의 끝을 맺는다.

> 대동세상이 이루어진다는 확신을 가진 사람들의 목숨 가운데서 문득 빛나던 것이 있었으니, 스스로의 가슴속에 이미 저러한 세상의 실상이 생생하게 담겨졌다는 깨달음이었다. 역易에 이르기를 미제未濟의 뜻이 해가 바닷속에 잠겨 있으므로 장차 밝게 떠오를 것을 안다 하였으매, 티끌처럼 수많은 생령生靈들의 뜻이 어찌 이루어지지 않으랴.[ii]

한편, 대학생 때 읽은 대표적인 역사소설을 묻는다면, 박경리의 『토지』라고 답할 것이다. 필자만 그런 것이 아니다. 몇 차례 TV 드라마와 영화가 제작되고 여자 주인공 최서희를 맡았던 배우가 당대 최고의 인기를 누릴 정도로 인기가 높았다. 대학교 다닐 때, 이 소설은 계속 집필 중인지라 전체 4부 가운데 2부까지만 읽었다. 이 책의 후반부는 읽지 못했다.

대학생과 대학원생 시절 이후 다시 『토지』를 읽어보려고 시도했지만, 계속 경상남도 하동을 다룬 1부와 만주 간도 지역을 배

---

i 황석영, 2004, 『장길산』 12, ㈜창비, 296~297쪽.

ii 황석영, 2004, 『장길산』 12, ㈜창비, 298쪽.

2-4 운주사 와불.

경으로 한 2부에서 맴돈다. 소설 읽는 데 적합한 나이가 있는 것은 아닌데, 개인적으로 마흔 살이 넘어가면서 소설에 손이 잘 안 간다. 결국 4부작 토지의 마지막을 읽지 못했다. 요즘은 소설은 논문 자료로만 읽을 뿐이다. 그래도 박경리 작가와 작품이 좋아, 하동에 만들어진 드라마 〈토지〉의 촬영지에 가서 최참판댁을 구경하고, 강원도 원주에 있는 토지문화관에도 들렀다.

『토지』에는 동학군에 참여했다가 이후 독립군으로 참여한 포수가 나온다. 이런 삶은 역사 기록에서 확인하기 쉽지 않다. 대학교 수업 때, 『토지』에서 동학농민운동 참여자 가운데 이후 대한제국시기 의병 전쟁에 참여하고 일제강점기 만주에 가서 독립전쟁에 참여했다는 포수에 관한 인물 묘사가 인상적이었다는 강만길 선생님의 이야기가 기억난다.

정치적 선택과 맥락

이광수의 소설은 중·고등학생 때 접했다. 『무정』 『흙』 등을 읽었다. 역사소설로 『원효대사』 등도 읽었다. 전공이 근현대사인지라 대학원에 들어가서 본격적으로 이광수의 글을 자료로 읽기 시작했다. 1910년대 다른 문학작품과 논설에 비하면 이광수의 것은 발군이었다. 그의 글은 쉽고 이해가 잘된다. 소설과 수필 그리고 논설을 담은 『이광수 전집』을 통해 한말을, 일제강점기를, 해방을 이해했다.

공부가 깊어지면서, 명문이라고 생각했던 그의 글이 논쟁의 대상이 되었다는 것을 확인했다. 1910년대 「신생활론」은 무단통치기 일제의 지배를 합리화하는 측면이 있었고, 1920년대 「민족개조론」은 타협적 민족주의자의 논리가 되었다는 것을 이해했다. 전시체제기에 그가 보였던 노골적인 친일 행위를 알게 되면서 인간 이광수에 대한 매력이 떨어졌다. 그의 친일 논설은 일제에 협력하는 '논리'로, 해방 후 『나의 고백』은 '변명'으로 보였다. 나이를 먹어가면서 이광수를 이해해보려고 '노력'했지만 쉽지 않다.

선언서는 관련 집단의 입장과 주장을 담은 글이다. 일단 모두 아름답고 훌륭한 명문이라는 것을 전제로, 몇 가지 선언서를 살펴보고자 한다. 민족대표 33인의 이름으로 발표되었고 최남선이 작성한 「기미독립선언서」는 "금일 오인吾人의 차거此擧는 정의 인도 생존 존영을 위하는 민족적 요구이니 오직 자유적 정신을 발휘할 것이요, 결코 배타적 감정으로 일주逸走하지 말라."에서 보이듯이 어려운 한문투여서 일반인이 이해하기 어려웠다. 그리고 당대 조선 인구의 대다수를 점한 농민의 입장을 반영하지 못했다.

반면, 재일유학생들이 발표하였고 이광수가 선언서 작성을 전담했다고 알려진 1919년 2월의 「2. 8 독립선언서」는 "최후의 한 사람에 이르기까지 반드시 자유를 위하여 더운 피를 쏟을 것이니 … 일본이 만약 우리 민족의 정당한 요구에 응하지 않을 때에는 부득이 일본에 대하여 영원한 혈전血戰을 선포하게 될 따름이다."라며 '혈전'을 통한 독립을 주장하는 대목 등이 더욱 선명하다고 생각한다.

신채호는 자신의 주장을 돌려 말하지 않았다. 조선 독립을 민중의 직접 혁명을 통해 달성해야 한다고 '직선적'으로 표현했다. 1923년 1월 발표된 신채호의 「조선혁명선언」은 "우리는 우리의 생존의 적인 강도 일본과 타협하려는 자나 강도 정치 하에서 기생하려는 주의를 가진 자나 다 우리의 적임을 선언하노라. … 우리는 외교 준비 등의 미몽을 버리고 민중 직접 혁명의 수단을 취함을 선언하노라."라고 주장했다. 개인적으로는 「조선혁명선언』처럼 힘차고 선명한 글이 여전히 좋다.

1980년대까지는, 1948년 광복부터 분단, 한국전쟁, 정전에 이르는 '해방 8년사'에 관해 연구가 많지 않았다. 심지어 관심이 적어서 궁금함이 없던 시기였다. 『해방전후사의 인식』, 제주 4. 3에 관한 소설 「순이 삼촌」 등이 있었지만 지적 갈증을 해소하기에는 부족했다. 1987년 대통령 선거에서 노태우가 당선된 '상실감'에 대처하는 방안으로 역사문제연구소가 설립되고 이곳에서 해방 이후 역사를 공부하는 모임이 생겼지만, 논쟁이 이루어지기에는 역사적 사실조차 너무도 몰랐던 때였다. 나는 공부 모임의 말석에서 하나씩 배워나갔다.

조정래의 『태백산맥』은 소설이지만 당대에 관해 '균형' 있는 시각을 갖게 해주었다. 김범우, 염상진, 염상구, 외서댁, 하대치 등 당대의 인물 군상이 생생하게 형상화되어 당시를 이해하는 데 많이 참조가 되었다. 해방 8년사 관련 세미나가 열리면 참여한 청중의 열기가 뜨거웠던 시절이었다. 질문도 많았다. 발표자가 대답하지 못하자, 조정래가 "내가 대신 답하겠다."라고 말했던 것이 기억난다.

좌익과 우익의 생생한 긴장 관계를 추체험하면서, '만약 그때 태어나 살았다면 나는 어떻게 했을까.'라는 정치적 '선택'에 관해 스스로 묻고는 했다. 정치적 선택의 정점, 혹은 대표는 대통령일 것이다. "○○○ 대통령은 나쁘다."라고 비난할 수 있다. 같은 표현과 말도 박정희, 전두환 시대에는 '범죄'에 해당했는데 김영삼 정부 이후에는 언론에서도 대통령에 대해 비판할 수 있게 되었다. 표현의 자유가 확보된 것이다. 김대중, 노무현, 문재인 정부의 정책과 활동은 기존 언론과 이른바 우파 유튜브에게 '비난'과 조롱의 대상이 되었다. 심지어 노골적이거나 원색적인 비난이 심해졌다. 이렇듯 '비판'이라는 언술 형태도 시대에 따라 양상도 맥락도 달라져 왔다. 언술을 공간과 시간으로 구분해서 본다고 했을 때, 역사는 '시간' 속에서 인간 각각의 언행과 서로 간의 관계를 해석하는 학문 분야라고 할 수 있다.

3장

시기를 나눈다는 것

공동체의 시간과 개인의 시간

시대를 잘 이해하면 선택을 잘할 수 있을까? 시대를 이해하기 위한 역사적 방법 가운데 하나가 시대 구분이다. 리카이위안李開元에 따르면, 진시황은 기원전 259년, 한태조 유방은 기원전 256년에 태어났다. 그들의 나이 차는 3살에 불과했다. 진시황은 기원전 210년, 유방은 기원전 195년에 죽었다. 그들이 같은 하늘 아래 살아온 세월이 47년이다. 이에 주목한 리카이위안은 "생물학적 나이로 따지자면 영정과 유방은 동시대 사람이다. 이들이 다른 세대의 인물이라는 인상은 시대 구분에 따라 나누는 역사 관념이 역사 시간에 영향을 미친 결과"[i]라고 보았다. 진나라 다음에 한나라가 이어졌으므로, 많은 사람이 진나라 시황제 영정과 한나라 태조 유방이 상당히 다른 시기를 살았다고 느끼는 것이다.

시기를 나누는 것을 '시대 구분' 혹은 '시기 구분'이라고 한다. '시대'와 '시기'는 비슷하면서 다르게 쓰이는데, 시대는 고대, 중세, 근대, 현대 등 인류사적 관점에 적용된다면, 시기는 좀 더 작은 단

---

i 리카이위안, 이유진 옮김, 2021, 『진붕秦崩』, 글항아리, 6쪽.

위인 개인의 삶에까지도 적용되는 시간 단위다. 이 글에서는 필요에 따라 두 개념을 섞어 사용하도록 하겠다.

역사에서 '시기를 구분하는 것'은 왜 필요할까? 시기 구분은 당대의 맥락을 이해하기 위한 접근 방법 가운데 하나다. 한 사람의 삶에서도 시기 구분이 있다. 흔히 나이에 따라 소년, 청년, 장년, 노년 등으로 나누고, 그/그녀에 관한 이야기는 소년 때, 청년 때, 장년 때 등으로 구분해서 전개된다. 일정한 변화의 기점을 잡는 것이다. 특히 소년기와 청년기는 학창 시절과 맞물려 학습 과정, 교유 관계 등과 교차하면서 삶을 규정한다.

공동체 단위에서도 이러한 구분을 적용할 수 있다. 일반적으로 현재를 기준으로 고대, 중세, 근세, 근대, 현대 등으로 나눈다. 이를 '시대 구분'이라 한다. 역사학자 호리고메 요조堀米庸三에 따르면, "하나의 역사적 의미 연관을 역사의 사실 속에서 찾아내려고 하는 것이 시대 구분의 본래 목적이고, 역사에 대한 통일적 이해의 작업"[i]이다.

한 역사 이론서에 따르면, 시대 구분은 또한 "인간이 자기 당대의 주어진 조건 위에서 역사발전을 이해했던 하나의 인식 형태"[ii]다. 시간적 추이 속에서 일정하게 나뉜 시간 단위 사이에 "발전"이라는 규정이 붙는다. 물론 '발전'은 예컨대 중세보다는 근대

---

i 호리고메 요조, 박시종 옮김, 2003, 『역사를 보는 눈』, 개마고원, 114쪽.

ii 고려대학교 문과대학 사학과 교수실 편, 1979, 『역사란 무엇인가』, 고려대학교 출판부, 77쪽.

가 더 나아졌다는 논리를 전제한 개념이다. 근대 계몽주의가 이 논의를 이끌었다. 이러한 전제 아래 중세를 이른바 '암흑시대'라고 규정했다. 중세에 대한 부정적인 이미지는 근대적 관점의 소급이다. 르네상스는 고대의 부흥, 즉 그리스·로마 문화의 재해석이었다. 문화적으로 중세보다 '발전'했던 고대를 염두에 둔 것이다. 인간의 역사가 발전한다고 전제한 시대 구분에서 이탈한 중세를 부정적으로 이해하게 만든 것이다. 앞 시대인 고대 그리스·로마와 대비해 중세는 문화적으로 뒤떨어진 '암흑시대'로 설정될 수 있다. 그렇지만 서양의 역사를 이러한 시간적 흐름으로 이해하는 데 반론이 제기된다. 문화의 우월은 상대적이다. 따라서 르네상스 사람에게, 근대 계몽주의자에게 그런 특권을 부여할 수는 없다. 시대 구분이 유용하려면, 각 시대에 공평한 가치를 부여하는 것이 필요하다고 생각한다.

경제적 관점을 대입하면, 인류의 역사는 채집·수렵 단계, 농경 단계, 산업 단계 등으로 구분된다. 19세기에 이루어진 정치경제학 논의의 대표적인 사례가 마르크스의 사적 유물론이다. 마르크스는 유물사관에 입각해서 인류 역사를 원시공동체, 고대 노예제, 중세 봉건제, 근대 자본주의, 미래의 사회주의(혹은 공산주의), 이렇게 다섯 단계로 구분했다.

역사학은 한국사, 서양사, 동양사 등 지리적 기반의 큰 틀로 나누고, 각 영역을 다시 시간 구분에 따라 고대사, 중세사, 근대사, 현대사 등으로 세분화한다. 일반적으로 한국 근대사는 개항

(1876) 이후를, 현대사는 1945년 8월 15일 해방 이후를 가리킨다. 또한, 그 안에서 정치사, 경제사, 사상사, 문화사 등으로 더 나눈다. 학교들마다 그리고 같은 학교 안에서 대학교와 대학원에 따라 교육과정이 달랐다. 대학원 다닐 때 나는 개화·일제시대를 전공했다. 요즘은 나를 소개할 때 한국 근현대 사상·문화사 전공자라고 한다.

사관과 시기 구분

시기 구분 안에 '격변기', '전환기'가 존재할까? 격변기, 전환기, 변혁기 등은 시대 상황을 압축적으로 표현하는 말이다. 그런데 회고록, 자서전 등을 읽어보면 당대를 살았던 모든 사람은 자기가 살았던 시대를 전환기, 변혁기로 여겼다. 자신의 앞뒤 세대와 구분되는 '힘든' 시기로 이해했다. 그들뿐만 아니라, 전쟁을 경험하지 않았어도, '보릿고개' 등의 경제적으로 어려움을 겪지 않았어도 저마다 어려움은 있었을 테다. 이런 각자의 삶으로 이루어진 전 세대의 경험은, 결국 격변적 상황의 연속이라고도 할 수 있다. 그럼에도 사회 계층과 계급의 변화 같은 '역동성'을 찾는다면, 한국사에서는 왕조의 교체기가 그 예가 될 것이다.

잠깐 개인적인 얘기를 해보자면, 1990년대 들어 전공이 세분화되면서 석·박사 논문과 책의 주제, 제목이 구체화되었다. 필자의 1990년 석사 논문 제목은 '1920년대 전반기 사회주의사상의 수용과 발전과정에 대한 연구'였고, 2005년 박사 논문 제목은 '최남선의 '근대' 인식과 '조선학' 연구'였다. 이처럼, 앞선 세대의 역사가들과 달리 요즘 역사가는 연구 논문 주제와 시기가 세분화되면서 한국사 전체를 대상으로 한 단독 저서를 쓰는 것이 거의 불가능해졌다. 그럼에도 하나의 '화두'를 중심으로 긴 호흡의 시간을 조망하는 책들이 있다. 우선 반갑다. 삼국시대와 고려를, 고려와 조선을, 일제강점기와 현대사를 함께 조망하는 책들이 이에 해당한다.

이정철은 '권력 이동'이라는 관점에서 삼국시대에서 통일신라로, 후삼국에서 고려의 건국으로, 고려 말에서 조선의 건국 등으로 전환되는 시대적 사건과 상황을 한 권의 책에서 조망했다.[i] "변화가 만들어내는 현실의 양상"을 역사적 경험 속에서 살펴보고 거시적 전망을 제시했다. 삼국의 통일 과정, 고려와 조선의 건국 과정에서 나타난 '공동체의 내적 역량'은 해당 시기를 살았던 '보통 사람들'이 만든 것으로 보았다.

이처럼 시기를 구분하고 조망할 때 관점, 즉 사관史觀이 무엇인가는 중요한 문제다. 사관은 역사를 보는 눈을 말한다. 『사관이란 무엇인가』라는 책에서는[ii] 동양적 순환 사관과 서양적 메시아적

---

i 이정철, 2021, 『권력 이동으로 보는 한국사』, 역사비평사.

ii 차하순 편, 1982, 『사관이란 무엇인가』, 청람문화사.

사관을 대비했다. 순환 사관은 농경 사회에 필수불가결한 계절적 변화와 인간의 역사를 연동한 것이다. 봄, 여름, 가을, 겨울의 변화처럼, 인간의 역사도 흥했다 망하거나 흩어졌다가 뭉치는 것에 주목한 역사 인식이다. 반면, 메시아적 사관은 유목 사회와 연동해서, 유일신 사상을 기반으로 인류 역사가 종말과 구원의 종착점을 찾아 나아간다고 본다.

『사관이란 무엇인가』는 이 밖에도 역사주의, 유물사관 등 여러 내용을 알려주었다. 유물사관은 사적 유물론으로도 불린다. 유물사관은 생산력과 생산관계, 하부구조와 상부구조 등의 개념 아래, 모순과 변혁을 토대로 인류 사회의 발전단계를 설명했다. 유물사관은 도식적이라는 비판도 받지만, 20대에 접했던 마르크스주의는 매력적이었다. 나름 "게으르면 교조가 된다."라는 말을 되뇌며, 이론을 외우고 현실사회에 대입해보고자 노력했다. '교조주의'를 경계했던 시절이었다. 그럼에도 불구하고 당시 마르크스주의는 세상을 설명하고 변혁하는 논리이며 유일한 이론이라고 여겨졌다.

유물사관에 관한 이해는 서양 경제사에 관한 학습으로 이어졌다. 최종식의 『서양경제사론』 등을 읽었다. 중세 봉건제에서 자본주의로의 이행기에 관한 논의가 재미있었다. 이 책을 통해 인클로저 운동, 산업혁명과 기계파괴운동 등의 역사적 의미가 선명해졌다. 하지만 원시공동체에서 고대사회로의 이행기에 설정한 '아시아적 생산양식'에 관한 논쟁, 돕Maurice Dob과 스위지Paul Sweezy

의 '자본주의 이행 논쟁' 등 심화 개념은 이해하기 어려웠다. 또한, 1970~80년대 당시 한국경제사에 관한 개설서는 쉽게 구하기 어려웠다.

한국사의 시대 구분은 어떠할까? 한국사의 시대 구분은 "전체 한국사를 체계 있게 그리고 간단명료하게 한국사의 의미를 파악"[i] 하는 데 목적이 있다. 추상성이 높은 논의인지라, 논쟁의 성과를 모으기 쉽지 않다. 1980년대에 출판된 『한국사 시대 구분론』이라는 책이 한국사 시대 구분 관련하여 대표적인 책이었다.[ii] 특히 고대사의 하한 설정 및 고려·조선 1천 년의 구분 등이 주요 논쟁이었다고 기억된다.

또한, 국가와 민족 공동체 단위로 역사를 살펴보기도 한다. 『삼국사기』와 『삼국유사』를 비롯하여, 『고려사』 『왕조실록』 등이 그러하다. 삼국시대에 관해 서술할 때는 고구려, 백제, 신라 등 세 나라를 각각 주어로 설정해서 구분하는데, 고구려와 백제의 전쟁, 신라와 백제의 전쟁에서 고구려사를 쓸 때 고구려가 아군이고, 신라사를 쓸 때 백제가 적군이 되는 식이다.

고려와 조선시대의 경우에는 일반적으로 왕대로 구분한다. 『왕조실록』에는 개국과 멸망 같은 중요 사건은 물론이요, 왕을 중심으로 한 신하와의 정책 논의, 지방관의 보고 내용, 관료와 유생들

---

i 고려대학교 문과대학 사학과 교수실 편, 1979, 『역사란 무엇인가』, 고려대학교 출판부, 113쪽.

ii 한국경제사학회, 1970, 『한국사 시대 구분론』, 을유문화사.

의 상소문을 비롯해 날씨와 일식 및 월식 같은 천문까지 꼼꼼하게 기록되어 있다. '중요한' 사건들은 이러한 기록을 통해 알아볼 수 있는데, 개인의 삶과 행동은 어떻게 이해했을까? 큰 역사, 작은 역사라고 표현되는 국가사·사회사와 개인사가 만나는 부분이다.

시기 구분의 기간은 기준에 따라 몇백 년이 될 수도 있고, 몇십 년 단위 심지어 몇 년이 될 수도 있다. 긴 시간도 유사한 사건이 중복되어 일어나 구분이 잘 안 되는 경우가 있다. 농민운동의 경우 삼국시대, 고려시대, 조선시대에도 일어났다. 일어난 이유와 양상이 비슷해 보인다. 구체적으로 대부분 중앙권력을 위임받은 지방 관리의 수탈에서 비롯되었고, 농민운동은 참여자의 내재적 열망인 왕권 교체에 이르지 못했다.

비록 역사 속의 농민운동은 실패했지만, 각각의 농민운동마다 고유의 역사적 의의가 있다고 서술된다. 고유한 차별성은 지역과 범위 그리고 규모에서 비롯된다. 고려시대 '만적의 난', 조선시대 고부민란, 동학농민운동을 보면, '만적의 난'은 노비들의 반란 가운데 가장 조직적이고, 계획적이었으며, 고부민란은 당대 다른 '민란'과 달리 서울로 가서 중앙 권력을 바꿔야 한다는 정치적 지향을 선명하게 밝혔던 것이 차이점이었다. 또한, 고부민란은 동학농민운동으로 이어졌다. 이러한 변화를 주목하는 것도 '역사를 보는 눈' 즉 사관을 의미한다.

근대와 시간의 압축

한반도의 근현대사에서 개항(1876)은 한국 근대의 출발을 알리는, 시기 구분의 주요 계기가 된 시점이다. 이러한 '변곡점'은 공동체 구성원 개인의 삶에 어떠한 영향을 미쳤는가? 중앙정부의 관리 출신 인물은? 급진 개화파와 온건 개화파는? 『매천야록』을 쓴 유교 지식인 황현은? 정식 근대 교육을 받지 못했고 동학농민운동 지도자였다가 계몽운동에 참가했던 김구는? 이들은 자신이 처한 사회·경제적 조건과 정치적 선택에 따라 개항 이후 일제강점기의 시기를 각각 다르게 기억했다.

유길준은 『서유견문』(1895)에서 "고금을 통틀어 세계 어느 나라를 돌아보든지 간에 개화가 지극한 경계에까지 이른 나라는 없었다. 그러나 대강 그 등급을 구별해 보면 세 가지에 지나지 않으니, 개화하는 나라, 반쯤 개화한 나라, 아직 개화하지 않은 나라다."[i]라고 밝혔다. 유길준은 세상을 개화-반半개화-미未개화(야만) 세 단계로 구분하고, 당시 조선은 반개화의 단계이므로 빠른 시간 안에 개화한 나라가 되어야 한다고 주장했다.

유길준의 문명-야만의 단계 설정은 문명개화를 지향한 강력한 논리였다. 그 뒤로도 비슷한 논의가 존재했다. 구미 제국이나 일

---

i 유길준, 1895, 『서유견문』, 14편 ; 유길준, 허경진 옮김, 1989, 『서유견문』, 서해문집, 394쪽.

본을 선진국으로, A·A제국을 후진국이라고 규정하고 우리나라는 "A·A제국에 비하면 선진국"으로 대비하였다. A·A제국은 아시아-아프리카 여러 나라를 가리킨다. 1959년 12월 1일에 실린 『동아일보』의 사설이다.

> A·A블럭에 속하는 나라들은 대부분 우리보다 민도民度가 낮고 후진적인 농업국이어서 상품과 기술과 자본을 절실히 필요로 하고 있다는 사실을 주목하여 본다면 우리는 무역 확장이나 인구문제, 실업문제 등 매우 골치 아픈 문제 해결 방법을 이 방면에서 구해보지 않으면 안 된다. 우리는 우리나라가 구미 제국이나 일본 등 선진국에 비하면 분명히 후진국이지만 A·A제국에 비하면 선진국이라는 점을 자각하여 민족적인 자신을 가지고 이 지역에서의 진출책을 적극적으로 꾀하지 않으면 안 된다.[i]

물론 목표를 세우는 것은 필요하다. 그런데 목표에 순위가 매겨지면 '피곤'하다. 한 단계 혹은 한 순위를 올리면, 또 다른 목표가 설정된다. 예를 들어 이탈리아가 목표였는데 어떤 지표가 그 나라보다 높아지면, 그다음에는 프랑스가 혹은 독일이 목표로 바뀔 수 있는 것이다.

선진, 후진이라는 시간의 앞섬과 뒤처짐의 비교는 국가 간 대비

i 「[사설] A·A제국에 대한 외교 강화의 필요」, 『동아일보』, 1959년 12월 1일.

속에서도 이루어졌다. 공동체 사이의 비교는 자극제 역할을 담당한다. 『독립신문』은 당대 한국, 중국, 일본을 대비해서 한국의 발전 가능성을 전파했다. 비교를 통한 우열의 논리가 누구에 의해 만들어졌는지 살펴보는 것이 중요하다.

서재필이 주도한 『독립신문』에는 동아시아 한·중·일을 비교하는 논설이 자주 실렸다. 아래는 1896년 5월 30일 자 『독립신문』의 사설이다. 중국(인)과 일본(인)에 대비해 한국(인)이 장점이 많으니, 한국인이 조금만 더 노력하면 서양처럼 될 수 있다는 논법이다.

> 조선 사람들이 동양에 제일가는 인종인 것이, 청인은 느리고 더럽고 완고하여 좋은 것을 보아도 배우지 않고 남이 흉을 보아도 부끄러운 줄 모르고, 일본 사람들은 문명한 것을 본받기를 잘하나 성품이 너무 조급한 고로 큰일을 당하면 그르치는 일이 있거니와 조선 사람은 가운데 있어 일본 사람의 개화하려는 마음도 있고 청인의 누그러진 성품도 좀 있는 인종인즉 다만 잘 가르쳐만 놓으면 동양에서는 제일이 될 듯하더라.[i]

한국(인), 중국(인), 일본(인)의 정체성을 한 문장으로 설명할 수 없다. 그리고 『독립신문』의 이러한 규정과 논의가 사실이 아닐 수도 있다. 어쨌든 세 나라의 대비 속에서 다른 두 나라와 대비된 한

---

i 『독립신문』, 1896년 5월 30일.

국의 '발전' 가능성을 나름 찾은 것이다. 단, '잘 가르쳐야만' 동양에서 제일이 된다는 전제가 있다. 『독립신문』은 자신의 역할을 국민을 교육시키는 것이라고 여겼다.

> 지금 7~8세 된 남녀들은 속속 학교가 세워져 학문을 배울 수 있기를 바라지만, 20~30세 이상된 사람들은 … 기왕에 배우지 못한 학문을 배우기도 가르치기도 어렵다. 신문이 아니면 정부와 백성이 서로의 사정을 알 수가 없을 것이다. 신문으로써 풍속을 바로잡고 외국의 형편을 알 수 있으며 상업, 공업, 의학, 위생에 관계된 여러 사건을 알 수 있으니 개명에 중요한 효험이 있음이 어찌 학교와 같지 않겠는가.[i]

위의 인용은 1899년 4월 17일 자 『독립신문』의 논설이다. 특히 '학교'라는 단어가 주목된다. 근대 교육이 실시되고 있는 상황에서 학생은 학교에서 교육을 받지만 성인이 된 '백성'은 그렇지 못하다고 『독립신문』은 본 것이다. 그리고 그 성인들에게 신문은 학교와 같은 효험이 있다고 한 것이다. 오늘날 아무리 영향력 있는 언론매체도 자신의 역할을 교육기관인 '학교'로 일컫지 못하는 상황을 생각해볼 때, 『독립신문』의 흥미로운 자기 위상 표현이다.

근대 교육은 서양의 제도 및 지식과 밀접하게 연결되었다. 그런 교육을 통해 서양의 지식이 소개었다는 점을 고려한다면, 강화도

---

i 『독립신문』, 1899년 4월 17일.

조약 체결 이전의 초기 개화사상과 애국계몽운동 시기의 '계몽'의 차이점은 무엇일지 자연스럽게 질문이 따라온다. 어렵지만, 전자에 영향을 미친 중국의 책 『해국도지』 『영환지략』 등을 소개하고, 이 책을 국내에 알린 오경석, 유홍기(유대치), 박규수 등을 기억해야 한다.

더불어 1900년대 중후반의 계몽과 관련해서 애국과 식산흥업殖産興業을 위한 출판과 저술 활동에 주목해야 한다. 당시 계몽운동가는 애국적 인물로 최영, 이순신, 을지문덕, 이탈리아 건국 3걸 등을, 애국과 관련된 역사적 사실로 『월남망국사』 등을 강조했다.

일제강점기와 전시체제기

일제강점기를 세분하면, 이른바 1910년대 '무단통치기', 1920년대 '문화통치기', 그리고 논란은 있지만, 1937년 이후 '전시체제기'로 나눌 수 있다. 이와 더불어, 당대에 살았던 조선인의 시기 구분도 존재한다. 이른바 '기미己未 이후'라는 시간적 인식이 있다. 기미년은 3. 1 운동이 일어난 1919년을 가리킨다. 이에 조선인들은 "기미 이후 일본 유학을 갔다." "기미 이전에 집을 샀다." 등의 표현을 썼다. 당대를 살았던 사람의 시간을 기억하는 방법은 1917년, 1918년, 1919년 등이 아니라 '기미'였던 것이다.

각 시기의 처음에 의미를 부여하는 경우도 있는데, 1924년은 갑자년에 해당하며, '갑자'는 새로운 시기가 열리는 시작으로 이해되었다. 당시 『조선일보』에 「정치경제학비판 서문」을 소개한 번역가는 새로운 시대가 올 것이라는 기대감 속에서 마르크스의 글을 읽어주기를 당부했다. 마르크스는 「서문」에서 사회주의가 필연적으로 도래할 것을 주장했으며, 식민지 조선인은 마르크스주의가 '과학적' 유토피아를 제시한 것으로 이해했다. 육십간지 '갑자'는 1984년 다시 돌아왔다. 그런데 1924년과 대비해보면 1984년에는 갑자와 연동해서 '시작'에 의미를 부여하는 현상은 사라졌다.

1980년대에는 일제강점기 전시체제기를 1931년 만주사변부터 1945년 8월 15일 해방될 때까지 15년 동안이라고 봤다. 그런데 1990년대 이후에는 전시체제기를 중일전쟁(1937)부터 아시아-태평양전쟁(1941~1945)까지라고 본다. 그렇다면 만주사변부터 중일전쟁의 기간은 어떻게 규정해야 할까? 이때는 '준準전시체제기'라고도 불린다. 1920년대 문화통치기와는 어떠한 차이가 있을까? 그건 1930년대 농촌진흥운동에 관한 평가와 맞물린다.

1937년 7월에 일어난 중일전쟁과 1941년 12월에 일어난 아시아-태평양전쟁은 차이점이 있었을까? 있다면 이를 식민지 조선 사람은 다르게 느꼈을까? 만 3년이 조금 넘는 두 전쟁 사이에서 어떤 변화를 읽어야 할까? 일반적으로 개설서에서는 중일전쟁으로 조선인의 '황국신민화정책'이 실시되었고, 아시아-태평양전쟁으로 징병, 징용 등 전쟁 동원이 강화되었다고 설명한다. 전쟁 수행을 위해 일본인뿐만 아니라 조선인 인적 자원이 필요해진 것이다.

1937년 7월부터 1945년 8월 사이에 이루어진 다양한 인적 동원에 관해 어떻게 이해해야 할까? 관련해서 다양한 법 제정 가운데 무엇에 강조점을 두어야 할까? 1936년 미나미 지로南次郎 총독이 부임하고 그는 중일전쟁 이후 '내선일체'를 주장했다. 다음은 미나미 총독의 인터뷰 기사 중 일부분이다.[i]

기자 중일전쟁 이래 조선은 내지內地 국민으로부터 한층 주목받고 있는데요, 조선이 이번 전쟁에서 국가적으로 어떤 역할을 했는지에 대해 자세히 알고 싶어 합니다.

미나미 중일전쟁 이래 조선 인민이 진심으로 내선일체 사상을 갖게 된 것은 획기적인 일이지. 실제로 내지 사람들도 대륙으로 가기 위한 발판으로, 병참기지로서 조선이 얼마나 중대한 책임을 짊어지고 있는지 잘 깨달았으면 하네. 지원병 제도가 시행된 이후 현재 조선인은 국체와 시국을 잘 인식하고 각성해서 지원병이 되려고 지원하는 자가 많아졌어.

기자 내선일체 정신에 대해 말씀해주십시오.

미나미 합방 당시는 내선융화가 방침이었지만 지금은 내선일체이고, 특히 만주사변과 중일전쟁 이후는 대단한 진전을 보여 반도가 스스로 앞

---

i 「미나미 총독은 말한다: 본지 기자와의 대담록」, 모던일본사, 박미경 외 옮김, 2020, 『잡지《모던일본》 조선판 1940 완역』, 어문학사.

장서서 황국신민이 되고자 하는 성심을 열렬히 보이고 있어 한마디로 내선일체의 정신이라는 것은 충량한 황국신민이고자 하는 정신이지.

미나미 총독은 1920년대의 '내선융화'와 달리 중일전쟁 이후 "병참기지로서 조선"이 "중대한 책임을 짊어지고 있"기에 '내선일체'를 강조했다. 조선인을 일본인처럼 사고하고 행동하는 "충량한 황국신민"으로 만들어야 했기 때문이다.

중일전쟁 이후 대표적 사례는 「황국신민의 서사」의 제정이었다. 1937년 7월 중일전쟁이 일어나고 같은 해 12월 조선총독부는 이를 제정했으며, 일반인용과 아동용이 있었다. 조선 청년의 전쟁 반대에 관해 불안감을 가진 일제는 이를 법적 절차로 해결하고자 했다. 이는 창씨개명, 조선어 사용 금지 등으로 이어졌다.

전쟁 수행을 위한 인적·물적 자원 동원 관련하여, 중일전쟁 당시인 1938년 '국민총동원법', 1939년 '국민징용령' 등을 제정하였고, 아시아-태평양전쟁 당시인 1942년 제정한 '징병제'에 의해 1944년부터 조선인 청년 20만 명이 전쟁터에 끌려갔으며, 1944년에는 '여자 정신 근로령'을 제정하여 이로써 많은 한국인 여성이 전쟁에 동원되었다. 그리고 일본군 '위안부'로 강제로 끌려갔다.

거듭 얘기하지만, 몇 년에 어떤 법이 제정되어 몇 년부터 시행되었는지는 정보에 해당한다. 정보가 지식이 되려면 맥락을 이해해야 한다. 일제강점기 인적 수탈 가운데, 희생과 죽음을 요구하는 군인으로 조선인을 끌고 간 사실을 주목해보자. 그전까지 일제는 모든 자원을 동원하면서도 조선인 청년을 군인으로 만드는 것은 주저했다. 총을 주고 훈련을 시켜야 하는데, 그러다 연합군 진영으로 탈출해서 총부리를 일본군에게 겨냥할까 염려했기 때문이다.

우선은 자원병부터 뽑았다. 육·해군특별지원병이 이에 해당한다. 그다음은 '학병' '학도지원병' 등의 이름으로, 전문대학 이상의 문과대학 학생이 그 대상이었다. 마침내 1944년부터, 해당 나이의 조선인 청년을 군인으로 끌고 갔다. 위에서 언급했듯이, 중일전쟁 이후 일제는 일본과 조선은 하나라는 '내선일체'를 강조하면서 조선인 청년 전체를 군인으로 동원하려 했는데, 여기에서 1944년 당시 일본 전시 상황의 절박함을 읽을 수 있다.

전쟁은 인간 상호간에 일어나는 갈등을 해결하는 가장 어리석은 방법이다. 전쟁으로 승패는 정해졌지만, 문제가 해결되기는커녕 다른 갈등과 증오를 불러일으켰다. 그리고 전쟁 과정에는 상식으로 설명될 수 없는 국면이 존재한다. 아시아-태평양전쟁이 일본 본토에도 영향을 미치고 일본이 질지도 모른다고 인식하는 순간 '광기'가 작동했다. 전쟁의 무모함은 승전의 시기보다는 전선이 고착되거나 밀릴 때 생겨난다. 알류산 열도 애튜Atuu섬에서의 '옥쇄', 레이테 해전에서의 '가미카제'가 이에 해당한다. 쿠릴 열도 아래로 밀리면 바로 홋카이도를 내주는 꼴이며, 필리핀의 동쪽 바다인 레이테 만에서 일본이 패배하면 일본 해군의 역할이 없어지니 급박해진 것이다. 일본 최대 전함인 '야마토함'이 '가미카제'를 이끌었다. 돌아오는 것을 염두에 두지 않고 출항한 것이다.

일본의 패전이 가까워진 상황에서 조선인 청년마저 군대에 끌려갔다. 일본을 향해 미국 폭격기의 공격이 시작되었다. 미국 잠수함의 공격으로 전쟁 물자의 보급이 어려워졌다. 일본 군대 안에서 사망자는 대부분 굶어 죽은 '아사자'였다. 이러한 상황에 친일 지식인은 눈을 감았다. 친일파는 일제의 전쟁동원 논리를 그대로 따라 발언했다. 승부의 중요한 분수령이라는 측면에서 '결전', '1억 총옥쇄' 등을 외치며 본토의 사수를 강조했다.

전쟁의 피해와 함께 민족운동의 역사도 주목해야 한다. 일제가 일으킨 만주사변과 중일전쟁의 차이점은 후자의 경우 전쟁의 공간이 중국 관내까지 확장된 데서 비롯한다. 그리고 이는 중국에서 활동하던 민족운동 세력에게도 영향을 끼쳤다. 조선인 민족운동가들이 '독립'의 가능성을 발견할 수 있는 계기를 제공한 것이다. 1938년 중국 국민당 정부의 지원을 받아 조선민족전선연맹은 조선의용대를 창설하였다. 이는 중국 관내 최초의 무장운동 단체로 평가된다. 1940년 대한민국 임시정부의 한국광복군도 무장운동 단체였다.

분단시대와 전환시대

시기 구분은 세대와 연결되기도 한다. '삼팔따라지'라는 말이 있다. 사전에는 두 가지 뜻이 실려 있는데 하나는 "노름판에서 세

끗과 여덟 끗이 짝이 된, 한 끗짜리의 패"이며, 다른 하나는 "삼팔선 이북에서 월남한 동포를 속되게 이르던 말"이다.[i] 후자에 따르면, '삼팔따라지'는 1945년 8월 38선이 그어진 이후에 새롭게 생긴 단어다. 1938년 태어난 '삼팔따라지'는 어린 시절에 일제하 전시체제기를 보내고, 10대 초반에 6. 25 전쟁을 겪고, 20대 초반에 4. 19 혁명과 5. 16 군사 쿠데타를 경험했으리라 추측해볼 수 있다. '쌍팔년(88년)생'이란 말도 있다. 단기 4288년, 즉 1955년에 태어난 사람을 대표로 하여, 한국전쟁 후 힘들었던 시기를 살았던 세대를 가리킨다.

어떠한 시간을 특정하여 표현하기도 한다. 소설 『태백산맥』에는 "공화국 시간"이 나온다. 아래는 해당 부분이다.

> 주간전투에서 대개 오후 두세 시 사이를 '공화국 시간'이라고 불렀다. 그 말은 '앞으로는 우리 세상'이라는 은유였던 것이다. 빨치산에 비해 야간전투력이 약한 군경들은 야간전투를 피하려면 안전지대까지의 거리 때문에 그 무렵에 일단 철수를 하지 않을 수 없었다. 더 늑장을 부리다가는 철수하는 도중에 날이 어두워져 기습당하기가 십상이었다. 그래서 빨치산들은 전투를 하다가도 그 시간이 되면 일삼아 '공화국 시간'을 외쳐대며 기세를 올렸고, 군경들은 약속이나 한 것처럼 퇴각준

---

i 두산동아 사서편집국, 2006, 『동아 새국어사전』, 1230쪽.

비를 하고는 했다.[i]

지금까지는 일반 시민의 관점에서 시기 구분 관련한 말을 살펴보았는데, 여성사의 관점에서 볼 수도 있다. 일반적으로 여성의 삶에서 시기 구분은 남편과 아들을 중심으로 이루어졌다. 즉, "아들 누가 태어났을 때" "남편이 아팠을 때" 등이 그러하다. 또한, 공동체의 역사가 가족에 투영되기도 했다. '(6. 25) 전쟁 이후'도 일상에서 많이 사용된 표현이었다. 인류학자 윤택림은 여성의 시간에 관해 "그들의 시간은 주로 결혼, 첫 아이의 출산, 죽음 같은 가족에게 일어난 사건들에 의해 측정되었다."[ii]라고 보았다. 또한, 전쟁은 전장에 동원된 젊은 남성의 부재를 의미하며 집에 없는 남편과 아들을 대신하여 가장으로서 여성의 역할이 높아졌다고 보았다.

6. 25 전쟁의 경우, 일반적으로 네 단계로 시기 구분을 한다. 첫째는 북한군의 침입으로 낙동강 전선이 형성될 때까지, 둘째는 인천상륙작전으로 한국군과 유엔군이 북진해서 압록강과 두만강에 이를 때까지, 셋째는 중국군의 개입으로 서울이 재점령 당했던 시기까지, 그리고 넷째는 이후 전선이 지금의 휴전선 근처로 고착화되어 이후 정전협정이 맺어질 때까지다. 조정래는 총 10권의 『태백산맥』에서 제3부인 6~7권을 '분단과 전쟁'으로, 제4부인 8~10권

---

i 조정래, 1989, 『태백산맥』 9, 한길사, 55쪽.

ii 윤택림, 2003, 『인류학자의 과거 여행』, 역사비평사, 232쪽.

을 '전쟁과 분단'으로 구분하기도 했는데, 그 이유를 아래와 같이 밝혔다.

> 육이오 전쟁 삼년은 그 중대성으로 보아 3부와 4부, 다섯 권 분량으로 다룰 예정이며, 그 작은 제목도 각각 '분단과 전쟁' '전쟁과 분단'으로 했다. 그것은 '분단으로 비롯된 전쟁이며, 전쟁으로 보다 굳어진 분단'이란 의미이고, 거기에 육이오라는 전쟁의 전체상을 함축시키고자 한 것이다.[i]

일반적으로 시기를 나눌 때는 왕조의 교체, 정권의 교체, 헌법의 제정 등이 기준이 되며, 중요한 사건도 하나의 단락이 될 수 있다. 1987년 6월 항쟁의 사례를 보자. 6월 항쟁을 통해, 1972년 유신헌법 이래 제5공화국까지 이어진 대통령 간선제가 직선제로 바뀌는 전환점이 조성되었다. 누구에게는 한 단락의 맺음으로, 다른 누구에게는 새로운 시작으로 이해될 수 있다. 허은은 "6월 항쟁은 냉전·분단체제가 작동시킨 '불신의 연좌'를 대체하는 새로운 희망의 연대를 만들기 위한 역사의 출발점"[ii]이라고 보았다.

그렇다면 해방 후 6. 25 전쟁을 거쳐 지금에 이르는 한반도 현대사를 관통하는 키워드는 무엇일까? 강만길은 1945년 이후 한

---

i 조정래, 1988, 「작가의 말」, 『태백산맥』 6, 한길사.
ii 허은, 2022, 『냉전과 새마을』, 창비, 535쪽.

반도의 역사를 '분단시대'라고 규정했고 한국 현대사의 과제는 분단 극복, 나아가 통일이 당위가 된다고 보았다. 리영희는 『전환시대의 논리』에서 '전환시대'를 제창했다. 리영희는 1970년대에, 냉전 시대 이후 무엇인가 정해지지 않았지만 변화를 모색해야 한다는 '탈냉전'의 시대적 상황에서 이에 부합하는 한국 사회의 모습이 어떠해야 하는지를 고민했다. 박정희 시대가 극복되고 향후 지향해야 할 한국 사회와의 간극을 메꾸어야 한다는 고민이 '전환시대'라는 논리에 반영된 것이다. 리영희의 책은 한동안 금서였다. 문화평론가 김창남은 대학교 1학년 때 학회에서 선배의 권유로 이 책을 읽은 체험을 다음과 같이 기억했다.

> 기숙사 룸메이트의 책상에서 이 책을 본 적이 있었다. … 기숙사 친구에게 책을 빌려 읽기 시작했다. 대학 입학 때까지 그저 교과서만 달달 외우고 살았던 내게는 너무나 충격적인 내용이었다. 당시까지 내가 갖고 있던 사고체계가 냉전논리의 비이성적인 틀에서 한 치도 벗어나지 못하고 있었다는 걸 처음으로 어렴풋이나마 알게 되었다. 베트남전에 대해 내가 가지고 있던 상식이 얼마나 허무맹랑한 것이었는지도 느껴야 했다. … 내가 줄곧 진실이라 믿어왔던 것들이 무너져 내리는 경험은 결코 즐겁지 않았다. … 이 책에는 매카시즘McCathyism이란 단어가 여러 번 언급되고 있었다. 나는 처음 이 단어를 보고 메커니즘Mechanism의 오타라 생각할 만큼 무지했다. 이 단어가 거듭 나오는 걸 보고서야 이게 오타가 아니라 내가 모르는 단어란 걸 깨달았다. 혼란과

두려움에 무지까지 겹치니 책을 읽는 것이 즐거울 리가 없었다.[i]

김창남의 회고에는 대학생 유시민에 관한 내용도 있다. 김창남은 같이 책을 읽은 친구 가운데 한 친구가 유난히 눈에 띄었다고 했다. 그러고는 "그는 이 책의 내용을 너무나 잘 알고 있었다. 그가 매카시즘이란 단어를 설명하는 걸 듣고서야 그게 무슨 의미의 단어인지 비로소 알 수 있었다. … 그는 아는 것도 많았고 말도 기가 막히게 잘했다. … 그는 대구에서 온 '유시민'이란 친구였다."라고 했다. 재미있어 아직도 기억하는 내용이다.

세대론과 시대 공존

대학이나 군대 같은 사회조직에서 많이 듣는 표현이 있다. 매년 3월 신입생을 받은 2학년이나, 내무반에 이병이 배정됐을 때 일병이 하는 "나 때는 달랐다."라는 이야기이다. 조금 더 확장하면, 이러한 대화를 곁에서 듣고 있는 3, 4학년이나 상병과 병장도, 회사 조직 안에서 신입사원을 대하는 과장과 부장도 마찬가지일 테다. "요즘 애들은 버릇이 없다."는 말은 고대 이집트 사회에서도 있었고, 오늘날에도 반복되고 있다. 아마 1,000년 뒤의 공동체에

---

i 김창남, 2015, 『나의 문화편력기』, 정한책방, 294~296쪽.

서도 언급되지 않을까.

세대를 구분하는 이유는 무엇일까? 시대상을 잘 이해하기 위해서일 테다. 하지만 세대의 특성을 확정하기는 쉽지 않다. 한국 사회에서는 '386세대' 'X세대' 'MZ세대' 등 세대를 지칭하는 용어가 있다. 386, 486 등은 컴퓨터의 사양을 나타내는 말로, 처리 속도와 능력에 빗대어 세대의 변화를 표현한 것이다. 그 뒤에 나온 세대가 'X세대'다. 특정한 말로 정체성을 규정하기 힘들어 그 모호함을 'X'로 표현하고 창조력이 높은 집단군을 가리켰다고 한다.

그다음 등장한 것이 'MZ세대'다. 공인된 정의는 없지만, 일반적으로 '1980년대 초~1990년대 중반에 태어난 밀레니얼(M) 세대와 1990년대 중반~2000년대 초에 태어난 Z세대를 아우르는' 말이라고 한다. 20~40대를 한 단위로 설정하는 것이 맞는지 의문이 든다. 이들을 하나로 묶는 데는 상업적 요구가 작용했을 테다. 또한, 2022년 대통령 선거에서는 이 세대의 남성을 정치적으로 활용했다.

세대를 시기 단위로 설정할 수 있다 해도, 세대론이라는 공통분모 안에서 감춰질 수 있는 개인의 특수성을 고려해야 한다. 일례로, 초등학교, 중학교, 고등학교를 시험 보고 들어간 세대가 이후 세대를 '학력고사 세대' 혹은 '수능 세대' 등으로 일컫는데, 자세히 보자면 학력고사를 본 사람 가운데도 논술고사를 본 사람/아닌 사람도 있으며, 수능을 본 사람 가운데도 일 년에 두 차례 본 사람/아닌 사람, 대학별고사를 본 사람/아닌 사람 등 세부적으로 다양한 차이가 있기 때문이다.

근대, 현대, 당대 등의 시대 구분은 어떻게 이루어질까? 일반적으로 중요한 사건을 기준으로 나누고는 한다. 일례로, 한국의 근현대는 흔히 1876년의 개항과 1945년의 해방을 기점으로 삼는다. 2024년을 기준으로 148년 전, 79년 전 사건이다. 100년, 200년, 300년 뒤에는 어떠한 시기 구분을 하게 될까? 어떤 사건을 계기로 또 다른 시기 구분이 설정될 것이다. 그리고 지금과 비교해서 새로 설정된 시기에 이에 상응하는 어떤 의미를 부여할 것이다.

동시대 안에서도 공동체 구성원 안에서 서로 다르게 체감하는, 다시 말해 서로 다른 층위의 시간이 공존한다. 브로델Fernand Braudel은 『프랑스의 정체성』에서 "프랑스는 적어도 아직은 덜 빠른 속도에서 더 빠른 속도로, 이어서 가장 빠른 속도로 이어지는 여러 단계의 시간이 층층이 존재한다. 찬란하면서도 너무나 위협적인 그러한 속도는 여전히 전부는 아니다."[i]라고 밝혔다. 또한, 과거의 선학들은 인간의 역사에서 지름길이 가능하다고 생각했다.

> 보다 바람직한 미래를 창조하기 위한 발판이 바로 현재적 입장에서 비롯된다는 점에 역사의 현재성이 가지는 한층 더 높은 뜻이 들어 있음을 이해할 수 있다. 따라서 뒤만 돌아보는 역사가 아닌 앞을 향한 역사를 체득하는 **지름길**(굵은 강조 부분은 인용자) 역시 각 시대마다 역사

---

i 페르낭 브로델, 안옥청·이상균 옮김, 2021, 『프랑스의 정체성』, 푸른길, 135쪽.

적 현재성을 철저히 인식하는 데 있음을 명심할 필요성이 있는 것이다.[i]

하나의 공동체 안에서 시간의 혼재를 인정한다면, 지름길은 존재할 수 없다. 시대를 구분하는 기준을 잡는 일 역시 쉽지 않다. 나아가, 앞으로 올 시간이 비록 힘들겠지만, 미래에서 볼 때 지금 현재가 의미가 있었다는 낙관적인 전망이 이루어지기를 희망한다. 또한, 찬란하지만 아직 규명되지 않은 겹겹이 쌓인 시간의 지층에 접근하고 싶다. 비록 접근만 하다가 그치는 '무모함'일지라도.

---

i 고려대학교 문과대학 사학과 교수실 편, 1979, 『역사란 무엇인가』, 고려대학교 출판부, 35쪽.

4장

사료의 선택

사료와 역사적 상상력

역사적 근거와 기반을 사료史料라고 한다. 역사학에서는 일반적으로 기록을 역사의 재료라는 의미에서 사료라고 부른다. "역사는 과거와의 만남이다."라는 말이 있다. 이를 달리 표현하면 "역사는 과거 기록과의 만남이다."라고 할 수 있다. 이때 필요한 것이 바로 '역사적 상상력'이다. 역사학에서는 사료를 바탕으로 논리를 전개하므로, 일반적인 상상력과 구분해서 '역사적 상상력'이란 개념을 따로 만든 것이다.

일반적 상상력과 역사적 상상력의 차이점은 무엇일까? '역사적'이란 형용사에는 일반적 상상력에 없는 무엇인가가 필요하다. 조선시대에 어떤 사람이 부산에서 서울로 이동하는 경우를 생각해보자. 비록 기록이 남아 있지 않더라도, 기차나 자동차를 타지 않았다고는 추론할 수 있다. 조금 더 구체적으로, 전통시대에는 이동을 위해 가마나 말, 도보 등을 통해 가능했을 것이다. 이렇듯 조금씩 좁혀가며 추론하는 것이 바로 '역사적 상상력'이다.

글이 없던 시절의 인간의 삶은 고고학적 자료를 통해 확인할 수 있다. 고고학을 전공하는 분들과 함께 고구려의 수도 국내성

4-1 중국에서 본 고인돌 유적.

이 있던 지안시의 고구려 유적을 답사한 적이 있다. 고구려가 졸본에서 수도를 옮긴 국내성이 위치한 곳이다. 구체적인 답사 일정은 2015년 7월 23일부터 27일까지였다. 선양瀋陽까지 비행기로 갔다가 버스로 여러 시간 걸려 옛 고구려의 발생지와 수도로 이동했다.

이동 중 첫날 본 유일한 유물이 위 사진의 고인돌이었다. 여름철인지라 반팔 옷을 입었으며, 뒤에 보이는 것은 옥수수밭이다. 키만큼 큰 옥수수를 헤치고 가서 이미 도굴을 당한 고인돌을 찾았고, 이곳에서 전공자의 설명을 들었다. 사료가 부족하니 유적과 유물을 찾아 이야기를 복원하고 있는 것이 인상적이었다.

인문학의 주제인 인간은 다른 동물과 달리 도구를 사용한다는 점에서 차이가 있다고 한다. 그런데 동물학자의 관찰에 따르면, 침팬지는 나뭇가지를 이용해서 땅속의 곤충을 잡고 수달도 딱딱한 조개 껍데기를 깨기 위해 돌을 사용한다고 한다. 돌과 나뭇가지라

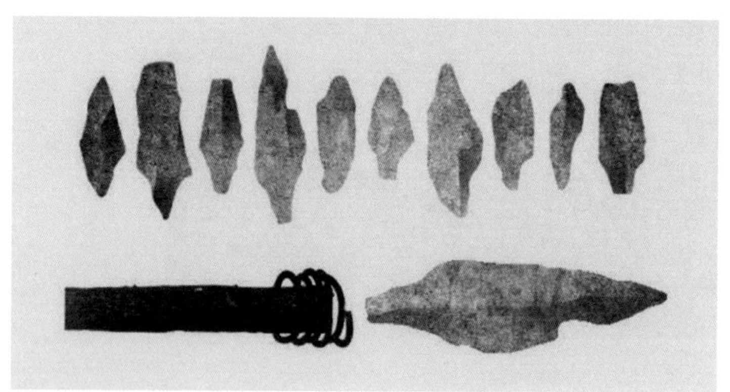

4-2 슴베찌르기.

는 도구를 사용한 것이다. 인간은 더 나아가 도구를 결합한다. 위 그림의 슴베찌르기는 날카로운 돌 부분과 이를 멀리 던지는 나무, 그리고 나무와 돌을 연결시키는 장치로 구성되었다.

한 고대사 선생님이 슴베찌르기를 "아름답다."라고 표현한 것이 기억난다. 세월이 지나면서 돌과 나무를 연결해 묶었던 끈은 사라졌다. 박물관에 가면 발굴된 돌만으로 구성된 전시 공간이 있다. 이러한 각각의 돌에 상상력을 투영해야 한다. 역사학, 특히 고고학은 점을 발견해서 선을 만들고 이를 쌓아 입체를 만드는 작업이다. 고고학자들은 어렵사리 유물을 발굴하고, 발굴된 유물이 이야기하게 만들어서 당시 사람들의 생활과 생각을 읽어내고자 한다.

역사시대에 들어오면서 본격적으로 문자 기록이 사료로 등장하기 시작했다. 기록은 책, 비문, 편지, 문서 등에 국한되었다. 최근에는 문자 자료 중에서 기존에 인정하지 않던 시와 소설 등 문학작품으로까지 사료의 범위가 넓어졌다. 그리고 점차 그림, 만화, 삽화, 사진 등 시각적인 것으로 확장되고 있다. 청각적인 것, 촉각적인 것은 역사의 사료일까? 음악사, 구술사 연구의 자료를 제외하고는 아직 적극적으로 활용되고 있지 않다.

문학작품과 그림의 해석

문학작품이 역사 해석의 도구가 될 수 있다는 것은, 이광수의 자서전적인 글과 문학작품을 분석한 김윤식의 『이광수와 그의 시대』[i]와 이상의 소설 「날개」에 관한 헨리 임의 분석을 통해서 배웠다.[ii] 헨리 임은 "역사가가 식민지 시기의 문학작품을 하나의 역사 자료로 읽을 때 어떠한 방법을 사용해야 하는가?"라고 질문하고 답을 찾아갔다. 이를 통해 "근대성의 한 축인 사적인 영역에서 이루어진 식민지 근대화의 억압성"을 찾고자 했다.

문학작품인 시는 어떻게 사료가 될 수 있을까? 문학작품에 대한 해석을 역사학에 적용하기는 어렵지만, 역사교육의 영역에서는 사료로 활용할 수 있다고 본다. 1930년 심훈의 「그날이 오면」을 예로 들 수 있다. "그날"을 기대하는 절박한 심정을 '해방'이라는

i 김윤식, 1999, (개정증보판) 『이광수와 그의 시대』 1~2, 솔.
ii 헨리 홍순 임, 1998, 「이상의 「날개」: 반식민지주의적 알레고리로 읽기」, 『역사연구』 6, 역사학연구소 참조.

사건과 연결해서 소개한다. 그러면서 1930년 당시에는 출간하지 못했다는 사실을 들며 논의를 '일제의 검열'로 이어간다. 나아가 작자 심훈의 민족운동 경력을 살펴보며 이러한 시가 나올 수 있었던 배경을 설명한다. 아울러 이육사, 한용운, 윤동주의 시로 확장해도 좋다.

사진과 그림도 사료에 해당한다. 미국의 여성 인류학자 앤 맥클린톡Anne McClintock은 한 장의 그림을 통해 제국과 식민지의 관계를 설명했다.[i] 그림의 제목은 〈아메리카America〉였다. 유럽인이 바람의 힘을 이용한 범선을 타고 대서양을 건너 현지인을 처음 만나는 장면을 유럽의 한 화가가 상상해서 그린 것이다. 중앙의 남녀를 중심으로, 이들 주위에는 이름 모를 동식물이 다양하게 그려져 있다. 이 그림에는 여러 논의가 담겨 있다.

우선, 제국주의가 식민지를 통치하는 데 기본적으로 활용하는 '문명 대 야만'의 논리를 이 그림에서 확인할 수 있다. 유럽인은 옷을 입은 반면에 원주민은 벗고 있다. 게다가 유럽인은 칼과 창 그리고 장거리 항해에 도움을 받은 천체관측기 같은 기구를 들고 있다. 근대 과학으로 무장한 것이다. 둘째, 젠더의 관점에서 접근할 수 있다. 제국은 남성으로, 원주민은 여성으로 대비되었다. 게다가 제국을 대표한 남성은 식민지를 상징하는 여성을 위에서 아래로 내려다보고 있다. 바라보는 시선의 위아래는 권력관계를

---

i Anne McClintock, *Imperial leather*, Routledge, 1995, p.p. 25~28.

4-3 테오도르 할레(Theodoor Galle), 〈아메리카〉, 1600년대.

표현한다.

맥클린톡의 특별함은 제국과 식민의 일방적인 권력관계를 뒤집어 보는 데서 비롯한다. 당시 장거리 항해는 저장 시설이 부족해서 신선한 과일과 채소의 섭취가 어려웠다. 따라서 비타민 부족은 각기병, 괴혈병으로 연결되었다. 당당한 것처럼 보이는 유럽인은 실제로 잇몸이 약해져서 이가 흔들리거나 빠졌을 것이며 심지어 뼈가 약해져서 서 있기조차 힘들었을 것이라고 맥클린톡은 덧붙였다. 그림에 보이지 않는 맥락까지 읽어낸 것이다.

한편, 서양인에게 '신대륙'은 미지의 공간이다. 그림 뒤쪽으로는 사람의 신체를 먹는 것처럼 보이는 카니발cannibal 모습이 유럽인의 긴장감을 높인다. 제국도 긴장하거나 두려워한다고 볼 수도 있다.

우월하고 완벽하다고 생각한 제국의 논리와 정책에 '균열'이 생긴 것이다. 그림에 관한 깊은 해석이다. 제국주의(자)의 '두려움'을 알게 되면서 개인적으로는 제국주의 논리에 압도되지 않고 비판할 수 있는 토대/근거지를 마련할 수 있었다.

일제는 식민지 조선을 지배하려고 섬세한 통치망을 구축했다. 식민지 조선인의 일상을 감시했다. 일례로, 1910년대 공주헌병대 본부와 충청남도 경무국은 충청남도 공주의 주막에서 일어난 대화를 탐지하고 기록했으며[i] 심지어 화장실의 낙서까지도 기록했다. 가장 많고 일상적이었던 낙서가 '이완용 식당'이었다. 화장실을 식당에 비유한 것이다.[ii] 나는 위의 논의를 통해 일제 통치의 균열이 존재함을 확인하고, 이러한 '긴장관계'를 찾는 것을 과제로 설정할 수 있었다.

남성과 여성 사이의 권력관계가 존재하는 한편, 제국의 여성은 식민지인들에 대비되어 다양한 힘의 우위를 보였다. 다음 왼쪽 그림은 영국 빅토리아 여왕이 영국 식민지 사람을 만나는 장면이다. 이 그림 속에는 문명과 야만 그리고 권력관계가 반영되어 있다. 우선 앞서 언급했듯이 시선은 권력이라고 할 때, 여왕은 식민지 사람을 내려다보고 있다. 그리고 여왕이 서 있는 왼쪽이 밝다. 밝음과 어두움의 차이는 문명과 야만이 대비된 것이다. 또한, 그림 속

---

i 국립공주대학교 공주학연구원, 1917, 『1910년대 일제의 비밀사찰기 '주막담총酒幕談叢'—공주를 주막에서 엿듣다』 참조.

ii 변은진, 2013, 『파시즘적 근대체험과 조선민중의 현실 인식』, 선인, 236~263쪽 참조.

4-4 제국주의 여성의 이미지.

에서 여왕은 성경을 내려주고 있다. 식민지의 침략성이 문명의 이름으로 감추어진 것이다.

한편, 젠더적 관점에서 일반적으로 여성은 남성과 대비되어 '연약'함이 강조되지만 식민지 혹은 동양에 온 서양 여성은 달랐다는 것을 알 수 있다. 오른쪽 그림은 한말 조선에 온 서양 여성의 여행기A girl's adventures in Korea (Agnes Herbert) 표지 그림이다. 서양 여성은 호랑이에 당당히 맞선 것에 대비되어 한국인 안내자는 그녀 뒤에서 겁을 먹을 표정과 몸짓을 하고 있다. 서양 여성이 식민지 남성을 압도한 것이다.

사진 자료의 해석

사진은 역사 수업 시간에 활용하는 좋은 자료다. 근현대사와

4-5 스탈린과 측근의 사진.

관련해서 '스탈린과 측근의 사진'과 '베를린 의사당에 적기를 올리는 소련군 병사의 사진'을 살펴보자. 두 자료 모두 사진이 '조작'될 수 있다는 근거 자료로 활용할 수 있다. 전자는 스탈린Iosif Vissarionovich Stalin 권력의 추이에 따라 측근이 공식기록에서 점점 없어졌다는 점이 주목된다.

스탈린 오른편에 있는 인물은 니콜라이 예조프라고 한다. 볼셰비키에 참여하고 1936년 소련의 비밀경찰조직 내무인민위원회의 위원장에 임명되었다. 내부인민위원회는 스탈린에 반대하는 인물들을 처벌해서 권력을 강화하는 데 기여한 조직이다. 한 연구자는 스탈린이 "유능한 공범" 니콜라이 예죠프 등을 통해 "당 엘리트들을 낫질하듯 다 베어 내버렸다."[i]라고 표현했다. 하지만 스탈린은 권력이 커진 예조프를 제거했다. 예조프는 1940년 2월 처형이 된

i 리처드 오버리, 류한수 옮김, 2003, 『스탈린과 히틀러의 전쟁』, 45쪽.

4-6 베를린 의사당에 적기를 올리는 소련군 병사의 모습. 왼쪽은 검열 전, 오른쪽은 검열 후.

후 공식기록에서 그의 사진은 사라졌다. 그림 4-5는 검열 전후를 대비해서 보여준다.

그림 4-6은 1945년 4월 30일 독일 제국의회 라이히슈타크Reichstag 건물에 걸린 붉은 깃발 사진이다. 1945년 4월 30일 1시에 엄호사격 아래 소련 보병 작은 무리가 국회 의사당 중앙 현관을 밀치고 들어가 1층을 확보했다. 위층을 다 평정하고 지붕에 도달하는 데는 한나절이 더 걸렸다. 소련군 상사 두 사람, 예고로프와 칸타리아가 10시 50분 전에 국회 의사당에 깃발을 꽂는 데 성공했다.

위의 사진에 관해 리처드 오버리Richard J. Overy는 "나중에 비행기가 찍은 그 장면은 독소 전쟁의 가장 유명한 이미지 중의 하나가 되었다."[i]라고 설명했다. 그런데 같은 장소와 시간에 이루어진

---

i 리처드 오버리, 류한수 옮김, 2003, 『스탈린과 히틀러의 전쟁』, 365~366쪽.

4-7 메이지 일왕의 이미지 1. 왼쪽은 1872년 우치다 구이치가 촬영한 사진, 오른쪽은 1873년 우치다 구이치가 촬영한 사진.

두 장의 사진에는 다른 점이 존재한다. 차이는 손목시계의 여부에 있다. 손목시계를 찬 소련군 병사의 모습이 검열 후에는 시계를 차지 않은 모습으로 바뀐 것이다. 점령한 지역민의 시계를 '약탈'했다는 사실을 감추기 위해서였다.

그런데 이러한 설명을 하고나면 더 연장할 내용이 부족해진다. 내러티브가 있어야 한다. 독소전쟁의 개시, 스탈린그라드 공방 등 독소전쟁의 진행과정을 이어서 설명하면 좋다.

사진을 사료로 활용한 또 하나의 사례로 다카시 후지타니Takashi

Fujitani의 『화려한 군주』를 들 수 있다.[i] 후지타니는 시간순으로 찍은 일본 메이지 일왕의 사진 3장을 대비해서 왕권의 강화를 설명했다.

4-8 메이지 일왕의 이미지 2. 1888년 메이지 일왕의 초상화 사진.

그림 4-7의 두 사진은 모두 전문 사진사 우치다 구이치內田九一가 찍은 사진이다. 1년 동안에 무슨 변화가 있었을까? 결정적으로 전통과 근대가 대비되었다. 그림 4-7의 왼쪽 메이지는 공식 궁정복 소쿠타이束帶 차림의 옛날 복장을 하고 있다면, 오른쪽 메이지는 서양 군도를 소지하고 서양 군복을 입고 있다. 앞의 사진에는 수염이 없고 앳된 모습이 강조되었다면, 후자는 머리도 자르고 수염을 기르고 어깨를 편 남성성이 부각되었다.

그림 4-7의 서양 군복을 입은 1873년의 메이지와 그림 4-8의 1888년 40대의 메이지 사진을 대비하면, 나이를 먹었다는 것과 함께 남성성이 보다 강조되었다. 1873년의 사진이 약간 측면으로 어정쩡한 자세로 앉아 있다면, 1888년의 초상화 사진은 칼을 단단히 잡고 정면을 바라보고 있는 모습이 특징이다. 후지타니는

i 다카시 후지타니, 한석정 옮김, 2003, 『화려한 군주』, 이산, 222~225쪽.

"훨씬 위엄 있고 군인화되고 남성화된" 모습이라고 보았다.

더구나 1888년의 사진은 여러 절차를 거쳐 만들어졌다는 점을 주목해볼 만하다. 먼저 이탈리아 화가 에도아르도 키오소네Edoardo Chiossone가 메이지의 얼굴 스케치를 한 뒤, 초상 그림을 그리고 이를 다시 사진으로 찍은 것이다. 후지타니는 이를 "20세기 말과 20세기 초의 대다수 일본인에게는 세 단계를 거친 이 모조품이 천황의 진짜 모습이 되었다."라고 평가했다. 사진은 복제된다. 따라서 메이지의 복제된 이미지가 일본 전국으로 전파되었다.

감추어진 이미지와 자료

존 다우어John W. Dower는 『자비 없는 전쟁War without mercy』에서 아시아-태평양전쟁 시기 카툰에 투영된 인종주의를 보여주었다.[i] 전쟁에서 상대방을 인간으로 생각하면 총부리를 겨눌 수 없다. 따라서 인간이 아닌, 인간보다 하찮은 동물로 여겼다. 일본은 '귀축영미鬼畜英米'라고 해서 영국과 미국을 귀신과 짐승 같다고 했고, 미국은 일본을 원숭이나 벌레로 묘사했다. 다음은 일본인을 부정적으로 표현한 몇 가지 이미지다. 상단 왼쪽부터 시계방향으로 시

i John W. Dower, *War Without Mercy*, 1986, Pantheon, p.p. 181~190.

Louseous Japanicas

The first serious outbreak of this lice epidemic was officially noted on December 7, 1941, at Honolulu, T. H. To the Marine Corps, especially trained in combating this type of pestilence, was assigned the gigantic task of extermination. Extensive experiments on Guadalcanal, Tarawa, and Saipan have shown that this louse inhabits coral atolls in the South Pacific, particularly pill boxes, palm trees, caves, swamps and jungles.

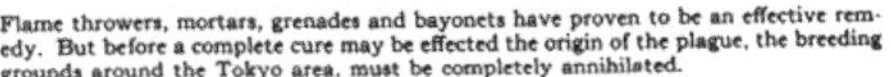
Flame throwers, mortars, grenades and bayonets have proven to be an effective remedy. But before a complete cure may be effected the origin of the plague, the breeding grounds around the Tokyo area, must be completely annihilated.

4-9 일본인의 이미지. (상단 왼쪽) 인간인 듯 아닌 듯. (상단 오른쪽) 폭력성을 강조. (하단 오른쪽) 폭력성의 배제. (하단 왼쪽) 벌레.

간순이다.

'상단 왼쪽 그림'은 일본인을 비하하되 아직 인간의 모습을 하고 있다. 하지만 그다음 두 그림에서는 원숭이의 모습을 하고 있다. 아시아-태평양전쟁은 초반에는 일본이 공격하고 후반에는 연합군이 반격하는 형태로 진행되었다. 전자의 시기에는 '상단 오른쪽 그림'처럼 일본인의 폭력성이 강조되었다면, 후자의 시기에는 '하단 오른쪽 그림'처럼 만만한 존재로 희화화되었다. 그러다가 '하단 왼쪽 그림'에서 볼 수 있듯이 벌레로 묘사된 것이다. 존 다우어는 이러한 인식 아래 유럽전선이 아닌 일본에 원자폭탄을 떨어트릴 수 있었다고 보았다. 인종주의가 반영된 것이다.

중요한 사안인데 기록이 남아 있지 않으면 역사가는 무엇을 볼 수 있을까? 『1587, 만력 15년 아무 일도 없었던 해』라는 책이 있다. 역사는 일어난 일을 구성하는 것인데, 이 책은 '없음'에 주목했다. 저자 레이 황Ray Huang은 1587년은 "중국에서는 명나라 만력 15년, 간지로는 정해년이다. 당시 세상은 평안하여 한 해 내내 특기할 만한 큰 사건은 아무 것도 없었다. 그 해는 기후가 좀 불순하여 여름에 북경에 비가 적게 왔고, 5, 6월에는 질병이 만연했으며, 산동 지방에서는 가뭄으로 고생을 했으나 남직예南直隸에서는 오히려 비가 많이 와서 홍수를 당하였고, 가을에 이르러 산서 지방에서는 지진이 발생하는 등의 사건이 있었다. 그렇다 하더라도, 이런 사소한 재해는 명의 넓은 영토를 고려해보았을 때 해마다 피하기 어려운 일들이었다. 작은 사건이 큰 재난으로 비화되지 않는 한 대국적 차원에서 아무 문제가 되지 않았다. 결국 역사상 만력 15년, 즉 1587년은 실로 평범한 한 해였다."[i]라고 시작한다.

하지만 이 책은 다음과 같이 끝난다. "1587년은 만력 15년, 간

---

i 레이 황, 김한식 외, 2004, 『1587, 만력 15년 아무 일도 없었던 해』, 새물결출판사, 9쪽.

지로는 정해년이다. 겉으로 보면 태평성대에 가까워 기록할 만한 일은 아무것도 없는 것 같으나, 실제로는 대명제국이 이미 발전의 막다른 골목에 이르러 있었다. 황제가 치세에 힘쓰든지 쾌락에 빠지든지, 수보가 독재적이든지 유화적이든지, 고우 장군이 창의적이든지 구태의연하든지, 문관이 정직하게 근무하든지 탐욕에 빠지든지, 사상가가 극단적으로 진보적이든지 보수적이든지 결국은 모두 선악의 구별 없이 어느 것이나 실제적으로 의미 있는 발전을 얻을 수 없었다. 어떤 자는 지위를 잃었고, 어떤 자는 명예를 잃었고 또 어떤 자는 둘 다를 잃었다. 이 때문에 우리들의 이야기는 여기에서 비극적인 마무리를 할 수밖에 없다. 만력 정해년의 연감年鑑은 역사에 있어서 실패로 얼룩진 한 편의 기록이었다."[i] 레이 황은 명나라의 그때를 통해 성장에서 후퇴로의 '변곡점'을 찾고 싶었다고 생각한다.

우리에게도 비슷한 경우가 있었다. 갑신정변은 양력 1884년 12월 4일, 음력 10월 17일부터 사흘간 일어난 사건이다. 『승정원일기』는 10월 17일 날씨 맑음으로 "상上이 창덕궁에 있었다. 상참과 경연을 정지했다."라고, 이어지는 18일과 19일도 날씨 맑음으로 "상이 창덕궁에 있었다. 상참과 경연을 정지했다."라고만 기록하였다. 그러다 갑신정변이 실패로 끝난 다음 날인 10월 20일부터

---

i 레이 황, 김한식 외, 2004, 『1587, 만력 15년 아무 일도 없었던 해』, 새물결출판사, 382~383쪽.

"이번에 각 군영의 병정이 상해를 입은 것이 내 몸이 상해를 입은 것처럼 슬프다. 일일이 적간摘奸하여 죽은 사람은 후하게 장사 지내주고 다친 사람은 각별히 치료해주어 위문하고 구제하는 뜻을 보여주도록 각 군영에 분부하라." 등 갑신정변 이후의 수습 방안과 후임 관리의 임용에 관한 총 34건의 내용이 빽빽하게 기록되었다('적간'은 자세히 캐어 살펴본다는 뜻이다).

갑신정변 당시 국가의 공식 기록인 『승정원일기』에는 갑신정변 3일 동안 '별 다른 일이 없는' 일상의 일을 기록했다. 오늘날 갑신정변 관련 자료로 『승정원일기』만 남았으면 어떻게 되었을까? "아무 일도 없었던" 날이었을까? 다행히 갑신정변의 주요 인물인 김옥균의 회고 『갑신일록』, 일본 외교문서 등 다른 많은 자료를 통해 갑신정변이 복원되었다.

그림 4-10 오른쪽 사진은 임시정부 초기 김구가 경무국장으로 재임하던 1919년 혹은 1920년 무렵의 사진으로 알려져왔다. 김광재는 원본인 왼쪽 사진 하단에 있는 '競芳'(경방)이라고 적힌 별 모양 사진관 로고와 "上海競芳 SHANGHAI KANG FONG 南京路 三百四十七號"라는 정보를 주목했다. 그런데 이 정보는 사진이 편집되는 과정에서 삭제된 것이다. 김광재에 따르면, 실제 사진을 촬영한 시기는 김구의 두터운 양복 복장을 비롯해 여러 정황을 종합해볼 때 1926년 가을 혹은 겨울로 추정된다.[i] 비슷한 시기

---

i 김광재, 「1910~20년대 상해 한인과 조계 공간」, 『역사학보』 228, 2015. 12, 376쪽.

4-10 편집 전후 김구의 사진.

인 1926년 12월 김구는 임시정부 국무령에 선출되었다.

기본적으로 사료가 아무리 풍부하더라도 당대 사회에 관해 부분적, 단편적으로 전할 수밖에 없다. 예를 들면, 1월에 서울에 있었고 같은 해 3월에 부산에 있었다는 정보를 갖고 있다면, 1919년이라면 선박이나 철도로 2023년이라면 선박, 철도, 자동차, 비행기로 이동했으리라고 추론할 수 있다. 공간에 관한 추론은 '상상력'으로 보완, 확장될 수밖에 없다. 무슨 목적으로 갔는지, 부산에서 무엇을 했는지를 추론하려면 또 다른 정보가 필요하다.

한 인물의 결단과 한 사건의 의미와 설명 등도 사료와 추론으로 재구성될 수밖에 없다. 최남선의 학병 권유의 사례를 살펴보자. 일제 말 전시체제기에는 부족한 병사를 보충하기 위해 전문대학 이상에 다니는 조선인 학생을 군인으로 보내고자 했다. 해당자들에게는 목숨이 걸린 상황인지라 당연히 '지원'하지 않았다. 그러자 최남선을 비롯한 많은 조선인 명망가들이 동원되었다. 최남선은 친일, 반민족 행위로 해방 후 반민특위에 체포되었다.

그 뒤 반민특위 위원장 앞으로 제출한 1949년 2월의 「자열서自列書」에서 최남선은 이사 도중에 얼떨결에 요청을 받아 이루어진 어쩔 수 없었던 행동이었다고 변명했다. 최남선의 입장을 지지하고 동감했던 학병의 기록, 열정적으로 학병 참여를 독려해서 허리띠가 끊어졌다는 학병의 수기 등 다양한 사료가 존재한다. 이 가운데 무엇을 선택할 것인가? 사료의 선택에도 역사가의 역사 인식이 반영된다.

역사학은 사료를 중심으로 논리와 역사적 사실을 구성하므로 귀납적인 방식으로 수행된다. '여러 역사적 사실'이란 표현에서 '여러'는 많다는 뜻이기도 하지만, 각각의 사실이 단편적이라는 의미이기도 하다. 역사가들은 과거를 복원하기를 꿈꾸지만, 똑같이 될 것을 기대하지는 않는다. 사료를 모으는 작업에서 어쩔 수 없이 어느 정도 적절한 범위로 제한할 수밖에 없다. 사료를 하나라도 더 얻는 것을 넘어서, 물음에 답하는 해석으로 나아가야 한다. 역사적 사실을 규명하는 사료에서 출발하여 이를 바탕으로 한 해석까지의 '비약'은 어떻게 이루어지는 것일까?

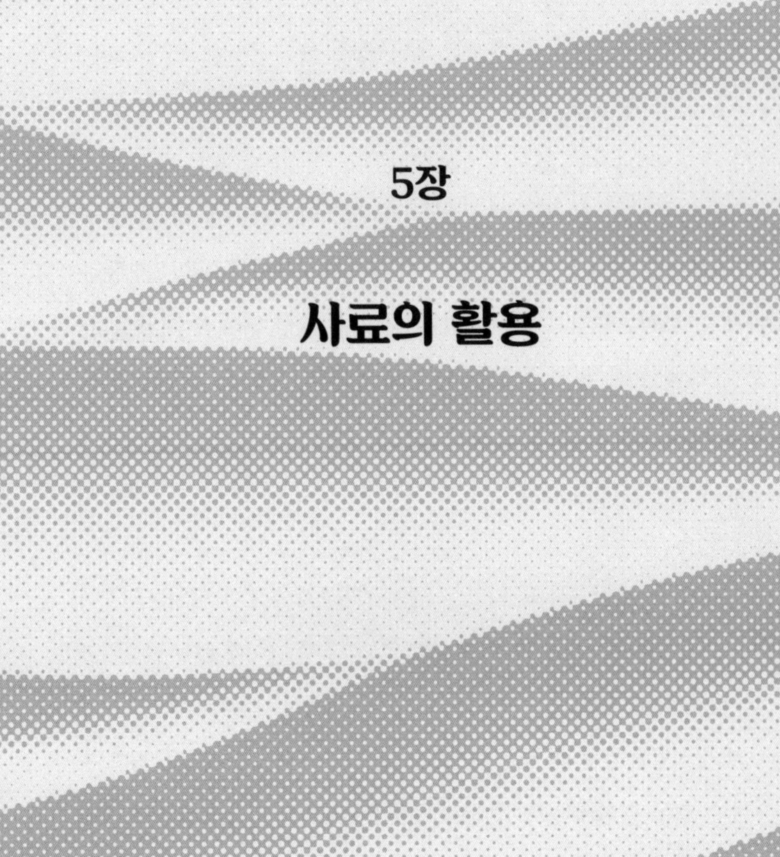

5장

사료의 활용

익숙한 사료와 낯선 사료

1917년 연재 후 이듬해 출간된 이광수의 소설 『무정』은 한국의 대표적인 근대소설로, 근대사상 및 '자유연애' 등을 소개했다. 아래는 소설 『무정』 가운데 한 장면이다. 기생 영채가 평양을 가는 기차에서 같은 객차에 탄 병욱을 만난다. 병욱은 도쿄에서 유학을 하다가 방학을 맞아 고향에 가던 길이었다. 병욱은 영채에게 점심을 먹자며 네모난 종이갑을 보인다.

> "이것을 좀 잡수셔요." 하고 그 종이갑의 뚜껑을 연다. 영채는 그것이 무엇인지를 몰랐다. 구멍이 숭숭한 떡 두 조각 사이에 엷은 날고기가 끼인 것이다. 영채는 무엇이냐고 묻기도 어려워서 가만히 앉았다. … 영채가 집었던 것을 다 먹고 가만히 앉았다. "자, 어서 잡수셔요." 하고 부인이 집어 줄 때에야 또 하나를 받아 먹었다. 별로 맛은 없으나 그 새에 낀 짭짤한 고기 맛이 관계치 않고 전체가 특별한 맛은 없으면서 무엇인지 알 수 없는 운치 있는 맛이 있다 했다.

떡 두 조각 사이에 고기가 채워져 있고, 특별한 맛은 없으면서 “운치 있는 맛”이 있는 이 음식은 무엇일까? 이후 영채와 병욱이 일본에 가기 위한 기차를 탔을 때 두 사람의 대화에서 이 음식 이름이 나온다. 병욱이 그때 먹은 음식 이름을 아는가 묻고, 영채는 “어떻게 먹는 것인지 몰라서 언니 잡수시는 것을 가만히 보았지요.”라고 답한다. 병욱의 답은 “서양음식인데 샌드위치라는 것”이었다.

『무정』에 등장하는 샌드위치는 당대에 생소한 음식이었다. 박현수는 식민지 조선 사회의 음식을 살펴보기 위해 이 사례를 가져왔고, 나는 사료의 활용과 관련해서 이에서 큰 도움을 받았다. 박현수는 1917년 당시 샌드위치가 ‘에키벤驛弁’으로 기차역에서 팔았다고 소개했다.[i]

샌드위치는 1917년에는 낯선 음식이었지만 지금은 익숙한 음식이 되었다. 반대로 지금 익숙하지 않은 과거의 낯선 사실들과 개념들도 있다. 이렇듯 시간적으로 멀고 공간적으로 낯선 시대를 낯선 자료를 중심으로 연구하는 학문이 역사학이다. 지금으로부터 1,800여 년 전 사회로 들어가보자. 아래는 고구려 고국천왕 때인 194년 실시된 진대법의 실시에 관한 내용이다.

> 겨울 10월에 왕이 질양에서 사냥하다가 길에서 주저앉아 울고 있는 이를 보았다. 그에게 “어찌하여 우는가.” 하고 물으니, 대답하기를 “저는

---

i 박현수, 2022, 『식민지의 식탁』, 이숲, 14~19쪽.

> 빈궁하여 늘 품을 팔아 어머니를 봉양했는데 올해 흉년이 들어 품 팔 곳이 없으니 한 되, 한 말의 곡식도 얻을 수 없었습니다. 이 때문에 울고 있을 따름입니다."라고 했다. 왕이 말하기를 "어허! 내가 백성의 부모가 되어 백성들로 하여금 이 지경에 이르게 했으니, 나의 죄로다." 하고 옷가지와 음식을 지급해 보살펴주었다. … 담당 관리에게 명해 매년 봄 3월부터 가을 7월까지 관가의 곡식을 내어 백성들의 식구 수에 따라서 차등있게 구휼하고 빌려주었다가 겨울 10월에 상환하는 것을 법규로 삼으니, 온 나라가 크게 기뻐했다.[i]

진대법은 곡식이 생산되지 않은 3~7월 동안 관청에서 백성들에게 곡식을 빌려주고, 추수가 이루어진 10월에 갚게 하는 구민정책이다. 사료로는 나오지 않지만, 연구자들의 주장에 따르면 백제와 신라에도 고구려와 비슷한 대민복지정책이 실시되었다고 이해된다.

어떤 학자는 위의 자료에서 왕권이 강화되었다는 것을 읽어냈다. 어느 대목에서 그런 주장을 할 수 있을까? 위의 자료를 보면, 왕이 사냥을 나갔다가 흉년이 들어 먹을 것이 없다는 사정을 듣고 해결 방안을 모색했다. 그런데 왕이 백성의 고충을 듣는 것은 일상적인 일이 아닌가? 당대 혹은 바로 이전의 부여와 대비하

---

i 『삼국사기』 권16, 고구려본기4 고국천왕 16년 ; 김부식, 이강래 옮김, 1998, 『삼국사기』 I, 한길사, 348쪽.

면 확인할 수 있다. 고대 국가로 발전하지 못한 부여는 마가, 우가, 저가와 같은 집단의 영향력이 커서 그만큼 왕권이 약했다. 나라에 가뭄이나 흉년이 들면, 부여의 지배 집단은 왕에게 책임을 물어 물러나가게 하거나 죽였던 것이다. 이에 반해, 고구려는 왕이 지배 집단을 경유하지 않고 직접 백성을 만나 그들의 고충을 듣고 해결한 것이다. 이는 당시 왕권이 강화되었다는 것을 반증한다.

사료의 범위와 선택

사료의 범위와 선택이라는 면에서 오항녕의 접근 방안은 인상적이었다. 그는 『조선왕조실록』을 소개하면서, 방대한 분량의 내용 중에서 『왕조실록』의 성격을 잘 보여주는 것이라고 판단한 세 가지 자료를 선택했다. 참고로, 학생들에게 이 세 가지 자료를 보여주었을 때 비교적 정황이 잘 그려지는 첫 번째 자료에 더 높은 흥미를 보였다. 세 자료의 공통점은, 사관에게 알리지 말라고 한 태종도, 사초를 고치고 다른 사람에게 알리지 못하게 한 변계량도, 자신의 죄를 바꾸려 한 이현로도 결국 모두 들켰다는 것이다. 오항녕은 "들켰다. 역사에 들키고, 지금 이를 읽는 우리에게 들켰다."[i]라고 보았다.

---

i 오항녕, 2010, 『조선의 힘』, 역사비평사, 55쪽.

① 왕이 친히 활과 화살을 가지고 말을 달려 노루를 쏘며 사냥을 했다. 그러다가 말이 거꾸러져서 왕이 말에서 떨어졌으나 다치지는 않았다. 좌우 사람들을 돌아보며 말하기를 "사관이 알게 하지 마라." (『태종실록』 권7, 4년 2월 8일)

② 병조판서 조말생趙末生이 춘추관에 가서 정식 절차를 거치지 않고 대제학 변계량卞季良에게 요청하여 일찍이 자신이 납입한 사초를 꺼내다 고쳤다. 변계량이 여러 사관을 경계하여 바깥 사람에게 알리지 못하게 한 일이 있었다. (『세종실록』 권26, 6년 12월 20일)

③ 이현로李賢老가 승정원에 이르러 일기를 보고서 장리贓吏라는 두 글자를 고쳐 주기를 청하니, 주서注書가 그 말에 따라서 중죄重罪로써 고치었다.(『문종실록』 권13, 2년 5월 1일)

또한, 위에 인용한 자료에서 조선시대 특히 조선 전기에 활동했던 사관의 역할과 위상을 확인할 수 있다. 이와 함께 연산군 때 자료도 함께 언급한다. 연산군이 전라, 충청, 경상 3도에서 미녀와 좋은 말을 올리라고 지시하자, 사관은 이 사안에 대해 "법령이 가혹함이 심해, 일이 제대로 진척이 안 되면 비록 수령이라도 벌주었고 사람들이 두려움을 느껴 처첩을 숨기지 못했지만, 원성과 울음의 소리는 널리 들렸다."[i]라고 기록했다는 자료다. 이 자료는 연산군 시대의 생생한 사회상을 전해준다. 만약 연산군이 당대에 이

기록을 보았다면, 작성했던 사관은 목숨을 걸어야 했을 것이다.

조선시대 임진왜란을 설명할 때에는 이달의 「제총요祭塚謠」[ii]라는 한시漢詩를 인용한다.

> 흰둥개가 앞서가고 누렁이가 따라가는
> 들밭 풀가에는 무덤들이 늘어섰네.
> 제사 마친 할아버지는 밭두둑 길에서
> 저물녘에 손주의 부축받고 취해서 돌아온다.

'무덤에 제사 지내는 노래'라는 제목부터 범상치 않다. 둘째 줄을 보면 무덤이 하나만이 아니라 여럿 있다. 즉, 많은 사람이 한꺼번에 죽은 사건인 것이다. 그리고 일반적으로 무덤을 가면 자손이 조상을 찾아가는데, 무덤을 찾는 이가 할아버지와 손자다. 할아버지의 아들, 즉 손자의 아버지가 죽은 것이다. 아들의 무덤에서 슬픔을 이기지 못한 아버지는 늦게까지 술로 슬픔을 달래다가 손자의 부축을 받아 마을로 내려온다. 이처럼 한 편의 시도 임진왜란 직후의 상황을 잘 보여주는 사료가 될 수 있다.

원전의 선택도 중요하다. 『구스타프 슈바브의 그리스 로마 신화』를 번역한 이동휘는 그 책을 선택한 이유를 "나는 토막 난 그

---

i 『연산군일기』 권60, 11년 12월 15일.

ii 한시의 해석과 설명에 관해서는 정민, 2002, 『정민 선생님이 들려주는 한시 이야기』, 보림, 19~23쪽 참조.

리스 로마 신화들이 난무하는 혼란스러운 상황에서 신화의 맛을 제대로 느끼게 해줄 책을 소개하고 싶었다."[i]라고 밝혔다. "맛"이라는 표현에 동의한다. 원전을, 전체를 읽는 통독의 '맛'이 있다. 구스타프 슈바브는 19세기 독일의 시인이자 교육자로, 1838~1840년에 걸쳐 출간한 이 책은 "원전에 충실한 내용을 담으면서도 이야기의 서사성을 살린" 것으로 평가된다.

그런데 호메로스의 『일리아스』 『오뒷세이아』는 시이고, 『구스타프 슈바브의 그리스 로마 신화』는 산문이다. 따라서 내용 구성에 일정한 차이가 있다. 트로이아 전쟁에서 그리스의 아킬레우스와 트로이아의 헥토르가 결투를 벌여 아킬레우스가 승리하고, 헥토르의 시신은 아킬레우스의 막사 옆에 놓였다. 헥토르의 아버지 프리아모스가 그리스 진영 안의 아킬레우스를 찾아가 아들의 시신을 돌려주기를 요구한다. 이 대목을 『일리아스』[ii]와 『구스타프 슈바브의 그리스 로마 신화』[iii]에서 각각 어떻게 표현했는지 살펴보자.

『일리아스』

신과 같은 아킬레우스여. 그대의 아버지를 생각하시오!

나와 동년배이며 슬픈 노령의 문턱에 서 있는 그대의 아버지를.

---

i 구스타프 슈바브, 이동휘 옮김, 2015, 『구스타프 슈바브의 그리스 로마 신화』 1, 휴머니스트, 9쪽.

ii 호메로스, 천병희 옮김, 2007, 『일리아스』, 숲, 670~671쪽

iii 구스타프 슈바브, 이동휘 옮김, 2015, 『구스타프 슈바브의 그리스 로마 신화』 1, 휴머니스트, 354쪽.

혹시 인근에 사는 주민들이 그분을 괴롭히더라도 그분을
파멸과 재앙에서 구해줄 사람은 아무도 없을 것이오.
그래도 그분은 그대가 살아 있다는 소식을 들으면 마음속으로
기뻐하며 날이면 날마다 사랑하는 아들이 트로이아에서
돌아오는 것을 보게 되기를 고대하고 있을 것이오.
하나 나는 참으로 불행한 사람이오. 드넓은 트로이아에서 나는
가장 훌륭한 아들을 낳았건만 그중 한 명도 안 남았으니
말이오.
…
그래서 나는 그 애 때문에, 그대에게서 그 애를 돌려받고자
헤아릴 수 없는 몸값을 가지고 지금 아카이오이 족의 함선들을
찾아온 것이오. 아킬레우스여! 신을 두려워하고 그대의 아버지를
생각해서 나를 동정하시오. 나는 그분보다 더 동정 받아 마땅하오.
나는 세상의 어떤 사람도 차마 못한 짓을 하고 있지 않소!
내 자식들을 죽인 사람의 얼굴에 손을 내밀고 있으니 말이오.

『구스타프 슈바브의 그리스 로마 신화』

신과 같은 아킬레우스여! 나처럼 늙은 그대의 아버지를 생각해보시오. 이웃의 적에게 괴로움을 당하더라도 두려움에 떨며 도움받을 곳 없이 불안한 나날을 보낼 것이오. 그래도 그대의 아버지에게는 사랑하는 아들이 트로이아에서 돌아오리라는 희망이 아직 남아 있겠지. 하지만 나는 그리스 인들이 몰려오기 시작했을 때는 쉰 명이나 되던 아들들을

이번 전쟁에서 거의 다 잃었소. 그리고 끝내는 트로이아를 지켜줄 단 한 사람의 아들마저 그대가 빼앗아 가고 말았소! 내가 이 함선을 찾아온 것은 그대에게 몸값을 주고 내 아들 헥토르를 데려가기 위해서요. 막대한 재물을 가져왔소! 펠레우스의 아들이여! 신들을 두려워하고 그대의 아버지를 생각해, 늙은 나를 불쌍히 여겨주시오. 그대의 아버지보다 내가 더 불쌍하오. 어떤 사람도 겪지 못한 고통을 겪고 있지 않소. 아들을 죽인 그 손에 입을 맞춰야 하니 말이요.

시와 산문의 '맛'이 다르게 느껴지는가? 슬픔 가운데 큰 슬픔은 자식이 먼저 죽은 것이라고 하는데, 시와 산문에서 그 슬픔은 각각 다르게 다가오는지, 그것은 아마 독자들마다 다르리라 생각된다.

이미지의 활용

신윤복의 풍속화 같은 그림도 조선 후기의 사회상을 보여주는 좋은 자료가 된다.

국가문화유산 『신윤복 필 풍속도 화첩申潤福 筆 風俗圖 畵帖』(혜원전신첩惠園傳神帖)에 실린 〈월야밀회月夜密會〉다. 달이 뜬 밤에 몰래 만난다는 뜻이다. 사실 그림 제목은 후대 사람이 지은 것으로, 신윤복은 세 남녀의 애정관계를 담고 있는 이 그림에 관해 어떤 설명도

5-1 신윤복의 〈월야밀회〉.

하지 않았다. 강명관은 "조선시대 그림을 통틀어 남자와 여자를 이렇게 가깝게 접촉시킨 그림은 없었다."라고 이 그림을 설명했다.

또한 강명관은 그림 속 달을 통해 시간을, 주위 배경을 통해 공간을, 그리고 복장을 통해 세 사람의 신분을 추측했다.[i] 우선, 보름달이 저렇게 떠 있는 경우 아주 늦은 밤 시간대이며, 아울러 담벼락에 기와가 있고 정원수가 잘 갖추어진 주위 집들을 볼 때 서울의 북촌이라고 할 수 있다는 것이다.

그럼, 서울에 통금이 있던 시절에 밤들도록 노니는 이 세 사람

---

i 강명관, 2001, 『조선풍속사 3—조선 사람들, 혜원의 그림 밖으로 걸어 나오다』, 푸른역사, 68~75쪽 참조.

의 정체는 무엇일까? 전근대 시대는 복장으로 신분과 직업을 추론할 수 있다. 가운데 남성은 소매 없는 붉은색 전복戰服을 입고 전립戰笠을 쓰고 있으며, 왼손에 철편鐵鞭이라는 무기를 들고 있다. 그의 직업은 포도청의 포교다. 그와 함께 있는 여성(㉮)을 보자. 그녀의 옷 소매 끝은 남색, 고름은 자주색이다. 남색 끝동은 남편이 있다는 표시, 자주 고름은 자식이 있다는 표시였다. 반면, 담벽에 붙어 있는 여성(㉯)의 옷은 화려하다. 신분이 낮은 여성이 입지 못하는 복장이다. 앳된 얼굴을 한 그녀의 직업은 기녀로 추측된다.

그렇다면, 포교와 두 여성은 어떤 관계일까? 세 사람의 사연에 정답은 없다. 다만 그림 속 여러 정황을 종합해, 함께 있는 포교와 ㉮ 여성은 부부이며, 포교를 사랑하는 기녀 ㉯ 여성이 보이지 않는 곳에서 바라보고 있는 장면이라고 설명한다. 나아가 강명관은 이 그림을 조금 더 역동적으로 보았다. 밤에 포교가 기생 ㉯와 함께 길을 걷다가 아내 혹은 자신과 관계가 있는 여성 ㉮를 만나고, 당혹한 포교가 기생을 옆에 두고 ㉮에게 달려가 여러 변명을 하고 있는 장면이라는 것이다. 정답이 없기에, 새로운 해석과 설명은 언제든지 가능하다.

나는 이 그림을 조선 후기 사회를 설명할 때 즐겨 활용한다. ㉯ 여성의 머리 장식인 가체, 즉 오늘날의 가발을 설명하기 위해서다. 조선 후기 가체는 매우 비싼 장식품이었다. 그 가격은 오늘날 직장인 평균 월급인 300만 원에서부터 비싼 것은 5,000만 원에 달했다. 이러한 고가의 상품을 기생 본인이 구했을 수도 있지만, 누군가가 선물했을 수도 있다. 어떤 경우이든, 이런 비싼 가체, 즉 고가의 상품이 오가는 경제가 존재한 것이다. 민속화, 풍속화에 자주 등장하는 가체는 조선 후기에 그만큼 경제력이 발달해 있었다는 사실을 보여준다.

또한, 이미지 안에 숨은 상징을 읽어내는 것도 중요하다. 상품 광고는 근대 자본주의의 대표적인 상징이다. 서구의 근대와 식민지의 근대는 선악, 강약, 백과 흑, 깨끗함과 더러움 등으로 대비되었다. 위생의 담론이 잘 활용된 사례로 영국 비누 광고가 대표적이다. 이 비누를 사용한 흑인 아이가 흰색으로 변한다는 내용이다. 흰색은 위생이자 문명을 상징했다.

인종주의는 사라졌는가? 아니다. 2010년대 후반 〈도브〉 비누 광고는 이 비누를 사용하면 흑인 여성이 점점 하얗게 된다는 것

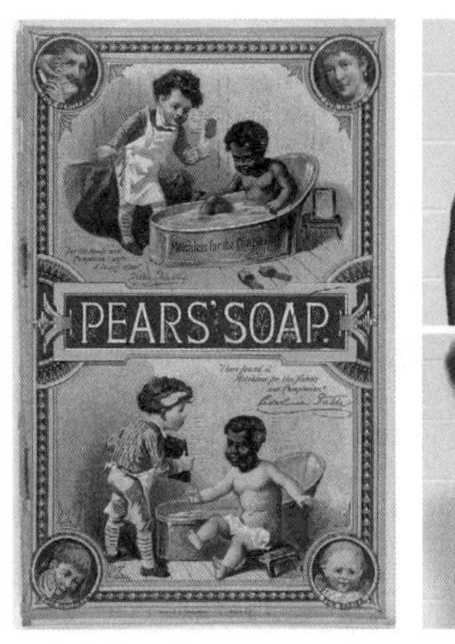

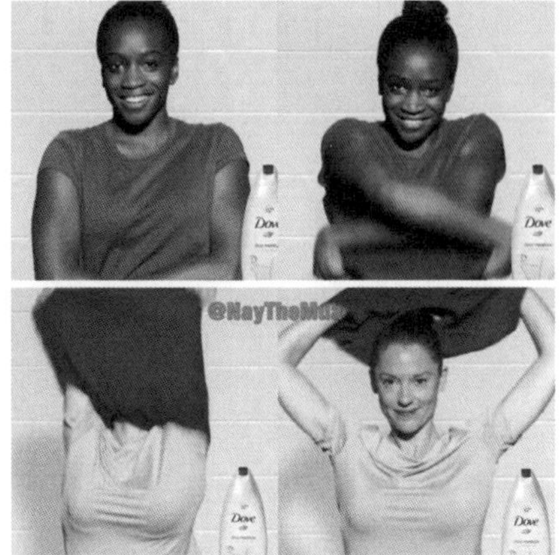

5-2 영국 비누 광고와 〈도브〉 비누 광고.

을 강조했다. 회사는 사과하고 곧 광고를 삭제했지만, 여전히 피부색으로 상징되는 인종주의가 광고의 소재로 활용된다는 것을 보여준다. 연구자로서는 수업과 글쓰기의 자료가 생겨 감사할 따름이다.

원전의 번역과 윤문

한편, 과거의 자료를 근거로 들 때는 원전의 번역과 윤문이 늘 고민이 된다. 낯선 것을 강조하려면 옛날 자료를 그대로 보여줘야 한다는 입장과, 독자의 눈높이에 맞춰 번역과 윤문을 해서 소개해야 한다는 입장으로 나뉜다. 신채호가 1908년 발표한 「독사신론讀史新論」을 예로 들어보자. 발표된 지 100년도 넘은 원문과 번역문을 보자. 「서론」의 첫 부분이다.[i]

원문

國家의 歷史는 民族消長盛衰의 狀態를 閱敍혼 者라 民族을 捨ᄒ면 歷史가 無흘지며 歷史를 捨ᄒ면 民族의 其國家에 對혼 觀念이 不大할지니 嗚呼라 歷史家의 責任 其亦重矣哉인져

i 壹片丹生(신채호), 「독사신론」, 『대한매일신보』, 1908년 8월 27일 ; 신채호, 박기봉 옮김, 2007, 『조선상고문화사(외)』, 비봉출판사, 214쪽.

번역문

한 국가의 역사는 그 민족의 소장消長과 성쇠盛衰의 상태를 살펴서 서술한 것이므로 민족을 버리고는 역사가 없을 것이며, 역사를 버리고는 한 민족의 자기 국가에 대한 관념이 크지 못할 것이니, 오호라, 역사가의 책임 또한 무겁도다.

한자를 모르면 국한문은 어렵다. 심지어 원래는 띄어쓰기도 안 되어 있다. 어느 것을 택할 것인가? 정답은 없다. 전공자가 대상일 때는 원문을, 일반 대중이 독자일 경우는 번역문을 소개하는 것이 일반적이다. 번역문도 조금 더 시간이 지나면 독자를 고려해서 '소장' '성쇠' 같은 단어의 뜻을 풀어서 서술해야 할지도 모르겠다.

「독사신론」이란 글은 '역사를 읽는 새로운 이론'이라는 제목부터 어려운 문제에 당면한다. 글과 책의 제목은 번역해야 하는가 아니면 그대로 소개해야 하는가라는 물음이다. 앞서 『월남망국사』를 『베트남망국사』로 번역할 수 없다고 보았던 것처럼, 개인적으로는 고유명사를 그대로 두어야 한다고 생각한다.

프랑스 작가 빅토르 위고Victor-Marie Hugo의 대표작 『레미제라블Les Misérables』은 명작으로 불린다. 지금도 이 책의 인기는 높지만, 일제강점기 식민지 조선인들도 이 작품을 정말 좋아했다. 주인공 장발장Jean Valjean의 불쌍한 처지에 공감했던 것 아닐까 싶다. 이 책은 원제 그대로 소개되기도 했지만, 주인공의 이름을 따서 『장발장』으로 번역되기도 했다. 일제강점기에는 『불쌍타』, "불쌍한 이야기"라는 의미의 『애사哀史』 등으로 번역 혹은 번안되었다. 또한, 번역의 과정에서 당대의 독자와 출판 상황에 따라 축약되기 일쑤였다.

개인적 경험을 조금 얘기해보고자 한다. 처음에는 아동용으로 축약된 '장발장'을 읽었다. 어린이를 독자로 설정해놓고 한 권으로 줄이는 과정에서 광범위한 책의 내용이 축약되었다. 이후 영화와 뮤지컬을 봤다. 박사학위 논문을 쓴 다음에 개인적 보상의 차원으로 드디어 『레미제라블』 완역본을 읽었다. 동서문화사에서 송면의 번역으로 출간한 6권짜리였다.

완역본 제1부의 제1편은 주로 미리엘 주교에 관한 내용인데, 그는 장발장이 자신의 집에서 은제 촛대를 훔쳤지만 자신이 주었다고 해서 벌 받지 않게 한 인물이다. 제1부 제1편에서 인상적인 것은 전前 국민회의 의원 G라고 나오는 한 정치가의 죽음이었다. 죽음을 맞이한 그 정치가가 주교의 앞에서 자신의 삶을 회고하는 장면인데, 주인공 장발장과 관계된 이야기도 아니고 미리엘 주교의 여러 활동 가운데 한 장면이어서 이전에 읽었던 축약본에서는 볼 수 없었던 내용이었다.

팔순 나이에 죽음을 맞이하는 이 정치가의 마지막 순간을 빅토르 위고는 "두 발은 이미 죽어서 싸늘해 있는데, 머리는 아직 생명의 갖가지 힘을 지닌 채 살아서 빛 속에 있는 듯이 보였다."[i]라고

---

i 빅토르 위고, 송면 옮김, 2002, 『레미제라블』 1, 동서문화사, 76쪽.

강렬하게 표현해 인상에 남았다. 비록 번역본이지만 완역본을 보지 않았으면 접할 수 없는 내용이었다.

『플루타르코스 영웅전Bioi Paralleloi』 역시 축약본에서는 볼 수 없는 이야기가 많은데 그중 기억에 남는 것은, 알렉산드로스Alexandros the Great가 인도를 침략했을 때의 일이다. 수도자 10명을 붙잡았는데 이들에게 9개의 어려운 문제를 내고는 "먼저 틀린 답변을 하는 사람을 죽이고 이어서 나머지도 같은 순서에 따라 죽이겠다."고 했다. 한 명은 심판관이었다.

9가지 질문은 "① 산자와 죽은 자 가운데 어느 쪽이 더 많다고 생각하느냐 ② 육지와 바다 가운데 어느 쪽이 더 큰 짐승을 기르느냐 ③ 어느 동물이 가장 교활하냐 ④ 어떤 이유에서 반란을 일으키도록 삿바스를 사주했느냐 ⑤ 낮과 밤 가운데 어느 쪽이 먼저 태어났다고 생각하느냐 ⑥ 사람이 어떻게 해야 가장 사랑받을 수 있느냐 ⑦ 어떻게 하면 사람이 신이 될 수 있느냐 ⑧ 삶과 죽음 가운데 어느 쪽이 더 강력하냐 ⑨ 사람이 얼마나 오래 사는 것이 좋겠느냐"였다. 3번 질문의 답은 "지금까지 사람이 발견하지 못한 동물"이었다고 한다.[i] 다른 답도 생각을 깊게 해야 하니, 『플루타르코스 영웅전』을 한번 완독하는 계기로 삼아 찾아보기를 권한다.

---

i 플루타르코스, 천병희 옮김, 2010, 『플루타르코스 영웅전』, 도서출판 숲, 340~341쪽.

루소Jean-Jacques Rousseau의 『에밀Émile』은 다른 일을 하면서 읽기도 했지만 오랜 시간이 걸렸다. 여름방학 내내 읽었다. 그래도 다 읽고나니 뿌듯함이 생겼고 이내 '방자함'으로 이어져 다 읽었다고 '은근히' 주위에 언급했다. 그러자 한 서양사 학자가 에밀의 나이대별 교육 방법의 논의가 프랑스 시민혁명의 계몽 담론과 연결될 수 있다고 알려주었다. 고맙게도 생각의 확장이 이루어졌다.

개념의 번역과 해석

개념의 번역에 관해서도 살펴보자. 불경의 번역은 번역사에서 중요한 연구 주제다. 인도 빠알리어(팔리어)에서 중국 한자로, 이것이 다시 한국어로 번역되었다. 단어와 개념부터 이해하기 어려워 불교 사상은 어렵다. 불교의 가장 기본적인 개념으로 사성체四聖諦와 팔정도八正道가 있다. 팔정도는 '정어正語, 정업正業, 정명正命, 정정진正精進, 정념正念, 정정正定, 정견正見, 정사유正思惟'로 이루어진다는데, 알 듯 모를 듯하다.

그래서 불교 이해와 관련해서 『쉽게, 깊이 읽는 불교입문』이라는 책을 읽어보았다. '입문'이어서 선택했는데, '쉽게'와 '깊이'가 충돌한다. 번역본 250쪽 내외의 적은 분량의 책이어서 오히려 읽기에 긴장된다. 어려운 내용을 압축해서 서술한다는 것은 경험상 매우 추상적이거나 매우 소략하기 쉽기 때문이다. 이 책에서는 '팔정도'를 한글로 '올바른 말, 올바른 행동, 올바른 생계, 올바른 노력, 올바른 주의 깊음, 올바른 집중, 올바른 이해, 올바른 사고'로 번역하고 설명을 덧붙였다.[i]

계(戒)	정어(正語)	올바른 말	거짓말, 중상, 거친 말, 경박한 말을 하지 않는 것
	정업(正業)	올바른 행동	살생, 도둑질, 간음을 하지 않는 것
	정명(正命)	올바른 생계	재가신도는 무기 거래나 인신매매, 도살업이나 술 파는 직업, 독물을 파는 직업을 피하며, 승려는 위선된 행동을 피해야 한다
정(定)	정정진 (正精進)	올바른 노력	① 악행이 이미 생겼으면 그것을 버리려는 노력 ② 악행이 아직 생기지 않았으면 그것이 일어나지 않도록 막는 노력 ③ 선행이 아직 생기지 않았으면 그것을 계발하려는 노력 ④ 선행이 이미 생겼으면 그것을 촉진시키려는 노력
	정념(正念)	올바른 주의 깊음	몸, 감각, 마음, 현상들에 대해서 주의 깊게 관찰하는 것
	정정(正定)	올바른 집중	마음을 한 곳에 집중하는 것
혜(慧)	정견(正見)	올바른 이해	네 가지 신성한 진리(사성체)에 대한 지식이다
	정사유 (正思惟)	올바른 사고	탐욕스러운 욕망이 아니라 윤회를 버리겠다는 생각, 악의와 반대되는 선의의 생각, 잔인함과 반대되는 해치지 않으려는 생각

i 나라다Narada 스님, 주민황 옮김, 2000, 『쉽게, 깊이 읽는 불교입문』, 도서출판 숲, 170~172쪽.

한편, 정명은 '바른 생활'로도 번역되고, 정정은 '선정禪定'을 말하며 '정신통일'로 소개된다. 정정진은 삼학(계·정·혜)에 공통된다고도 설명된다.[i]

불경 번역에 관해서는, 구라나타拘羅那陀와 함께 중국 3대 역경가로 꼽히는 구마라집鳩摩羅什의 번역과 현장玄奘의 신번역에는 차이가 있다. 구마라집은 가장 가까운 의미를 지닌 한자 단어를 선택하고 조합해 불교의 개념을 설명하고자 했다. 반면, 현장은 개념의 원어 명칭을 가차해서 번역했다. 예를 들어, 구라마집은 산스크리트어 '사마디'의 한문 번역어로 삼매三昧를 택했다. 삼매는 고요함 혹은 최적의 명상 상태를 뜻한다. 반면, 현장은 원어 발음과 유사하게 삼마지三摩地라고 번역했다. 이렇듯 개념의 번역은 지난한 과정을 통해 이루어져왔다.

우리는 중국과 같은 한자문화권으로, 전통시대 유교문화권에 속한다는 공통점을 갖고 있다. 익숙하다고 생각한 유교 개념의 번역 역시 쉽지 않다. 유교의 핵심 개념인 '인仁'과 '의義'도 그러하다. 일반적으로 '어질 인'과 '옳을 의'라고 푼다. 하지만 유교 경전에서 이 개념은 '어질다'와 '옳다'를 넘어서는 의미망을 갖고 있다.

우선, 『논어』의 독자는 '군자'로 표현되는 존재들인데, 이들은 관리이거나 관리를 지향하는 지식인 계층이었다. 따라서 인과 의

---

i 한국민족문화대백과사전편찬부, 1991, 『한국민족문화대백과사전』 23, 한국정신문화연구원, 395~396쪽.

는 어질고 옳다는 사람과 사람의 일반적 관계에 적용되는 것이 아니라 정치적 관계 속에서 살펴보아야 한다. 공자는 관계의 기본을 국가에서는 임금과 신하로부터, 집안에서는 아버지와 아들로부터 찾았다. 그리고 이를 "군군君君 신신臣臣 부부父父 자자子子"라고 밝혔다. 반복되는 문장 형식으로, '군군君君'은. "임금은 임금다워야 한다."라고 번역된다. 임금이라는 명사가 임금답다는 것은 무엇을 의미할까? 신하, 아버지, 아들이라는 명사가 그 명사답다는 것, 즉 이름에 맞춰 올바른 행동과 처신을 고민한 것을 '정명正名사상'이라고 한다.

맹자는 '인의'를 강조했다. 맹자가 활동했던 시기는 전국시대였다. 중국 전체가 7개의 큰 나라로 나뉘어 천하통일을 추진하던 시기였다. 인의에 대비되는 개념은 '이利'라고 할 수 있다. 당대의 제후들은 국가에 이로움이 될 것이 무엇인지에 집착했고 패도정치를 실시했다. 이때 맹자는 인의를 바탕으로 한 왕도정치를 지향했다. 백성에게 경제적 보장을 한 이후 교육과 교화를 시켜야 하는 것이 왕도정치의 시작이라고 했다. 이는 민民을 근본으로 한 민본정치를 의미한다.

개인적으로, '서恕'라는 개념이 좋다. 오늘날 '용서' 등에 사용되는 개념이다. 당대에는 "내가 하고 싶지 않은 것을 상대방에게 강요하지 않는다."라는 의미로 통용되었다고 한다. 나아가 성리학 단계에서는 추상적 영역에서 '성性'과 '경敬' 등의 개념 해석이 깊어졌다.

문헌의 변천 과정

문헌 자료의 변천도 주목해보자. 한국 '최초'의 근대 소설인 이광수의 『무정』(1918)에 관해서는 많은 연구 성과가 축적되었다. 한글로 썼고, 현대문과 가까워 읽기도 쉽다. 최근의 연구에서는 '텍스트' 자체에 관한 접근이 주목된다. 『무정』은 『매일신보』에 연재되었다. 그 뒤 단행본으로 그리고 『이광수 전집』의 형태로 출간되었다. 자연스럽게 물음은, 단행본으로 그리고 전집으로 간행될 때마다 본문 내용에 일정한 수정과 가감이 이루어졌다는 데로 연결된다.

일례로, "사람들이 악한 일을 하는 것이 마치 신관사또 남원부사 된 광대가 제 뜻에는 (없건마는) 가려한 춘향의 볼기를 때림과 같다 하면 용서하지 아니하고 어찌하리오."라는 대목이 있다. 하타노 세츠코에 따르면, '없건마는'은 신문과 초판본에는 들어 있지만, 『이광수 전집』에서 빠졌다고 한다. 하타노 세츠코는 6번째 판본부터 빠져 있고, 『이광수 전집』이 이를 그대로 답습한 것으로 추론했다.[i]

앞서 소개한 신채호의 「독사신론」도 여러 차례 매체를 달리하여 활자화되었다. 처음에는 『대한매일신보』에 연재되었다. 입소문이 나서 독자들이 찾는 텍스트였다. 중국에서도, 하와이에서도 출

---

i 하타노 세츠코, 최주한 옮김, 2008, 『『무정』을 읽는다』, 소명출판, 228쪽.

간되었다. 하와이에서는 국한문으로 윤문해서 소개되었다. 최남선은 잡지 『소년』에 「국사사론國史私論」이란 이름으로 소개했다. 소개의 이유를 썼지만, 왜 제목을 한국사에 관한 '사론', 즉 개인적 의견이라고 바꾸었는지는 설명하고 있지 않다.

복잡하게 얽힌 문헌 자료, 즉 텍스트도 존재한다. 1910년대 이광수의 「오도답파여행五道踏破旅行」은 『경성일보』와 『매일신보』에 약간의 시차를 두고 연재되었다. 이 글은 이광수가 직접 방문한 한반도의 남쪽 다섯 도에 관한 기행문이다. 『경성일보』는 일본어로, 『매일신보』는 한글로 발간되었다. 이광수는 한글로 썼을까, 일본어로 썼을까? 일본어로 써서 『경성일보』에 보내면, 『매일신보』 기자가 한국어로 번역해서 『매일신보』에 연재했다고 한다. 중간에는 이광수가 한글로도 썼다고 한다.[i]

한 학자의 글이 논문으로 발표한 이후 책에 실리기도 한다. 이때 어떤 것을 인용해야 할까? 책을 인용하는 것이 일반적이다. 많은 독자가 활용하는 매체를 근거로 하는 것이 좋기 때문이다. 현재 한문 자료를 활용하는 연구 논문은 그 자료를 한글로 번역해서 발표하고 있다. 한국 고대사, 중세사 학술 논문은 한문으로 된 자료를 모두 한글로 번역해서 논지를 전개하고 있다. 나도 원자료를 그대로 소개하기보다는 번역과 윤문을 통해 독자에게 전달하

---

i 최주환, 2014, 「이광수의 이중어 글쓰기와 『오도답파여행』」, 『민족문화사연구』 제55호, 민족문화사연구소.

는 것이 바람직하다고 본다.

일제강점기에 쓴 글이나 책을 해방 후 다시 출판할 때는 책의 서술 내용을 다시 살펴보아야 한다. 일례로, 일제강점기에는 고려 말에 피해를 끼친 '왜구倭寇' 대신 '해구海寇'라고 표현했으며, 임진왜란에 관한 서술도 쉽지 않았다. 최남선은 해방이 되면서 조선통사에 관한 책을 다시 출판하기도 했다. 해방 후의 내용을 담기 위해서였다. 더불어, 일제강점기에는 조선인의 민족성 가운데 부정적인 모습을 언급했다면, 탈식민의 상황에서는 이러한 내용이 배제되었다.

문헌 분석과 관련해서 김구의 『백범일지』를 예로 들어보자. 원래 『백범일지』는 집필 시기가 차이가 나는 상권과 하권으로 나뉘어 있다. 상권은 1929년에, 하권은 1942년에 집필을 마쳤다. 김구는 이 책을 여러 차례 간행했는데, 해방 후인 1947년에 공식적으로 출판되었다. 독립운동의 결과를 모르고 쓰는 것과 알고 쓰는 것에는 큰 차이가 존재한다. 게다가 배경식에 따르면, 해방 공간에서 김구의 정치적 상황에 따라 여러 차례 수정되기도 했다. 심지어 어느 부분인지는 정확하지 않지만, 하권은 이광수가 집필한 부분이 포함되어 있었다.[i]

---

i 김구, 배경식 엮음, 2008, 『올바르게 풀어쓴 백범일지』, 너머북스 참조.

텍스트 분석과 검열

텍스트를 분석할 때는 검열도 살펴보아야 한다. 일제는 언론 매체에 실린 글을 검열해서, 문장을 삭제하거나 단어에 'XX' 같은 복자伏字 표시를 했다. '혁명'이나 '공산'과 같은 단어는 추론하는 것이 가능하지만, 문장이나 단락이 없으면 추론하기 쉽지 않은 단어도 존재했다. 심지어 벽돌로 막은 것처럼 기사나 평론 전체가 없어진 것도 있었다. 운이 좋으면 일제가 검열, 삭제한 내용이 일본어로 남아 있어서 복원하는 사례도 있다.

검열제도는 해방 이후에도 존속했다. '미풍양속' '건전'이라는 명목 아래 노래의 가사와 영화 대본에 '가위질'을 했다. '건전 가요'가 보급된 반면에, '금지곡'도 존재했다. "노래의 가사와 음조가 왜색"이라는 등 이유는 많았다. 국가 권력이 영화 대본에 손을 대서, 실제 영화관에서 관람객이 보는 영화 상영 시간이 몇십 분씩 줄어들기도 했다. 이렇듯 감독이나 제작자의 의도를 완전히 무시하는 사례가 비일비재하던 시절도 있었다.

당시 검열의 가장 중요한 기준은 '반공'이었다. 일례로, 『김찬삼의 세계여행기』(전 10권)를 들 수 있겠다. 국외 여행이 쉽지 않았던 시절 흔치 않던 세계여행기였는데, 훗날 문고본으로 텍스트만 묶인 3권의 책도 출판되었다. 여행기이니까 사진이 들어가야 맛이 난다. 본인이 찍은 사진으로 부족했는지 많은 사진이 '외지外誌에서'라고 밝힌 것들이다. 일본에서 발행된 세계여행기에서 가져온 것이다. 덧붙이자면, 20권짜리 일본의 여행 서적이 수입되어 팔렸는데, 당시 소련이라고 불린 러시아 편이 빠져 있었다. 바로 반공 때문이었다.

자기 검열도 존재했다. 잡지와 신문은 개별 원자료를 사용하기 어려우므로 주로 '영인본'을 활용한다. 일제강점기에 이광수가 주도해서 발행되었던 흥사단 기관지 『동광』은 민족주의 계열에서 발행한 잡지인지라, 일제 경찰에 의한 검열도 많지 않았다. 그런데 영인본 『동광』에는 몇몇 필자의 이름이 칼로 오려진 듯 감추어져 있다. 또한, 기사 제목과 내용이 없는 경우도 있다. 원문과 대조해 보았다. 1970년대 출판된 영인본에는 월북한 인물, 사회주의를 소개한 내용이 삭제된 것이었다.

역사학은 조각나고 시간적으로 단락이 존재하는 사료를 연결시켜 이야기를 만들어야 한다. 그리고 이에 의미를 부여해야 한다. 감추어지거나 아직 밝혀지지 않은 역사적 사건과 인물을 발굴해서 독자에게 전해야 한다. 역사가의 임무다.

6장

역사의 서술

역사가의 객관성

전통시대에도 역사가 존재했고, 이를 전문적으로 다루는 관리를 사관史官이라고 불렀다. 사관의 직분 가운데 하나로 '진실에 맞게 기록을 한다'는 뜻인 '직필直筆'이 있다. 이와 관련해 유명한 일화가 있다. 기원전 6세기경, 지금으로부터 2,600여 년 전인 먼 시대의 일이다.

춘추시대 제齊나라에서 장공莊公을 옹립했던 고위 관료 최저崔杼는 자신의 후처 당강棠姜과 불륜을 저지른 장공을 시해하고 경공景公을 세운 뒤 최고의 권력자가 되었다. 하지만 최저는 임금을 시해한 사실이 역사에 기록될까봐 걱정되어, 사관인 태사太史 백에게 제장공이 학질로 죽었다고 기록할 것을 강요했다. 사관 백은 "5월 을해일에 최저가 주군 광(光, 장공)을 시해했다."라고 적었다. 그러자 최저는 태사 백을 죽였다. 그러나 태사 백뿐만 아니라 그 직을 이어받은 그의 아우인 중과 숙도 요구를 거부하고 똑같이 적었고 이에 죽음을 당했다. 막내인 계마저 수정을 거부하자 어쩔 수 없이 최저는 요구를 철회할 수밖에 없었다. 결국 최저가 장공을 시해했다는 사실은 남게 되었다. 태사 형제들이 직필하다가 죽었다는 소식을 듣고 사관으로 추정되는 남사씨南史氏가 사실을 바로 적기 위해 제나라 도성으로 달려왔는데, 태사 집안의 막내가 죽지 않았다는 소식을 듣고 발걸음을 돌렸다고 한다. 이 역시 죽음을 각오한 행동이었다.

역사는 지난 시간에 있었던 인간의 말과 행동 그리고 관계 속에서 일어난 사실을 기록한 것이다. 지난 시간, 즉 낯선 과거와 현재의 관계 속에서 이루어지는 작업이다. 김용옥은 "역사를 기록하는 것은 인간의 주체의식이 강해졌다는 것을 의미한다. 다시 말해서 인간의 일을 인간이 주체적으로 인간을 위하여 기록한다는 것은 이미 인문정신이 고도화된 정신풍토가 아니면 이루어지기 어려운 것이다."[i]라고 설명했다. 그는 역사 기록의 의미를 "인문정신"의 "고도화"에서 찾았다.

역사가는 본인의 연구가 사건과 인물을 통해 전체 역사를 설명하고 해석하기를 바란다. 그렇다면 역사가의 능력은, 역사가가 지녀야 할 감각은 무엇일까? 시간을 순서대로 배치하고 서술하는 일은 무엇을 의미할까? 시간 흐름을 보기 좋게 배치하는 일반적인 방법은 연표다. 연표를 통해 시간적인 흐름을 이해하는 것은 어떤 효과가 있을까? 나아가 역사 서술은 문학의 힘과 논리의 힘을 함께 갖춰야 한다. 양자의 요소를 병행할 수 있는 방안은 늘 역사가의 숙제다.

---

i 김용옥, 2012, 『맹자: 사람의 길』 하, 통나무, 482쪽.

6-1 빗살무늬토기와 민무늬토기.

역사라는 학문을 세부 전공으로 나누면 시기에 따라 고대사, 중세사, 근대사, 현대사 등으로 구분되고, 다시 각각의 정치사, 경제사, 문화사 등으로 나뉜다. 일반적으로 역사가들은 자신이 연구한 좀 더 세부적이고 구체적인 주제로 전체 역사를 설명하고 싶어 한다. 하지만 그 구체적인 주제조차 제대로 복원하기는 쉽지 않다. 역사를 구체적으로 복원하는 데 텍스트 사료와 함께 중요한 비문자적인 유물은 어떠할까? 신석기와 청동기시대 토기를 대표하는 빗살무늬토기와 민무늬토기를 예로 들어보자. 이전에는 각각 '즐문토기' '무문토기'라고도 불렸다. '즐문'은 '빗무늬'를, '무문'은 '무늬 없음'을 뜻한다.

일반적으로 박물관은 유물을 시간순으로 배치한다. 동선이 구석기에서 신석기로, 청동기에서 철기시대로 이어진다. 개인적인 취향으로는 신석기시대의 빗살무늬토기가 청동기시대의 민무늬토기보다 훨씬 멋있게 보이지만, 여튼 민무늬토기는 빗살무늬토기에서 발전한 것이라고 한다. 그렇다면 무슨 변화와 '발전'이 존재하는 것일까? 민무늬토기는 빗살무늬토기보다 높은 온도에서 구워서 훨씬 단단하다고 한다. 오랜 기간 보관할 수 있었다. 그리고 빗살무늬토기에 조개를 삶거나 곡식을 익히면 흙과 함께 먹을 것을 각오해야 했다면, 민무늬토기는 그렇지 않았다.

직업으로서의 역사가, 다시 말해 역사를 학문으로 추구하는 사람은 사료를 다루면서 "사료의 발굴, 채집, 검토와 분석에 충실히 하고 사료와 사료 사이의 공백을 메우는 추리작업을 하는 데 있어 자기가 가지고 있는 편견이 개입되지 않도록 의식적인 노력"[i]을 해야 한다고 요구되었다. 역사가는 주관적이어서는 안 된다는 것이다.

그렇다면 역사가는 객관적이기 위해서 어떻게 해야 할까? 역사가에 관해 흔히 "역사가의 피란 뜨거워서는 아니 되고 냉랭하여야 할 것을 종종 강조하곤 한다. 그것이 역사가의 피가 뜨거우면 객관성을 상실하고 말기 때문이다."[ii]라고 말해진다. 대학생 때 서양사 수업 시간에 역사가의 코를 만지면 차가워야 한다는 이야기에 웃음을 짓고는 했던 기억이 난다.

여기서 "피"가 "뜨거워서는 아니 되고"라는 것은 객관적이라는

---

i 고려대학교 문과대학 사학과 교수실 편, 1979, 『역사란 무엇인가』, 고려대학교 출판부, 129쪽.

ii 고려대학교 문과대학 사학과 교수실 편, 1979, 『역사란 무엇인가』, 고려대학교 출판부, 10쪽.

뜻이지, 중립적이라는 뜻은 아니다. 한 가지 사안에도 이를 보고 해석하는 다양한 관점이 존재한다. 앞에 언급한 중립은 가치중립을 뜻하는데, 사실 정가운데 혹은 가장 균형적인 입장은 존재하지 않는다. 어느 입장에서 해석하되 설득력을 지녀야 한다는 의미이다. 상대방을 설득할 수 있는 논리가 객관이라고 할 수 있다.

역사가의 과거 해석

역사가는 과거의 기록을 해석하는 사람이다. 해석의 과정은 먼저, 과거의 기록을 발굴하면서 시작된다. 그런 다음, 과거의 기록을 '번역'한다. 번역이라는 표현을 쓴 것은 과거의 자료를 당대인이 이해할 수 있게 바꾸는 작업을 하기 때문이다. 깊게 이해하려면, 우리의 경우 먼저 한문, 국한문 등을 번역한다. 그다음, 기록을 남긴 사람의 의도를 파악하고, 앞뒤 맥락도 살펴보아야 한다. 몇 가지 사례를 살펴보자.

하나. 공민왕 때 반원정책의 일환으로 "정동행성을 폐지했다." 혹은 "정동행성 이문소를 폐지했다."라는 서술이 있는데, 해당 관청의 실체는 기씨 일파의 정치적 기반으로 움직인 '정동행성 이문소'다. 정동행성 안에 정동행성 이문소가 있었고 이것이 공민왕 때 폐지된 것이다. '정동행성 이문소'라는 역사적 명칭이 어렵다고 이를 줄이거나 다르게 표현할 수 없다는 것이다.

둘. 임진왜란 때 도요토미 히데요시는 조선을 침략할 때 명나라에 대한 공격을 구실로 삼았다. 명나라를 가는 길목에 있는 조선에게 '정명가도征明假道'라며 길을 빌려달라고 했을까, 아니면 '정명향도征明向道'라며 향하려고 했을까? 도요토미 히데요시는 '향도'라고 했고, 『왕조실록』에는 '가도'라고 나온다.

6-2 측우기.

셋. 영조 대의 측우기를 보자. 일반적으로 세종이 측우기를 발명했다고 한다. 그런데 조선 전기의 측우기 유물은 남아 있지 않다. 사진으로 볼 수 있는 것은 '건륭'이란 중국 청나라 황제의 연호가 적혀 있는 영조 대의 측우기다. 세종대 측우기 발명을 설명하면서, 영조 대의 측우기를 사진 자료로 쓸 수 있는지 물을 수밖에 없다.

넷. 동학 혹은 천도교의 이념은 '인내천人乃天'에서 찾을 수 있다. 역사 교과서에서도 일반적으로 최제우의 동학 사상을 '인내천'이라고 설명하고 있다. 그런데 '인내천'은 한말에 천도교 지도자 손병희가 만든 개념이었다. 동학의 2대 교주 최시형은 '인즉천人卽天'이라고 했다. 즉, 최제우가 동학을 처음 만들었을 때 '인내천'은 사용하지 않았던 개념이다. "사람이 하늘이다."라는 개념이 중요하기에 동학이 전파된 시기까지 소급된 것이다.

한편으로는, 기억과 역사의 차이를 구분하는 역사가의 역할도 중요하다. 1960년대 E. H. 카는 "역사에서의 진보는 사실과 가치의 상호의존과 상호작용을 통해서 성취된다. 객관적인 역사가란 이러한 상호과정을 가장 깊이 통찰하는"[i] 존재라고 이해했다. 그에 따르면, 역사가는 모름지기 '진보'를 역사 속에서, 구체적으로 "사실과 가치의 상호의존과 상호작용" 속에서 규명하는 존재다. 또 다른 개설서에서 언급한 역사가의 임무도 엄중하다.

> 역사의 인식이나 해석에 있어서 직업적 역사가는 면면하게 변질되면서 발전되어온 역사 속에서의 과거와 현재의 사이를 수없이 내왕하면서 한 민족과 인류 및 한 국가와 세계를 거시적·객관적·종합적인 통찰력으로 예의 관찰한다. 그리고 나서 현실적·현재적 당면 과제에 대한 판단을 내리게 된다.[ii]

역사가의 연구 주제

역사가의 '엄중한' 임무에 관해 나는 힘에 부친다. 그대로 따라갈 자신이 없다. 그럼에도 꾸준히 연구할 도리밖에 없다. 역사가는

---

i E. H. 카, 김택현 옮김, 2015, 『역사란 무엇인가』, 까치, 179쪽.
ii 고려대학교 문과대학 사학과 교수실 편, 1979, 『역사란 무엇인가』, 고려대학교 출판부, 20쪽.

어떤 주제를 연구하는 것일까? 대학원 다닐 때는 한국 근현대사와 관련해 상대적으로 연구가 많이 이루어진 경제사[i]와 운동사[ii] 주제의 책으로 공부했다. 그 뒤로 사상사[iii], 지성사[iv] 및 문화사[v]와 사회사[vi]의 영역으로 연구가 확장되었다. 최근에는 내가 관심을 갖는 연구와 연구 주제가 훨씬 다채로워졌다. 윤해동은 이중국가, 식민국가, 대칭국가라는 국가개념을 활용해서 한국근대사를 검토했다.[vii] 최규진은 약 광고를 통해 일제강점기의 신체정치를 살펴보았다.[viii] 고정휴는 '태평양'이라는 주제로 3권의 책을 출판했다.[ix]

역사를 주제별로 정리하는 것을 분야사라고 한다. 철학사도 이에 해당한다. 펑유란馮友蘭의 『중국철학사』는 도식적이지만, 한 권

---

i 정태헌, 1996, 『일제의 경제정책과 조선사회』, 역사비평사 ; 하원호, 1997, 『한국근대경제사연구』, 신서원.

ii 이균영, 1993, 『신간회 연구』, 역사비평사 ; 지수걸, 1993, 『일제하 농민조합운동 연구』, 역사비평사 ; 서중석, 1997, 『한국현대민족운동연구』, 역사비평사.

iii 박찬승, 1992, 『한국근대정치사상사연구』, 역사비평사 ; 방기중, 1992, 『한국근현대사상사연구』, 역사비평사.

iv 최기영, 2003, 『식민지 시기 민족지성과 문화운동』, 한울 ; 박걸순, 2004, 『식민지 시기의 역사학과 역사인식』, 경인문화사.

v 이지원, 2007, 『한국 근대 문화사상사 연구』, 혜안 ; 이순자, 2009, 『일제강점기 고적조사사업 연구』, 경인문화사.

vi 이승렬, 2007, 『제국과 상인』, 역사비평사 ; 허영란, 2009, 『일제시기 장시 연구』, 역사비평사 ; 김윤희, 2018, 『조선인경제의 탄생과 시장의 발견』, 도서출판 선인.

vii 윤해동, 2022, 『식민국가와 대칭국가』, 소명출판.

viii 최규진, 2021, 『이 약 한번 잡숴봐!』, 서해문집.

ix 고정휴, 2021, 『태평양의 발견 대한민국의 탄생』, 국학자료원 ; 고정휴, 2022, 『태평양의 발견과 근대 조선』, 나남출판 ; 고정휴, 2023, 『태평양시대의 서막과 신대한의 꿈』, 나남출판.

으로 중국철학사를 체계적으로 정리할 수 있게 해주었다. 다른 중국 철학사 관련 교재와 비교하면 문장도 이해하기 쉽게 쓰였다.

미술사 연구는 역사에서 중요한 분야다. 에른스트 곰브리치Ernst H. J. Gombrich의 『서양미술사』도 큰 '충격'이었다. 그리스와 로마만 생각하다가 선사시대 미술과 이집트의 이야기부터 서술된 것을 접하니 남달랐다. 모르던 사실을 시대별로 체계적으로 이해하게끔 서술되고 구성되었다. 특히 원근법의 '발명' 과정을 설명한 대목에서 배움이 컸다.

또한, 문학과 역사를 함께 조망한 조너선 스펜스Jonathan D. Spence의 『천안문』이 인상적이었다.[i] 중국 근현대사를 문인이라는 프리즘을 통해 독자에게 전달하고자 했다. 그의 글이 좋아 태평천국의 홍슈취안洪秀全을 다룬 『신의 아들』, 강희제와 옹정제에 관한 책 읽기로 확장되었다. 문화사에 관해서는 로버트 단턴Robert Darnton의 『고양이 대학살』이 인상적이었다.[ii] 파리의 인쇄 노동자가 왜 고양이를 괴롭혔는지에 관한 물음에서 시작해서 당대 프랑스의 문화를 복원했다. 그림 동화책의 여러 판본을 비교해서 시대상을 복원했는데, 도서관을 비롯해 다양한 기록저장소가 존재하는 것이 못내 부러웠다.

어깨의 무거운 짐은 내려놓고, 역사가 이야기로 돌아가보자. 역

---

i 조너선 스펜스, 정영무 옮김, 1999, 『천안문』, 이산.

ii 로버트 단턴, 조한욱 옮김, 1996, 『고양이 대학살 : 프랑스 문화사 속의 다른 이야기들』, 문학과지성사.

사가는 역사 서술과 해석의 과정에서 어느 관점에 설지 선택해야 할 상황에 봉착한다. "콜럼버스가 신대륙을 발견했다."라고 일반적으로 서술한다. '신대륙'과 '발견'이라고 할 때, 누구의 관점에서 새로운 것이며 어떤 의미에서 새로 찾아진 것인지 물을 수 있다. 서양인의 관점이다. '유럽 중심주의'에 기초하고 있다고 말할 수도 있다. 하지만 베링해를 건너갔던 황인종이 아메리카 대륙에 살고 있었으므로, '신대륙'은 새롭게 발견될 공간이 아니다.

'인디언'이라는 용어도 그러하다. 콜럼버스는 자신이 도착한 곳을 인디아의 일부분이라고 여겨서 '서인도西印度'라고 규정하고, 그곳에 사는 원주민을 '인디언'이라고 불렀다. 하지만 그곳은 인도 대륙이 아니며, 그들이 '인디언'이라 불릴 이유도 없다. 그런데도 오늘날 인도 사람과 구분해서 이들을 아메리칸 인디언이라고 한다. 스스로 호명했던 아파치, 모히칸, 체로키 등의 명칭은 서양의 힘 앞에서 사라지고만 것이다.

'전쟁'과 '난'이라는 명명도 관점에 따라 달라질 수 있다. 변혁 이데올로기는 기존의 사회체제를 바꾸고 새로운 세상을 열망하는 사람들에게 논리를 제공한다. 조선시대 왕조가 바뀐다는 『정감록』, 미래의 부처인 미륵이 도래하는 세상이 온다는 미륵신앙 등이 그 예다. 농민층은 이러한 민중 신앙과 동학을 바탕으로 후천개벽을 꿈꾸는 다양한 실천 활동을 전개했다. 지배층의 입장에서 이러한 행동은 세상을 어지럽게 만드는 '난亂'이지만, 농민을 비롯한 민중의 입장에서는 '전쟁'이자 '혁명'이었다.

동학농민운동의 연대 의식

한 권의 책이 관련 주제의 계통과 체계를 잡아주는 경우가 있다. 특히 복잡한 역사적 사건을 이해할 때 그러한 책이 도움이 된다. 프랑스혁명에 관해서는 당대와 이후 많은 역사가가 다양한 관점으로 서술한 수많은 역사책이 나왔다. 독자의 입장에서 '선택'의 과정은 필수다. 1894년의 동학농민운동에 관해서는 조경달로부터 많은 배움을 얻었다. 조경달은 이 사건을 '갑오농민전쟁'이라고 부르면서 '이단의 민중반란'이라는 제목 아래 검토했다.

'이단'은 다른 경향과 입장을 뜻한다. 조경달은 동학과 동학농민운동 사이의 연속성보다 차별성에 주목했다. 동학농민운동의 '변혁' 논리와 활동을 동학 안에서 '이단'으로 본 것이다. 또한, 이 책을 통해 선행 '민란'과 동학농민운동의 차별성을 알게 되었다.

19세기 순조, 철종, 고종이 집권했던 시기는 민란의 시대였다. 1811년(순조 11) '홍경래의 난'이라고 불린 '평안도농민전쟁'이, 1862년(철종 13) '임술민란'으로 불린 '임술농민봉기'가, 그리고 1894년(고종 31) 동학농민운동이 일어났다. 지배자들은 전근대시대 농민의 집단적 행동을 세상을 어지럽힌 '민란'이라고 표현한 것이다. 더불어 '봉기蜂起'는 벌떼처럼 일어났다는 것을 묘사한 표현이다.

위의 이미지는 널리 알려진 '사발통문'이다. 동학농민운동의 시작인 1894년 1월 고부민란을 준비하면서 작성되었다. 사발통문

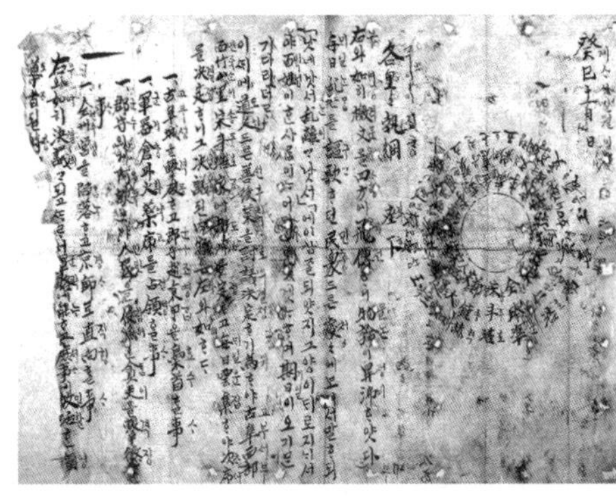

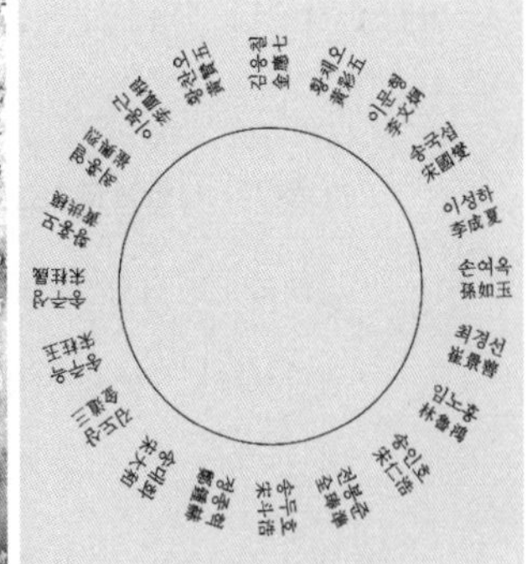

6-3 사발통문과 그 명단.

은 주동자의 이름을 알 수 없게끔 작성되었고, 전봉준의 이름은 아래쪽 5시 반 지점에 있다. 이 사발통문을 서명한 대표 가운데 한 사람인 송대화의 후손이 정읍의 향토사학자인 최현식에게 전하고, 1964년 김상기 교수에게 전달되어 세상에 공개되었다. 사발통문에 이름을 남긴 인물은 20명이다. 그 가운데 송씨가 6명이고 10명은 송씨 집안과 인척관계였다.

전봉준을 비롯한 서명자들은 동학농민운동의 과정에서, '패배'의 과정에서 죽음을 당했다. 전봉준, 최경선은 1895년 3월 30일 서울에서, 김도삼은 1895년 1월 26일 전주에서, 송두호는 1895년 나주에서, 송주옥은 1895년 1월 6일 나주에서, 황홍모는 1895년 1월 26일 전주에서, 황찬오는 1894년 12월 16일 전주에서, 김응칠은 1894년 12월 22일 전주에서, 황채오는 1894년 12월 16일 나주에서, 손화중의 집안 조카인 손여옥은 1894년 12월 27일 나주에서 처형당했다.[i] 사발통문의 내용은 다음과 같다.

고부민란 사발통문(1893. 11)

각리各里 리집강里執綱 좌하座下

위와 같이 격문을 사방으로 전하니 논의가 들끓었다.

매일 난망難亡을 구가하던 민중들은 곳곳에 모여서 말하되 '난리났어 난리가 났어' '에이 참, 잘 되었지 그냥 이대로 지내서야 백성들이 한 사람이라도 남아 있겠는가?' 하며 그날이 오기만 기다리더라.

이때에 도인道人들은 전후의 방책을 토의·결정하기 위하여 고부古阜 서부면西部面 죽산리竹山里 송두호宋斗浩의 집으로 도소都所를 정하고 매일 운집하여 순서를 결정하니 그 결의된 내용은 아래와 같다.

일. 고부성을 격파하고 군수 조병갑을 효수할 것.

일. 군기창과 화약고를 점령할 것.

일. 군수에게 아첨하여 인민의 것을 빼앗은 탐리를 공격하여 징계할 것.

일. 전주성을 함락하고 경사京師로 바로 향할 것.

고부민란은 이전의 농민봉기와 어떤 차이가 있을까? 다시 말해, 지역 단위의 고부민란이 어떻게 전국적인 동학농민운동으로 확대되었을까? 동학농민운동은 농민들이 참여했던 이전 '홍경래

i 김용옥, 2021, 『동경대전 2—우리가 하느님이다』, 통나무, 434~435쪽.

의 난' '임술민란'과 어떠한 연속성과 차별성을 가질까?

우선, 고부민란은 시작이 달랐다. 고부민란의 주요 참가자는 전라북도 고부에서 농민의 과제를 해결할 수 없다고 보았다. 동학농민운동의 4대 강령에는 지역 고부를 넘어서 농민들의 세상을 만들기 위해서 서울로 올라가서 기존 권력의 교체를 요구했다. 조경달은 고부민란을 "언뜻 보면 종래의 민란과 별 다를 것이 없어 보이면서도 실은 그 안에 원대한 전망을 숨긴 고부봉기"[i]라고 평가했다.

사발통문에서도 고부 지역의 해결 과제를 넘어서 "전주성을 함락하고 경사로 바로 향할 것"을 강조했다. 경사는 서울을 의미한다. 그리고 '4대 강령'에서도 "군대를 몰고 서울로 들어가 권귀를 진멸하라." 같은 정치적 과제를 제시했다. '권귀'는 권력을 가진 지배세력을 의미한다.

농민군의 4대 강령(1894년 음력 3월 25일)

(1) 사람을 죽이지 말고 물건을 해치지 말라.

(2) 충효를 다하고 제세안민濟世安民하라.

(3) 일본 오랑캐를 축멸逐滅하고 성도를 깨끗이 하라.

(4) 군대를 몰고 서울로 들어가 권귀權貴를 진멸하라.

---

i 조경달, 박맹수 옮김, 2008, 『이단의 민중반란』, 역사비평사, 157쪽.

앞선 '평안도농민전쟁'은 조선의 개혁이라는 정치적 목적을 지녔지만, 활동 지역이 한반도의 서북 지역에 제한되었다. '임술농민봉기'는 충청, 전라, 경상 세 지역의 농민이 참여해서 비교적 광범위하게 일어났지만, 각 지역의 상호 간 연대가 존재하지 않았다. 반면, 동학농민운동은 정치적 이해관계를 함께한 농민들의 전국적 연대 속에서 일어났다.

한말 의병과 안중근의 의거

동학농민운동의 농민 참가자들은 한말 의병에 참여했다. 1907년 11월 경기도 양평 지역으로 추정되는 곳에서 찍은 한말 의병의 사진이다. 대부분의 근대사 관련 역사책에 수록될 정도로 널리 알려진 유명한 사진이다. 그런데 왜 한말 의병 관련해서 이 사진만 주목받았을까? 통감부 시절 일제는 의병 활동에 관해 보도 통제를 했다. 따라서 기자가 현장에 직접 갈 수 없던 상황이어서 의병 사진이 거의 없었던 것이다. 이 사진은 매켄지Frederick Arthur McKenzie가 몰래 가서 직접 촬영한 사진으로, 1908년 미국에서 출간한 『대한제국의 비극The Tragedy of Korea』에 실렸다. 매켄지는 캐나다에서 태어나 영국에 건너가서 기자로 활동했으며, 특히 1904년 런던의 『데일리 메일』의 극동 특파원으로 파견되어 1906~1907년 2년간 한국에 머물렀다.

6-4 한말 의병의 사진.

의병은 왜 무기와 인원에서 절대로 상대가 되지 않은 일본군과 싸웠을까? 자신들의 힘으로 일제를 물리칠 수 있다고 생각했을까? 매켄지는 그러한 궁금증을 갖고 물었다. 이에 대한제국 장교 복장을 한 인물이 "우리는 어차피 죽게 되겠지요. 그러나 좋습니다. 일본의 노예가 되어 사느니보다는 자유민으로 죽는 것이 훨씬 낫습니다."[i]라고 말했다.

매켄지는 3. 1 운동을 겪은 후 쓴 『한국의 독립운동』(1920)에서 한국인의 민족운동에 관해 "세계의 정치가들이 무기력하고 비겁하다는 꼬리표를 달아주었던 한 민족이 이제 고도의 영웅적인 모습을 보여주고 있다."[ii]라고 평가했다. 결과적으로 의병 전쟁도, 3. 1

i F. A. 매켄지, 신복룡 역주, 1999, 『대한제국의 비극』, 집문당, 190쪽.
ii F. A. 매켄지, 신복룡 역주, 1999, 『한국의 독립운동』, 집문당, 11쪽.

운동도 국권을 지키거나 독립으로 연결되지 못했다. 그렇지만 이러한 활동은 한국인에게 언젠가 가까운 시기에 독립이 가능할 것이라는 자신감을 심어주었다. 그리고 외국인이 가진 한국인에 대한 부정적 이미지를 극복하는 데 큰 역할을 했다.

실제로 일제도 한말 의병 활동에 관해 '우려감'을 피력했으며, 한국을 강제 병합하기 위해 '남한대토벌작전'을 수행했다. 그러면서 일제는 1913년 대외비로 발간한 『조선폭도토벌지』에서 "1908년 7월부터 1909년 6월에 이르는 1년 동안 매달 충돌한 폭도 총수는 대략 3천 정도로 적의 세력은 거의 고정된 듯 보인다. 이들의 행동은 시간이 지남에 따라 더욱 더 교묘해졌다. 첩보 근무 및 경계법은 놀랄 만큼 발달하였고, 행동도 더욱 민첩해져 때로는 우리 토벌대를 우롱하는 듯한 태도로 나올 때도 있다. 세력이 크기도 하고 작기도 하지만 결코 가볍게 볼 수 없다. 과연 어느 때 완전히 평정할 수 있을지 우려하게 되었다."라고 속내를 보였다.

일본군은 의병을 '폭도'라고 불렀다. 그리고 의병 활동에 대한 공격을 '토벌'이라고 불렀다. 한말 의병의 활동은 비록 일제를 물리치는 성과를 거두지는 못했지만, 의의가 큰 사건과 활동이었다. 박은식은 1920년 『한국독립운동지혈사』에서 "의병의 저항 때문에 일본인의 무력 압박이 더해졌으며, 저들의 무력 압제로 인해 우리나라 사람의 반동은 격렬하여졌다. 그러니 의병이라는 것은 독립운동의 도화선이다. 만약 성패로서 논평한다면 식견이 천박한 것이다."[i]라고 밝혔다. 책 제목은 '피로 쓴 한국독립운동사'라는 뜻이다.

안중근의 의거로 '온건파' 이토 히로부미가 사망해서, 조선의 강제 병합이 앞당겨졌다고 하는 이들도 있다. 아니다. 그렇지 않다. 성패를 떠나, 한말과 일제강점기 독립과 해방이라는 목표를 위해서는 누군가 시작하는 '도화선'이 필요했다. 안중근의 의거가 그러했으며, 한말의 의병도 마찬가지였다. 이들의 활동이 무장독립운동 혹은 해방 직전 한국광복군 등의 군사 활동으로 연결된 것이다. 그리고 만약 당대 일제에 의해 노예가 되는 것을 거부했던 이들의 활동이 없었다면, 우리 근현대 역사책은 무척 간단하거나 빈약했을 것이다.

역사 서술과 용어의 선택

역사 서술은 다양한 이야기를 담고 있어야 한다. 이런 면에서 청일전쟁, 러일전쟁 등 국제전쟁의 의미를 한국사의 입장에서 확인하는 작업은 중요하다. 러일전쟁에 관해 개설서나 교과서는 '러일전쟁(1904~1905)에서 일본이 이겼다.'라고만 설명하고 있는데, 전쟁 수행을 위해 조선에게 불리한 조건의 조약을 강요했다거나, 포츠머츠 회담에서 종전 논의가 이루어졌다는 내용도 추가할 수 있다.

---

i 박은식, 남만성 옮김, 1975, 『한국독립운동지혈사』(상), 서문당, 64쪽.

어떤 사건에 대해 질문을 던지면, 내용이 더 풍부해진다. 러일전쟁은 해양 세력과 대륙 세력 사이의 전쟁으로 1904~1905년에 걸쳐 일어났으며, 러시아 발틱 함대가 일본 해군에게 패배한 것이 전쟁의 향방에 결정적이었다. 그런데 발틱 함대는 어떻게 한반도 지역까지 이동했을까? 영국의 비협조로 수에즈 운하를 이용하지 못해 아프리카 대륙을 빙 돌아왔다. 영국은 러시아의 남하정책을 견제하고자 했기 때문이다. 한편, 일본의 러일전쟁 수행 비용 절반을 미국과 영국이 차관으로 제공했다. 이렇듯 러일전쟁은 러시아와 일본 두 나라 사이의 승패로만 결정된 사건은 아니었다.

포츠머츠 회담을 통해, 러일전쟁은 일본의 승리로 마무리되었다. 그런데 사상자 등을 확인해보면, 승전국 일본은 막대한 피해를 입었다. 러일전쟁에서 가장 길고 많은 희생자를 낳았던 뤼순旅順 공방전에서 확인되듯이, 기관총과 같은 중화기를 갖춘 러시아 군대의 203고지를 공격할 때 일본군은 전통적인 정면 공격 방법을 택해 큰 희생을 초래했다. 무능한 일본군 지휘관은 대포의 도움 없이 동일 전술을 반복해서 전사자가 많이 나왔다. 일본은 해전과 달리 육지전에서는 간신히 이겼던 것이다.

러일전쟁은 러시아와 일본이라는 국가 사이의 전쟁이었지만 인종 전쟁의 성격도 지니고 있었다. 일본과 러시아가 각각 황인종과 백인종을 대표한다고 생각했다. 전쟁이 일어나기 전에는 일본의 승리를 예측 못했다. 다음 그림처럼, 체급 차가 크게 난 사각의 링이었다. 그런데 일본이 이겼다. 유럽의 관점에서 보면, 동북아시아에서 러시아와 일본 사이에 권력이 바뀌었다. '원숭이'로 비친 일본이 '곰'인 러시아를 이긴 것이다. 인종론적 관점에서, 일본을 '맹주'로 삼은 '동아평화론'이 주장되었고 이러한 논리에 한국과 중국의 많은 지식인도 동감했다.

Huit pages : CINQ centimes

Le Petit Parisien

SUPPLÉMENT LITTÉRAIRE ILLUSTRÉ

DIRECTION: 18, rue d'Enghien (10e) PARIS

BLANCS ET JAUNES

6-5 러일전쟁에 관한 개전 당시의 인식.

역사의 서술에서 서술 용어의 선택은 매우 중요하다. 1980년대에 일제강점기 항일 단체인 신간회의 결성과 활동에 관해 공부할 때, '해소'되었다는 표현을 낯설게 마주했던 기억이 있다. 국어사전에서는 '해소'를 "(좋지 않은 상태나 관계를) 없애는 것"[i]이라고 설명하고 있는데, 역사적 의미를 적시해서 담고 있지는 않다. 당대 신간회 활동과 관련해서, '해산'이라고 하면 조직을 해체한다는 뜻이지만, '해소'라고 하면 새로운 변화 혹은 다시 조직한다는 것을 전제로 한 마무리라는 설명이 인상적이었다. 그리고 이후 신간회를 설명할 때면 '해소되었다'라고 표현해왔다.

i 연세대학교 언어정보개발연구원 편, 1998, 『연세 한국어사전』, 두산동아, 2024쪽.

신간회 '해소'와 관련해서 중고등학교 역사교과서에서 쓴 용어를 살펴보았다. 신간회 활동을 정리하는 부분을 서술할 때 "해소되었다." "해산되었다." "사실상 해산되었다." 등으로 표현이 나뉘었다. '해산'이라는 표현을 쓴 교과서는 '해소'가 지닌 '복잡한' 의미가 오늘날 필요한가라는 문제의식을 담은 것이다. 전문 서적이 아닌 교과서에서 그리고 중학생을 대상으로 '해소'를 설명하기는 어려우므로 "사실상 해산되었다."라고 표현했다는 논리다. 고등학교 교과서도 크게 다르지 않았다. 한 고등학교 교과서의 신간회 해소에 관한 서술을 보면 아래와 같다.

> 새로 구성된 집행부는 일제와 직접적인 충돌을 피하는 다소 온건한 방향으로 선회하여 활동을 전개했다. 사회주의 세력은 새로운 지도부의 활동에 어떻게 반응하였을까? 때마침 중국의 제1차 국·공 합작이 결렬되자, 코민테른은 계급 투쟁을 강조하며 민족 통일 전선에 부정적인 태도를 보였다. 이에 영향을 받은 사회주의 세력은 신간회의 **해소**를 주장하였고, 이후 신간회는 사실상 **해체**되었다(1931).[i](굵은 강조 부분은 인용자)

이 교과서는 인용문과 같은 쪽에 실은 용어 해설에서 '해소'에 관해 "단순히 단체를 해체하는 것이 아니라 다른 운동으로 발전하는 것이라는 뜻을 담은 용어다."라고 설명했다. 새로운 대안 조직이 결성되지 못했으므로 "사실상 해체되었다."라고 서술했다는 것이다. 앞서 역사적 개념과 표현은 당대 독자의 눈높이 맞춰야 한다고 했지만, 바꿀 수 없는 역사적 용어와 개념 또한 존재한다. 신간회 활동과 관련해서 '해소' 대신 '해산'이라고 표현하면 안 된다고 생각한다.

교과서에는 소개되지 않은 이야기가 있다. 당시 2~3년 동안 당대 언론매체에는 신간회 조직이 어느 방향으로 변화, 발전을 모색해야 하는지를 둘러싸고 사회주의 계열과 민족주의 계열의 다양한 논의가 존재했다. 이들은 신간회의 존속을 전제로 한 개선안에서부터 신간회를 대체할 조직의 결성까지 다각도로 논의했다. 그 과정에서 이들은 신간회라는 민족통일선전 조직을 완전히 없애는 것은 생각하지 않았다. 사정이 이러한데 신간회의 마지막을 '해체'라고 하면, 당대 여러 신문과 잡지에 실린 논객들의 다양한 논의는 한 줌의 재처럼 무화無化되어버린다. 따라서 해소 논의와 논리 전개가 복잡해서 교과서에 실리지 못하더라도, 역사적 용어와 평가·해석은 반영되어야 한다고 생각한다.

용어의 표기 및 번역도 중요한 문제다. 1940년대 전시체제기에 전쟁 관련해서 '국체명징' '인고단련' '귀축미영' '총후보국' 등 새로운 단어가 등장한다. 낯설다. 한자를 함께 적어보자. '국체명징國體明徵' '인고단련忍苦鍛鍊' '귀축미영鬼畜米英' '총후보국銃後報國' 그래도 어렵다. 전우용은 이해를 돕고자 이를 각각 "천황제 국가의 정

---

i 최준채 외 7인, 2020, 『고등학교 한국사』, 금성출판사, 195쪽.

체를 분명히 드러내자." "고통을 참아내며 단련하자." "미국과 영국은 귀신 같고 축생 같다." "후방에서 나라의 은혜에 보답하자."라고 풀었다.[i] '축생' '후방'의 뜻이 고민되기는 해도, 거듭 낯선 개념에 관한 이해를 높이고자 했던 전우용의 의도가 독자의 한 사람으로서 고맙다.

칭기즈칸을 통한 몽골 이해

2017년 여름, 같이 공부하던 사람들과 몽골에 답사를 갔다. 처음 방문한 나라였다. 모르는 나라, 지역을 방문할 때면 그곳에 관한 역사 혹은 대표적인 인물에 관해 공부해가는 편이다. 그런데 낯선 나라와 인물을 접할 때면, 번역어와 원래 의미가 잘 대응이 되지 않아 혼동되기도 한다. 일본 전국시대 도쿠가와 이에야스를 다룬 대하소설 『대망』도 그러한 이유로 끝까지 읽지 못했다. 칭기즈칸Chingiz Khan과 몽골의 역사 역시 그러했다. 몇 권의 책을 읽어도 몽골의 지명, 칭기즈칸의 성장 과정이 명확하게 이해되지 않았다. 그때 홍대선의 『테무진 to the 칸』[ii]이라는 책을 만난 것은 행운이었다. 12~13세기 몽골의 복잡한 역사를 이해하기가 어떻

---

i 전우용, 2015, 『우리 역사는 깊다』 2, 푸른역사, 125쪽.
ii 홍대선, 2017, 『테무진 to the 칸』, 생각비행.

6-6 칭기즈칸 동상.

게 해도 쉽지 않았는데, 이 책 한 권으로 많은 도움을 받았기 때문이다. 〈딴지일보〉에 연재될 때부터 재미있게 읽었던 것이 인연이었다.

이 책은 전공자를 위한 것이 아니라 일반 독자를 염두에 두고 쓰였다. 칭기즈칸의 일생이 아니라, 태어나서부터 쿠릴타이('집회集會'를 뜻하는 몽골어) 회의를 통해 진정한 '칸'이 될 때까지만 다루고, 이후 서쪽으로 진출하여 유럽을 정벌하기까지의 이야기, 칭기즈칸 휘하의 뛰어난 명장과 후손의 이야기, 원나라의 수립 과정 등은 다루고 있지 않다. 그럼에도 몽골의 역사와 칭기즈칸에 관한 전반적인 얼개를 이해하는 데 정말 유용했다.

어떤 주제를 이해하거나 입문할 때 좋은 책을 만나는 것은 그야말로 복이다. 그런 책을 만나려면 우선은 서평이나 해당 분양의 전문가의 추천을 살펴보거나, 관련 주제의 여러 책을 읽으면서 스스로 찾는 노력도 필요하다. 『테무진 to the 칸』을 읽은 기록을 보니, 몽골을 떠나기 전 그리고 몽골에서 돌아온 2017년 6월 16일, 7월 4일, 7월 6일이라는 짧은 시간에 거푸 3번을 읽을 정도로 재미있었다. 지금도 꺼내 읽는다.

홍대선의 이 책은 칭기즈칸이라는 인물의 매력을 잘 보여준다. 특히 칭기즈칸에 대해 "한 번도 다른 사람을 배신한 적이 없고, 다른 사람도 그를 배신한 적이 없다."라고 했던 평가가 인상적이었다. 이것이 가능할까? 힘들기는 해도, 다른 사람을 배신하지 않을 수는 있다. 그렇지만 다른 사람에게 배신당하지 않았다니, 도대체 어떤 인물이기에 그랬을지 궁금했다.

또 하나 주목할 만한 점은 칭기즈칸과 몽골군의 군사적 능력이었다. 외부의 적을 상대할 때 몽골군의 특징은 분명하다. 몽골군은 기마병을 활용한 속도전 및 정보전에 능하고, 성을 공격하는 능력까지 갖춘 것이 장점이었다. 그런데 같은 몽골족 간에 전쟁이 벌어지면, 다른 공동체와 싸울 때 가졌던 장점이 상쇄된다. 이럴 때는 결국 지도자의 리더십이 중요하다. 카이사르의 로마군이 루비콘 강을 건너 폼페이우스의 로마군을 이긴 것도 이러한 경우다.

1206년, 쿠릴타이 회의를 거쳐 테무진鐵木眞은 진정한 늑대, 전세계의 지도자를 의미하는 칭기즈칸으로 거듭났다. 칭기즈칸이 되기 전 1204년 테무진은 자무카·나이만·메르키트 등 반테무진

세력과 차키르마우트 전투, 몽골을 통합하는 마지막 전투를 벌였다. 반테무진 세력을 이끄는 지도자는 테무진의 안다였던 자무카였다. 몽골의 '안다'는 형제 이상의 깊은 우정을 나눈 친구를 뜻한다. 몽골을 이끌 리더십을 지녔던 테무진과 자무카는 평생 4번 싸워 2승 2패의 전적을 나눠 가졌는데, 그중 1204년 마지막 전쟁에서는 테무진이 이겼다.

테무진은 자무카 진영과 달리 군대의 편제와 운영에서 앞섰기 때문에 승리할 수 있었다. 무엇보다 테무진은 자신의 병사들의 생명을 소중하게 생각한 점에서 달랐다. 일례로, 10명, 100명, 1,000명 등의 단위로 군대를 편성할 때, 특히 10명 부대의 부대장은 가장 평균의 능력을 지닌 인물이 이끌게 했다고 한다. 실력과 체력이 뛰어난 부대장은 자신의 능력만 믿고 부대원을 위험에 빠뜨릴 수 있기 때문이었다.

이렇게 병사들을 소중히 여기는 것은 전쟁에도 도움이 되었다. 당시 몽골에서는 초원 위에서 말과 말이 충돌하는 전투가 중심이어서, 시간이 지날수록 전선은 옆으로 벌이지기 마련이었다. 그런데 높은 곳에서 조망할 수 있는 여건이 안 되니 전투원이나 장수는 승패를 확인하기 어려웠다. 이런 상황에서 일반 병사는 싸우는 위치에서 최선을 다하는 것이 당시 관습이었다. 하지만 테무진은 부상을 입거나 힘든 상황에 처하면 병사들에게 정해진 선까지 후퇴를 허락했다. 따라서 병사들은 전투 현장에서 벗어나 부상을 치료하고 체력을 회복했다. 그러고는 다시 전장에 투입되었다. 이로써 테무진의 몽골군은 항상 새롭게 정비된 전투력으로 전쟁에 임했던 것이다.

칭기즈칸은 정복 전쟁에 승리해서 영역을 넓힌 지도자로 기억된다. 자손들에게는 사방으로 말이 1년을 달려야 다다랄 수 있는 땅을 남겼다고 한다. 어떻게 이런 삶을 살 수 있었을까? 이 책이 더욱 좋았던 것은 칭기즈칸이 지닌 장점이 무엇인지를 언급하는 대목 덕분이었다. 신분제 사회였던 몽골에서, 신분을 넘어서 실력에 근거해서 사람을 발탁했다고 한다. 새로운 정치적 비전을 제시한 것이다. 그리고 그저 승리한 이야기만 전하는 것이 아니라, 당대 몽골의 다른 정치 지도자 가운데 그가 승리할 수 있었던 이유를 조목조목 설명하고 있어서 좋았다.

이 책을 통한 지식을 바탕으로 『몽골비사』 『칭기스의 교환』 등 다른 책으로 이 주제 관련 독서가 확장되었다. 2~3년 동안 책 읽기를 통해 몽골과 칭기즈칸에 관한 이해가 깊어졌다. 그러다 몽골의 역사와 칭기즈칸에 관해 검색을 해보니, 유튜브에 많은 영상이 있다는 걸 알게 됐다. 20~30분짜리 영상은 정보를 잘 정리하여 시각적으로 생생하고 입체적인 형태로 담고 있었다. 책이 유튜브를 이길 수 있을까? 그동안 기울인 수고와 시간이 문득 아깝기도 했다. 하지만 책을 통해 지식을 축적한 덕에 유튜브 영상에 관한 이해가 더 높아졌다는 생각도 들었다.

역사가의 역할과 선택

어디서부터 역사 공부를 시작하는지는 중요하다. 연구 영역으로 보면, 민족운동사, 경제사, 사상사, 문화사 등으로 나뉜다. 필자는 대학원 입학 당시 '개화 일제시대사'라고 일컫는 근현대사를 전공했다. 석사논문은 사상사 영역인 '1920년대 국내 사회주의 사상의 소개와 수용'에 관한 것이었다.

연구의 시작점에 의미를 둔다면, 그 뒤로도 사회주의 운동과 사상을 계속 공부하고 싶었던 것이 사실이다. 하지만 계속하지 못했다. 군대를 다녀온 뒤 관련 주제에 관한 연구가 심화되어 있었고, 러시아 자료가 개방되면서 러시아어를 아는 것도 중요했기 때문이다. 게다가 자료가 흩어져 있는 1930년대, 특히 전시체제기에 관해 접근할 자신이 없었다.

사상사, 민족운동사 영역에는 접근하기 쉬운 주제가 있고, 어려운 주제가 있다. 1920년대 지식인을 중심으로 한 조직과 사상 관련해서는 전집류와 신문과 잡지 등을 통해 복원할 수 있다. 민중사는 이와 반대다. 일제강점기 특히 전시체제기의 민중운동사는 전체적인 조망을 위한 자료를 찾기 어렵다.

변은진은 '전시체제기 비밀결사'라는 주제로 민중사, 나아가 민중운동사를 복원했다.[i] 변은진의 『일제말 항일비밀결사운동 연

---

i 변은진, 2018, 『일제말 항일비밀결사운동 연구』, 도서출판 선인.

구』는 흩어진 사건과 인물이라는 점을 연결해서 선을 만들었고, 이러한 선을 바탕으로 씨줄과 날줄을 연결했다. 면이 모이면 입체가 된다. 전시체제기의 비밀결사 연구를 통해 이 조직들이 독립과 해방을 위한 발돋움의 노둣돌이 되었음을 규명했다.

역사가는 어떤 존재이고, 역사가의 역할은 무엇일까? 역사를 복원하고 이에서 교훈을 찾는 것을 모든 역사가가 과제로 삼을 수는 없다. 그렇지만 역사가의 역할은 각각의 사건을 발굴해서 그것이 지닌 의미를 찾아 당당하게 '시민권'을 부여하는 데 있음을 잊어서는 안 된다. 이는 감추어지거나 잘 알려지지 않은 사건과 인물을 통해 당시의 역사적 맥락을 소개해야 한다는 뜻이다. 이를 통해 연구 주제와 인물이 역사의 주인공으로 거듭나는 것이다.

7장

우연과 필연

역사적 사건의 원인과 결과

나폴레옹 몰락의 중요한 계기는 러시아 침공이라고 많이들 얘기한다. 1812년 나폴레옹은 러시아로 진격하였으나 별 소득 없이 모스크바 근처에서 회군할 수밖에 없었고, 그 와중에 추운 날씨와 보급의 미흡으로 많은 프랑스 군인이 사망했다. 그런데 이러한 잘못과 실수는 제2차 세계대전 당시 히틀러가 소련을 공격할 때 다시 되풀이되었다. 이렇듯 역사적으로 유사하게 보이는 현상이 다시 일어나는 것은 우연일까 아니면 필연일까, 나아가 향후 같은 선택을 한 지도자는 반드시 '실패'할 것인가 등을 설명해야 한다. 역사가는 이러한 것을 설명하기 위해 원인과 결과, 우연과 필연 등을 고민할 수밖에 없다.

원인과 결과, 우연과 필연, 보편과 특수 등은 추상적 개념이다. 게다가 이들 개념은 서로 연결되어 있다. 제1차 세계대전(1914~1918)을 예로 들어보자. 그 원인으로 세르비아에서 일어났던 오스트리아 황태자 부부 암살 사건이 제시되고는 한다. 그러면서 항상 반론 역시 따라온다. 과연 이 사건이 없었다면 제1차 세계대전은 일어나지 않았을까? 세상의 어떤 사건도 우발적인 것으로만 이루어지지는 않는다. 암살 사건이 없었어도 제1차 세계대전은 일어났을 가능성이 크다. 그렇더라도 암살 사건이 제1차 세계대전의 중요한 계기가 되었음을 부정할 수는 없다.

제2차 세계대전은 파시즘 진영 대 반파시즘 진영 간의 대립이었고 후자가 승리했다. 승자는 "정의가 승리했다."라고 한다. 이러한 결과는 보편적인가, 특수적인가? 아울러 이들 개념 앞에 '역사적'이라는 형용사를 붙이면 어떻게 해석될까? 역사학은 개별적 인물과 사건이라는 '특수한 사실'에서 인간적 혹은 사회적 보편성을 찾는 작업이라고 한다. 역사적 인과관계, 역사적 필연 등을 구체적으로 어떻게 이해해야 하는지가 고민거리다.

역사에서 인과관계는 시간의 흐름 속에서 이해된다. 그래서 "역사가라면 인류의 과거를 현재라는 특별히 유리한 관점에서 연구"[i]한다고 말해진다. 그 이유는 결과를 알고 있는 데서 비롯한다. 우리는 제2차 세계대전에서 연합군이 이겼다는 결과를 알고 있다. 승리의 결과를 바탕으로 해석하므로, 거기에서 비롯한 예측과 판단은 어느 정도 '안전'하다. 그렇지만 승리와 패배라는 결과를 다양하게 해석할 수 있으니, 어떤 것이 정답이라고 말하기에는 '불안'하다. 불안감을 넘어서려면 풍부한 해석에서 안전판을 찾을 필요가 있다. 복잡함을 극복할 만큼 흥미와 재미가 있어야 한다.

우연적 사례를 풍부하게 제시하면 역사가 재미있어진다. 다양

---

i 에드워드 사이드, 박홍규 옮김, 1991, 『오리엔탈리즘』, 교보문고, 98쪽.

한 우연을 연결·종합해서 필연에 접근하는 것이 역사가의 안목이라고 생각한다. 독자의 눈높이에 맞춘 '쉬운' 역사책이 유행한 적이 있었다. 그러한 책을 통해 새로운 사실을 알았다는 감탄과 함께 그 시대 사람들이 어떻게 살았는지 알게 되었다. 하지만 거기까지였다. "당시에도 '댄스홀'이 있었대." "에스컬레이터가 있는 백화점이 있었대." 등등 대화의 소재는 풍부해졌다. 그러나 더 논의를 심화할 수 없었다. 이렇듯 특수하고 개별적인 사례는 더 이상의 확장성을 지니기 어렵다. 논의는 보편과 특수의 물음으로써 확대된다.

인과관계, 우연과 필연, 보편과 특수의 관계를 '법칙'이라고 생각해왔다. 인과관계를 살펴보는 것은 "같은 사건을 역사의 다양한 현상들과 관련지어 고찰해가는 동안에 역사적 사건이 갖는 사실적 인과관계는 더욱 추상되게 된다. 그러는 과정에서 역사가는 자주 반복되는 법칙적인 것 혹은 개연성 같은 것을 발견하려 하게 된다."[i]라고 주장되었다. 역사는 인간에 관한 이야기이므로, 시간과 공간을 달리해도 사랑·우정·갈등·반목 등의 정서는 반복되어 나타난다. 이러한 역사적 경험을 토대로 향후 일어날 일에 '아마 그러할 것이다.'라는 개연성을 찾을 수 있다는 것이다. 정말 그러할까? 솔직히 자신 없다.

역사적 사건이 일어난 원인을 우연과 필연의 문제와 연결해보

---

i 호리고메 요조, 박시종 옮김, 2003, 『역사를 보는 눈』, 개마고원, 140쪽.

자. 프랑스의 역사학자 브로델은 "역사는 결코 다시 시작될 수 없는데, 이미 지나간 경험이 다시 되풀이되지 않는다는 측면에서 평등이라는 저울은 모두에게 적용된다."[i]라고 했다. 하나의 원인에 의해 하나의 결과가 나타나는 것은 아니다. 인간의 역사에서 비슷한 사례를 찾을 수는 있지만 똑같은 일이 반복되지 않는다는 뜻이다. 몇 가지 질문으로 더 접근해보자.

사건의 원인과 결과를 살펴볼 때, 원인은 어디까지 거슬러 올라가는 것일까? 한국 현대사에서 예를 들면 10. 26과 12. 12 그리고 5. 17과 5. 18이라는 일련의 사건 간 인과관계를 들 수 있다. 1979년 10월 26일 김재규가 박정희를 '시해'했다. 사후 처리 과정에서 신군부가 권력 장악을 위해 12월 12일 쿠데타를 일으켰으며, 잡은 권력을 공고히 하려고 1980년 5월 17일 비상계엄을 전국으로 확대했다. 그리고 광주에서 공수부대가 자행한 시위 탄압은 5. 18 민주화운동으로 연결되었다. 5. 18의 원인은 5. 17일까, 12. 12일까? 혹은 10. 26일까? 아니면 1970년대 박정희의 유신 독재일까?

김재규가 박정희를 죽이지 않았다면, 전두환의 쿠데타와 5. 18은 없었을까? 전두환을 비롯한 권력 지향적 군인들은 육사 졸업생과 재학생 중심의 인적 네트워크를 바탕으로 이미 신군부를 형성했다. 신군부의 활동은 있었을 것이며, 이어 그에 대한 저항과 탄

---

i 페르낭 브로델, 안옥청·이상균 옮김, 2021, 『프랑스의 정체성』, 푸른길, 318쪽.

압도 일어났을 것이다. 만약 김재규가 박정희에게 총을 쏘지 않았더라도 박정권은 붕괴할 수 있었을까? 언제라고 확정할 수 없지만, 민주 세력에 의해 박정희 정권은 붕괴했을 것이다. 가정이 전제된 사안이기에, "것이다."라는 표현밖에는 쓸 수 없지만 말이다.

연쇄적인 인과관계의 구성

유사한 사건이 중첩되면, 인과관계 가운데 원인이 서로 중복되는 것처럼 혹은 동일한 것처럼 보일 수 있다. 한국의 독특한 시위문화로 자리 잡은 촛불 집회의 경우를 보자. 노무현 대통령 탄핵 때, 이명박 정권 시기의 광우병 파동 때, 박근혜 대통령 퇴진 때, 검찰개혁 요구 때 촛불 집회가 열렸다. 집회는 광범위한 범위의 시민이 참여하는 평화적 방식으로 이루어졌지만, 각각의 사안은 다 달랐다.

특히 국정농단에서 비롯한 촛불 집회의 시작부터 박근혜 탄핵까지의 과정을 하나의 시간적 단위로 설정할 수 있다. 이후부터 다양한 정치적 사안을 놓고 촛불 집회가 진행된 것이다. 박근혜 퇴진을 위한 촛불 집회와 이후 촛불 집회들은 어떠한 관계를 맺고 있는 걸까? 앞선 촛불집회의 연장일까, 아니면 새로운 시작일까?

또한, 다양한 촛불 집회가 진행되고 있을 당시에는 집회의 결과를 예단할 수 없었다. 집회의 목적이 달성된 사례도 있지만, 그렇지 않은 경험도 있다. 노무현 탄핵을 반대했던 촛불 집회는 결국 노무현의 퇴진을 막았다. 이명박 정권 때 광우병 파동에서 비롯된 촛불 집회는 목표를 이루지 못했다. 국정농단으로 촉발된 촛불 집회는 박근혜 퇴진은 이루었지만, 어떤 사안들은 현재진행형이다.

물은 섭씨 100도가 되면 끓는다고 한다. 촛불 집회에 참여한 사람은 각 사안의 집회가 100도가 되어 끓어오른다는 확신이 있었을까? 그곳에 있었으니 잘 알 수 있다고 주장하는 이들이 있다. 반면, 현장에 휩쓸려서 모를 수 있다고 말할 수도 있다. 바깥에 있다고, 이해관계가 없다고 객관적으로 볼 수 있는 걸까? 언론의 보도 역시 여러 가지 결과를 전망했을 따름이다.

어떤 것이 역사가 되는가? 현대사의 경우, 어떠한 시대를 경험한 사람과 이후에 태어난 사람이 같은 시대에 공존한다. 예를 들어 학교 현장만 해도, 6월 항쟁을 경험한 선생이, 그 사건이 일어나기도 전에 태어난 학생을 대상으로 수업을 한다. 이를 경험한 사람들에게는 기억이지만, 이후에 태어난 학생들에게는 역사가 된다. 양자 사이의 교감은 어떻게 이루어질 수 있을까?

여기서 잠시, 필자가 경험했던 1987년 6월 항쟁을 기억해보고자 한다. 1987년 초반은 끓는 주전자의 뚜껑을 더욱 빈틈없이 꽉 누르는 상황이었다. 배출구가 없었다. 전두환 정권의 공권력은 여전히 강력했다. 빈틈이 없어 보였다. 더구나 1987년 4월 전두환은 '4. 3 호헌 조치'를 발표해 펄펄 끓고 있던 불구덩이에 기름을 부었다. 하지만 당시 학생운동은 '엔엘(NL. 민족해방의 영문 앞자)'과

'제헌의회'라는 두 축으로 나뉘어, 4월과 5월 무렵에도 학생운동 세력은 통일된 입장을 내세우지 못하고 있었다.

1980년 중반 학생운동은 '변혁 이론'의 선택을 놓고 입장이 나뉘었다. 크게 보면 민족문제와 계급문제 가운데 무엇을 중심에 두는가의 문제였는데, 전자는 한반도의 분단 상황이라는 특수성을 고려했고 후자는 노동자와 자본가 사이의 모순을 근간으로 부르주아 혁명에서 사회주의 혁명으로의 전환이라는 러시아혁명의 과정과 절차를 중요시했다. 구체적으로 1986년 당시 학생운동에서는 '자민투'와 '민민투'로 나뉘어, 전자는 민족해방 민중민주주의 혁명NLPDR그룹의 입장을, 후자는 제헌의회그룹CA:Constituent Assembly Group의 입장을 주장했다. 서중석은 당대 학생운동에서 자민투 노선이 우세했던 이유를 다음과 같이 설명했다.

> 자민투 노선이 민민투 노선을 제압하게 된 데는 민민투의 제헌의회 소집론보다 자민투의 반제투쟁론이 훨씬 단순해서 이해하기 쉬웠던 점도 작용했다. 제헌의회 소집 주장을 이해하려면 머리를 싸매고 책을 읽어야 한다는 말이 나돌 정도로 설명이 쉽지 않았고, 러시아혁명에 대한 일정한 소양을 갖추고 있어야 했다.[i]

1986년 말 대학교의 총학생회장 선거에서 NL 노선의 후보가

---

i 서중석, 2011, 『6월 항쟁』, 돌베개, 211쪽.

많이 당선되었다. 그리고 그들은 '고문·학살정권' 규탄과 군부독재 정권 타도의 기치 아래 모였다. 대중의 눈높이에 맞는 민주화 운동의 구호와 실천 활동이 이루어진 것이다. 반면, 제헌의회 측은 주장은 선명했지만, 시민과 대중에게 공감을 얻지 못했다. 시민 앞에서 자기들의 주장을 내세우는 것을 '가투街鬪'(거리투쟁의 줄임말)라고 하는데, 제헌의회 진영은 과거 러시아혁명의 역사를 반영해서 "제헌의회 설치"를 주장했다. 하지만 제헌의회가 무엇인지 당시 대한민국에 왜 필요한지 설명이 없어 심지어 뜬금없어 보이기조차 했다.

그러는 사이에 6. 10 항쟁이 준비되어갔다. 전대협으로 대표된 NL의 입장도 대중의 눈높이에 맞춰 '독재 타도' '호헌 철폐'로 간결해졌다. 공감대가 형성되었다. 제헌의회 측도 자신들의 주장을 잠시 접었다. 1987년 여름은 민주의 이름으로 하나가 되었다. 대학생들이 6월 항쟁의 한 축으로 동참하게 되었다. 종교 동아리와 중고등학교 동창회 등의 단위로 참석하겠다는 소리도 들려왔다. 6월 10일 차량의 경적과 함께 시위가 시작되었다. 한꺼번에 무언가가 분출된 느낌이었다.

돌과 최루탄이 난무하는 광화문과 시청 앞에서 의사 가운을 입은 의대생들이 분주히 움직였다. 화장실에서 만난 회사원들이 현장을 함께했다. '넥타이 부대'의 등장이었다. 신문 가판 부스 위에 올라간 시민들이 소리높여 민주주의를 외치기도 했다. 무슨 내용인지 정확히는 몰라도 울컥하게 만드는 공감대가 형성되었다.

7-1 1987년 7월 이한열 추모 집회에 모인 시민들.

'백골단'이라고 불린 사복경찰과 전투경찰이 학생을 잡아가려고 하자 주위의 시민이 모두 말렸다. 사과탄을 손에 들고 있던 전경은 움찔했고, 학생은 현장에서 풀려났다. 공권력이 위축되는 모습을 보았다.

나는 당시 명동이란 공간에 함께 휩쓸려 있었다. 시위대의 일부가 명동성당에 들어갔고 농성이 시작되었다. 농성장 바깥에 있던 나는, 명동성당 안에서 경찰들에게 포위되어 있던 시민의 안위가 염려되었다. 명동성당은 언제든지 '공격'받을 수 있다고 생각했다.

명동성당 농성에 참여했던 분들은 이대로 그냥 멈춰서는 안 된다는 생각에 계속 농성을 이어갔다. 언제까지라고 시간이 정해진 것도 아니었다. 100도가 된다는 확신도 없었다. 박종철에게 미안해서, 이한열에게 미안해서, 시위 참여 시간이 연장되었다. 그러다가 6월 29일 '직선제 개헌이 발표되었다. 한 단락이 이루어진 것이다.

우연과 필연의 관계

앞서도 한 차례 언급했는데, 하나의 시간적 단위 안에서 그 원인을 언제까지 소급할 수 있을까? 6월 항쟁의 경우, '박종철 고문치사 사건'이었을까 아니면 전두환의 '호헌 조치'였을까? 혹은 내부의 노력으로 사건의 진상을 알린 천주교 정의구현사제단의 5월 미사였을까? 아니면 조금 더 직접적으로 국민운동본부의 6월 10일 집회였을까? 개인적인 판단으로는 이 모든 것이 원인이 되었다고 생각한다. 매 순간 100도라고 생각했을까? 그렇지는 못했다. 이긴다는 확신은 없었지만, 그만두어서는 안 된다고 생각했다. 시위 대열 옆에 있는 동료가 고마워서였다.

역사학은 이미 일어난 일에 관한 연구인지라, 과거 사건의 결과를 알고 있다. 동학농민운동은 실패했고, 5. 16 쿠데타는 '성공'했고, 6월 항쟁은 성공했다. 성공과 실패는 해석에 따라 달라질 수 있다. 이른바 성공에도 차이가 존재한다. 5. 16의 경우, 인정하고 싶지 않지만 이들이 권력을 잡은 것은 사실이니 '성공'이라고 한 것이다. 어쨌든 역사의 현장에서 성공의 확신을 가지고 행동하는 것은 아니다. 가능성과 믿음을 전제로 움직이는 것이다. 불안감은 연대로 극복할 뿐이다. 따라서 역사학에서는 성패에 관한 질문이 의미가 없다.

하지만 사건의 소급과 그 기원은 항상 여러 궁금증을 낳는다. 원인을 묻다보면 우연과 필연의 문제와도 맞물린다. 역사는 승패로 표현되는 결과를 알고 있으니, 우연을 필연으로 설명하는 학문이기도 하다. 중국의 춘추·전국시대를 진나라가 통일했고, 이후 항우와 유방이 경쟁해서 한나라가 세워졌다. 역사가들은 유방의 한나라가 이길 수밖에 없었던 이유를 찾게 된다. 역사적 가정이지만, 만약 항우가 이겼다면 역사가들은 그에 대한 필요충분한 이유와 해석을 내놓았을 것이다.

우연성과 필연성의 관계에 대해 한 역사가는 "우연이라는 것도 필연적 요인과 결합될 때에만 비로소 역사적 중요성을 갖게 된다."[i]라고 했다. 예컨대, 오스트리아 황태자 암살 사건이 제1차 세계대전으로 연결되었으므로 중요하다는 것이다.

물론 우연을 필연으로 설명하는 데 많은 어려움이 있는 것도 사실이다. 브로델은 "예외가 규칙을 확인시켜 준다."[ii]라고 보았다. 필연성이라는 부담에서 벗어나는 것도 중요하다. 역사에서 교훈

---

i 호리고메 요조, 박시종 옮김, 2003, 『역사를 보는 눈』, 개마고원, 173쪽.

ii 페르낭 브로델, 안옥청·이상균 옮김, 2021, 『프랑스의 정체성』, 푸른길, 351쪽.

을 찾아야 하거나, 무엇을 배워야 한다는 의무감에서 벗어나야 한다는 논의가 그러하다.

하지만 필연성을 배제하다보면, 개별적인 사례만 남게 될 수 있다. 우연으로만 설명되는 역사는 A, B, C, D 등으로 무한 확대된다. 이때 인과성이 중요하다. 마거릿 맥밀런Margaret MacMillan은 "과거 이야기에는 덜어낼 수 없는 핵심이 있다. 즉, 무엇이 일어났고 어떤 순서로 일어났는가이다. 인과성과 연속성은 과거를 이해하는 데 매우 중요하다."[i]라고 보았다. 그렇다면 인간의 역사는 우연과 특수만으로 구성될 수도 있는 것일까? 그렇지는 않다고 생각한다.

더불어 역사를 깊숙하게 들어가 알기 위해서는 우연으로 보이는 여러 사례에서 의미를 찾아야 한다. 호리고메는 "역사에 있어서 필연과 우연의 관계를 명확히 함으로써 비로소 역사에 대한 안목도 더 한층 명확해진다."[ii]라고 했다. 결과를 신중하게 도출하기 위해서라도 많은 역사적 사례를 보아야 한다. 특히 어떤 사건의 성패와 관련해서는 지배자와 피지배자의 입장이 투영된 다양한 사료를 통해 그 안에 담긴 권력관계를 보아야 한다. 일제강점기의 몇몇 인물과 사건을 예로 들어보자.

---

i 마거릿 맥밀런, 권민 옮김, 2009, 『역사 사용설명서』, 공존, 60쪽.

ii 호리고메 요조, 박시종 옮김, 2003, 『역사를 보는 눈』, 개마고원, 177쪽.

안중근과 이재명의 의거, 그리고 김산

안중근 의거는 흔히 "1909년 10월 26일 만주 하얼빈역에서 안중근은 이토 히로부미伊藤博文를 암살했다."라고 표현된다. 따로 흠잡을 데 없는 서술이다. 다만 여기서 한 발 더 깊게 들어가면, 하얼빈哈爾濱이 당시는 러시아 땅이었고 지금은 중국 땅이므로 그 공간성에 관해 논의할 수 있다. 그리고 안중근 의거는 우리 입장에서는 '의거'이지만 일본의 입장에서는 '테러'일 테니 논쟁거리가 될 수도 있다. 하지만 이는 제국주의 침략에 대한 저항이라는 맥락에서 보아야 한다.

1909년 10월, 이토 히로부미는 '우연히' 하얼빈역에 내렸다. 안중근은 우덕순과 함께 의거를 위해 권총을 두 자루 준비했다. 당시 이토 히로부미가 내릴 수 있는 역은 두 군데여서 우덕순은 차이자거우蔡家溝역을, 안중근은 하얼빈역을 맡았다. 거사 당일 9시 15분 이토 히로부미는 차이자거우가 아니라 하얼빈에 내렸고, 하얼빈을 맡았던 안중근은 7연발 브라우닝 권총을 빼들고 총 세 발을 명중시켰다. 이어 수행하던 일본인들에게 연달아 총알을 쏘아 맞췄다. 그리고 "코레아 후라(대한 만세)"를 세 번 불렀다.[i]

우덕순은 충청북도 제천 출신으로 을사늑약 이후 블라디보스토크로 건너와 1908년 7월 안중근과 함께 의병전쟁에 참여했다.

---

i 김삼웅, 2009, 『안중근 평전』, 시대의창, 216~233쪽.

그리고 안중근과 함께 단지동맹원으로서 『공립신문』의 신문 값을 수금하거나 담배를 팔면서 생활했다. 안중근이 의거의 뜻을 밝히자 우덕순은 두말없이 동의했다고 한다. 소설가 김훈은 『하얼빈』에서 우덕순의 하숙방에 안중근이 찾아온 장면을 다음과 같이 묘사했다.

7-2 뤼순 감옥에 수감 중이던 안중근.

> 안중근이 하숙방으로 찾아와서 술을 사주면서 이토가 하얼빈에 온다는 말을 했을 때 우덕순은 안중근이 왜 왔는지를 대번에 알았다. 안중근은 우덕순에게 동행할 것인지를 대놓고 물어보지 않았고, 우덕순도 같이 가자고 대놓고 말하지 않았다. 안중근이 이토의 만주 방문을 알리는 신문을 보여주었을 때, 우덕순은 안중근과 함께 가기로 되어 있는 운명을 느꼈다.[i]

일제에 체포된 후 안중근은 자신의 직업을 '포수'와 '무직'이라고, 우덕순은 '담배팔이'라고 한 점에 김훈은 주목했다. 김훈은 이 세 단어의 '순수성'이 자신이 소설을 쓰는 동안 등대처럼 인

---

i 김훈, 2022, 『하얼빈』, 문학동네, 112쪽.

도했다고 말했다. 그리고 "이 세 단어는 생명의 육질로 살아 있었고, 세상의 어떤 위력에도 기대고 있지 않았다. 이것은 청춘의 언어였다. 이 청년들의 청춘은 그다음 단계에서의 완성을 도모하는 기다림의 시간이 아니라 새로운 시간을 창조하는 에너지로 폭발했다."[i]고 밝혔다. 반면, 도진순은 '포수'는 "동지와 친지를 보호하기 위한 시간 벌기 전술이었고, 이후 안중근은 줄기차게 '의병 중장'임을 강조"했고, 우덕순의 '담배팔이'는 "'의병'과는 무관하다는 일종의 복화술"이라고 보았다.[ii] 또 다른 해석과 접근이다.

같은 해인 1909년 12월 12일 이완용은 종현성당(현재의 명동성당) 앞에서 이재명의 칼에 찔려 크게 다쳤다. 그날 명동성당에서는 벨기에 총영사 주최로 벨기에 황제 레오폴드 2세의 추도식이 열렸다. 추도식을 마치고 인력거를 타려고 하는 이완용을 이재명이 급습했다. 이재명은 자신을 저지하는 인력거꾼을 쓰러트린 후 이완용의 어깨와 허리 등을 칼로 찔렀다. 그러다가 조선인과 일본인 순사에게 허벅지가 찔리고 체포되었다.[iii] 이재명은 1910년 9월 30일 23살의 나이로 경성형무소에서 순국했다.

이재명은 1924년 국내 언론매체를 통해 다시 '소환'되는데, 그

---

i 김훈, 2022, 「작가의 말」, 『하얼빈』, 문학동네, 305쪽

ii 도진순, 2023, 『한국독립운동사연구』 제81집, 독립기념관 한국독립운동사연구소, 187~228쪽.

iii 김윤희, 2011, 『이완용 평전—극단의 시대, 합리성에 포획된 근대적 인간』, 한겨레출판, 243쪽 ; 윤덕한, 2012, 『이완용 평전—한때의 애국자, 만고의 매국노』, 도서출판 길, 280쪽.

의 동지 이동수의 체포 때문이었다. 이동수는 이완용을 공격한 날 함께 참여했던 인물이다. 종현성당은 언덕 위에 있어서, 나오는 길이 두 갈래였다. 그중 한쪽을 이재명이, 다른 한쪽을 이동수가 지키고 있었다. 이완용의 인력거는 '우연히' 이재명이 있는 쪽으로 이동했다. 이동수는 이재명과 함께 이완용 살해를 도모했는데, 결국 이동수가 아닌 이재명이 이완용을 공격한 것이다.

大韓勞働

移民會社의募集에應하야快然渡米

風雲急轉、悽然히歸國 (五)

◇苟生한李完用과絞殺된李在明

◇교수대에서세상떠난리재명◇

爭先加擔

7-3 1924년 『동아일보』에 소개된 이재명. 『동아일보』는 1924년 11월 12일부터 10회에 걸쳐 「연명한 이완용과 미결수 이동수」, 「구생한 이완용과 교살된 이재명」이란 제목으로 연재물을 실었다. 『동아일보』 1924년 11월 16일 자 기사에서는 「교수대에서 세상 떠난 이재명」이라고 해서 23살의 앳된 이재명 사진이 소개되었다.

거사 직후 이동수는 피신해서 체포를 면했지만, 결국 1924년에 붙잡혔다. 당시 『동아일보』는 「일한합병 전 이완용의 자객 열여섯 해 만에 평양에서 잡혀」라는 제목 아래 "각지 경찰서에서도 오랫동안 이 사람을 체포하고자 상당히 고심을 하였는데 그는 교묘히 변명을 하고 끊임없이 이후작을 암살할 기회를 엿보다가 다시 서울로 들어와 동정을 살피던 중"[i] 체포되었다고 했다. 이어지는 기사에서는 "한 해만 지났다면

i 『동아일보』, 1924년 10월 20일.

시효가 지나"라고 보도했다.

방송사 PD 겸 작가인 김형민은 이동수의 활동을 조금 더 생생하게 복원했다. 1909년 거사 이후 거의 15년이 지난 1924년의 시점에 왜 붙잡혔는지를 살펴본 것이다. 김형민에 따르면, 이동수는 1919년 4월 23일 한성정부 국민대표 13도 대표(23인 중 1인) 이후 상하이에서 독립운동을 했다. 그리고 신분을 숨긴 채 이완용의 주위에서 기회를 엿보았다. 집안일을 처리하던 '집사'와 비슷한 신분으로 기회를 노리다가 안타깝게 체포된 것이다. 1924년 잡혔을 때 공소시효가 얼마 남지 않았다.[i] 이재명은 이미 사형되었고, 이동수는 궐석재판에서 공범으로 기소되어 15년 형을 받았던 것이다. 결국 이동수는 1924년 체포돼 징역 2년에 집행유예 3년을 받았다.

그런데 1963년 건국훈장 독립장을 받은 이동수에 관해 『공훈록』에는 "마침내 1924년 일경에게 붙잡혀 이전의 이완용 살해 미수사건으로 15년간 옥고를 치렀다."라고 담담하게 그러나 잘못 서술되어 있다(일경日警은 일제 경찰을 의미한다).

민족운동가 관련하여 기억에 남는 책으로 님 웨일즈Nym Wales의 『아리랑』이 있다. 주인공 김산의 본명은 장지락이고 대한민국 정부로부터 2005년 건국훈장 애국장을 받았다. 중국 등지에서 민족운동에 참여하다가, 일제의 '밀정' 혐의로 1938년 처형됐다.

---

i 김형민, 2019, 『역사를 만든 최고의 짝』, 다른, 121~124쪽.

7-4 김산과 님 웨일즈.

미국인 언론인 님 웨일즈는 1937년 여름 마오쩌둥 말고는 잘 알려지지 않은 중국의 지도자들을 소개하고자 할 목적으로 중국 옌안延安에 왔는데, 우연히 도서관에서 영어책을 빌려 간 사람에 관심을 가지게 되면서, 당시 32세의 김산과 만남이 시작되었다. 김산으로부터 한국과 한국의 독립운동에 관한 이야기를 듣고 기록하였으며, 이는 1941년 미국에서 『Song of Ariran』으로 출간되었다.

님 웨일즈와 김산의 대화 가운데 "광동" "1927" "패망" "조선인 300명 죽다" "물속의 소금" 등이 언급된 김산의 경험이 인상적이었다. 1927년 중국 광동 지역에서의 봉기에 조선인 민족운동가들이 참여했다. 봉기는 결국 실패했고, 300여 명의 조선인 활동가들이 사망했다. 이들 조선인 활동가들은 민족과 민중의 해방을 이루고자 했던 의지의 인물들이었다. 하지만 물속의 소금처럼 잊힌 채 사라질 것을 두려워했다고 한다. 특히 상하이에서 의열단원들을 소개하면서 "그들은 사진 찍기를 아주 좋아했는데 언제나 이번이 죽기 전에 마지막으로 찍는 것이라 생각했다."[i]라고 한 대목이 기억에 남는다.

나는 20대 중반 1984년 발행된 『아리랑』 초판을 통해 김산의 이야기를 알게 되었다. 이 책에서 처음 알게 된 김산을 통해 민족운동의 일환인 '테러' 즉 의열 활동의 의미를 다시금 새기게 되었다. 민족운동에서 의열 활동이 이루어지는 데는 3. 1 운동이 중요한 계기가 되었다. 김산은 "내 정치경력은 삼일운동으로 시작되었다. 이 땅의 모든 청년들이 마찬가지였다. 당연한 것이지만 그 비극에 뒤이어 절망적인 테러운동이 일어났다."[ii]라고 보았다. 일제의 식민지 상황이라는 맥락에서 의열 활동의 의미를 살펴본 것이다.

2005년 개정된 『아리랑』을 새로 읽으면서 마지막 부분이 눈이 들어왔다. 김산은 "내 청년시절의 친구나 동지들은 거의 모두가 죽었다. 민족주의자, 기독교 신자, 무정부주의자, 테러리스트, 공산주의자 등등 수백 명에 이른다."라고 회고했다. 그렇지만 김산

---

i 님 웨일즈·김산, 2005, 『아리랑』, 동녘, 165쪽.
ii 님 웨일즈·김산, 1984, 『아리랑』, 동녘, 55쪽.

은 "내게는 그들이 지금도 살아 있다."면서 "그들은 눈앞의 승리를 보는 데는 실패했지만 역사는 그들을 승리자로 만든다."라고 밝혔다.[i] 사람의 말과 행적을 잊어서는 안 되는 것이 역사가의 임무라고 생각한다.

광주학생운동 재구성해보기

민족운동사에서 중요한 사건 중 하나로, 1929년 11월에 일어난 광주학생운동은 그해 10월 30일 통학하는 기차 안에서 조선인 여학생이 일본 남학생에게 희롱당한 '우발적인' 사건에서 비롯되었다고 얘기된다. 조선인 여학생의 사촌 남동생이자 일본 학생들과 충돌한 사건 당사자인 박준채의 회고에 따르면, 사촌 여학생의 머리댕기를 일본인 학생이 당겼다고 한다. 상당히 강렬한 기억인데, 뒤에서 자세히 언급하겠지만 이는 사실과 다르다. 또한, 나주역에서 학생들이 내리고 역을 나오는 과정에서 신체적 접촉이 있었다고 하는데, 이는 피해자 한국 여학생과 가해자 일본 남학생의 대비가 보다 강조된 내용이었다.

조금 더 자세하게 들여다보자. '나주역 사건'을 가장 빨리 보도한 조선인 언론매체에서는 이 사건을 다음과 같이 이해했다.

---

i 님 웨일즈·김산, 2005, 『아리랑』, 동녘, 472~473쪽.

① 지난 30일 오후에 나주역전에서 광주중학생 복전福田 외 두 명이 광주보통학교 여학생에게 '희야까시'한 것이 원인으로 광주고보교 학생 박준채와 결투가 되어 일장 활극을 이룬 바 경찰의 저지로 싸움은 그치었으나 (『조선일보』, 1929년 11월 4일 자)

② 최초 그 발단 동기를 듣는다 하면 앞에 언급한 박모朴某의 사매舍妹 박모란 광주여고보 학생이 통학하는 기차에서 나오려 할 때 앞에 언급한 일본인 학생들이 수차 기롱적譏弄的 언동을 가함으로써 박모는 그 부당을 힐책했던 바 도리어 전중田中모 등은 적반하장의 모습으로 박모에게 도전하였으므로 작은 충돌이 일어나려 하였으나 근방 일본인 순사에게 제지되고 박모는 빰을 한 개 맞았으며 그 익일 기차 중에서 다시 언쟁이 있었다가 차장에게 제지되어 대문제를 야기치 않았더라. (『동아일보』, 1929년 11월 6일 자)

오늘날 우리는 이 사건의 진행과정에 관해 당대보다 많은 정보를 알고 있으며, 더욱 풍부하고 정확하게 설명할 수 있다. 이를 정리해보면, ① 나주역 개찰구에서 일본인 광주중학생 福田修三, 末吉克已 등 3인이 광주여고보 박기옥 등 여학생을 밀치는 사태가 벌어지고, 박기옥의 사촌 동생이자 광주고보 2학년생인 박준채가 福田과 언쟁을 벌였다. 福田이 "조선인 주제에"라는 모욕적인 발언을 하자 격분한 박준채가 福田을 구타하고 서로 격투가 벌어졌다. ② 양자 사이의 충돌에 나주역의 일본인 순사가 개입해서 박준채의 따귀를 때려 불에 기름을 부었다.

한편 당시 신문조서의 내용을 보면, 박준채는 일본 학생 福田이 한국 여학생인 박기옥의 어깨를 건드려 그에게 항의하다가 격투가 벌어졌다고 증언했고, 福田과 末吉 등은 일본인 학생들이 개찰구에서 어린아이를 피하기 위해 여학생 앞을 가로질러 갔다고 해, 진술의 차이가 있었다.[i]

후대에 익히 알려진 내용인 일본인 남학생이 조선인 여학생의 '댕기머리'를 잡아당기는 희롱도, 양자 사이에 고의적인 육체적 접촉도 없었던 사건이었다. 그렇더라도, 나주역 사건 직후 조선인 언론이 강조한 일본인 남학생이 조선인 여학생을 대상으로 한 "희야까시" "기롱적 언동" 및 일본인 순사의 민족적 차별 등의 요소는 광주학생시위로 전개·확산되는 데 중요한 변수로 작용했다.

나주역 사건이 일어난 지 두 달이 지난 시점에도 『동아일보』는 "사건발단의 직접 원인은 일본인 중학생이 조선여학생 희롱"해서라고 보았고, 지속적으로 이러한 측면을 강조했다.

> 광주사건의 발단은 … 박기옥(朴奇玉, 18)이라는 여학생이 … 일본인 학생 전중田中, 복전福田, 말길末吉 등 3 명이 앞을 막고 조롱을 하므로 박기옥은 아무 말 없이 피하려 하였으나 앞서 언급한 일본인 학생들은 피하는 쪽을 쫓아다니며 희롱을 일층 심하게 하는 것을 박기옥의 아

---

i '나주역사건'의 재구성은 박찬승, 2001, 「11·3학생독립운동과 나주」, 『광주학생독립운동과 나주』, 경인문화사, 10~21쪽 ; 김성민, 2013, 『1929년 광주학생운동』, 역사공간, 189~195쪽 참조.

우 되는 광주고보생 박준채(朴準埰, 16)라는 조선인 학생이 몇 마디 말로써 그 무리함을 질책하였던 바, 앞서 언급한 일본인 중학생들은 도리어 고함을 치며 덤벼들어 싸움이 되려 할 때에 역구내에 있던 순사가 제지한 까닭에 그날은 무사하였으나 … (순사가 박준채의 빰을 때리고-인용자) … 압축된 기압과 같이 항상 불끈 불끈하던 것이 필경 폭발될 기세를 가지고 있던 것이 중요한 원인이 되었던 것이다.[i]

위의 『동아일보』 기사에는 피해자인 조선인 여학생의 상황과 원인 제공자인 일본인 학생의 역할이 보다 선명하게 서술되었다. 또한, 일본인 학생의 '무례함'을 질책한 조선인 남학생은 도리어 일본 학생에게 피해를 입었고 심지어 일제 권력의 상징인 순사에게 폭행을 당한 것으로 설명되었다.

반면, 경무 당국은 나주역 사건을 "광주중학교 및 같은 지역의 고등보통학교의 기차통학생도는 쌍방 모두 80명으로 종래 통학 도중에 언어의 서로 다름 등에 의하여 이따금 말다툼한 일이 있었는데, 10월 30일 … 개찰구의 혼잡으로 인한 사소한 사고로 말다툼을 한 데서 단서가 일어나 양교 기차 통학생 등의 반감이 크게 생겨나게"라고 설명했다.[ii]

또한, 나주역 사건 발생 4개월 후인 1930년 2월 24일 전라남도

---

i 『동아일보』(호외), 1929년 12월 28일.

ii 『조선일보』(호외), 1929년 12월 28일.

제11회 도평의회 답변 석상에서 일본인 경찰부장은 "나주역에서 일본인 순사가 고보교 학생의 뺨을 때렸다는 것은 낭설입니다. 그러나 그와 같이 민간에서조차 못할 말을 듣게 된 사람임으로 적당히 처분하여 전근시켜 버렸"다고 답변했다.[i] 즉, 일제는 나주역 사건을 사소한 '말다툼'으로 축소하거나, 일본인 순사의 폭행을 '헛소리'라고 규정했다. 이는 '일본인 학생 대 조선인 학생' '조선인 학생 대 일본인 순사'라는 대립 구도 속에 나타난 민족적 차별에 관한 공분 확산을 차단하기 위한 정책이었다.

실제 광주학생운동이 조직적으로 발전할 수 있었던 것은 지역에서 토대가 이미 형성되어 있었기 때문이다. 광주에서는 학생운동이 폭발하기 전 조선공산당 전남지부가 지도하는 '성진회'('성진醒進'은 '각성해서 앞으로 전진하자'는 뜻)가 조직되어 있었고, 동맹휴학을 주도한 '맹휴 중앙본부'가 결성되어 있었다. 또한, 각 학교에 조직된 독서회를 지도하는 '독서회 중앙본부'가 설치되어 있었다.

조선인 학생과 일본인 학생 사이에 충돌이 일어나자, 이들 조직을 중심으로 즉각 '학생투쟁 지도본부'가 구성되어 전국 규모의 운동으로 발전하였다. 이렇듯 광주학생운동은 우발적인 것만으로 시작되지 않았다. 이 지역에서 폭발한 학생운동은 바로 서울로 번졌고, 학생운동은 해를 넘기면서 전국적으로 퍼져갔다. 그 구호도

---

i 『동아일보』, 1930년 2월 27일.

"일본제국주의 타도" "피억압민족 해방 만세" "총독정치 절대 반대" 등으로 바뀌었다. 광주학생운동에는 전국 약 200개 학교, 5만 4,000명의 학생이 참가했다. 광주학생운동이 시작된 날은 오늘도 '학생의 날'로 불리고 있다.

특수성과 보편성

역사학의 논의는 귀납법적일 수밖에 없다. 사료를 모아 구성하기 때문이다. 그런데 귀납법은 항상 불안하다. 자신의 논리와 정반대의 주장이 담긴 자료가 나오면 무너지기 때문이다. 한때 왕이 국가의 토지를 주관한다는 관점에서 개인이 소유한 사전私田이 없다고 주장한 학자가 있었다. 그는 관리들은 토지 생산물에 대한 세금을 받을 뿐이라고 보았다. 그런데 개인의 토지 소유가 가능했다는 문서가 나왔다. 비석에서도 이것이 입증되었다. 이렇듯 반증이 나오면 학설은 바뀌게 되는 것이다.

일상에서도 귀납법은 불안하다. 백조(고니)는 말 그대로 하얀 새인데 검은 백조, 즉 흑고니가 있다. 집에서 기르는 오리 떼는 주인이 먹이를 주면 모이는데, 어느 날에는 잡아먹히기도 한다.

역사 연구는 사건과 인물에 관한 사료를 모으고, 내용이 구성되면, 이를 바탕으로 역사가의 해석을 반영한 결론을 내린다. 연구는 귀납적이지만, 해석은 연역적일 수밖에 없다. 그렇다면 역사적 사건의 과정과 결과를 설명할 때 발생하는 귀납법과 연역법 사이의 비약을 어떻게 설명할 것인가?

특수와 우연을 보편과 필연으로 설명하는 것이 하나의 방법이 된다. 보편과 필연이라는 기준을 먼저 설정하는 것이다. 근대에 들어서면서 서구의 계몽주의가 이러한 역할을 자임했다. 계몽은 무엇으로부터 각성한다는 뜻이다. 중세가 신 중심의 세상이었다면, 근대는 인간 중심으로 바뀌어야 한다는 것이다. 이들은 인류를 대상으로, 자신의 논리를 보편이라고 주장하고 옳은 것을 수용하라고 주장했다. 보편을 강조했다.

그렇다면 각 국가나 사회 공동체의 특수성은 어떻게 설명될까? “어디는 가능하고, 어디는 불가능하다.”라고 설명하는 한, A와 B의 대비는 비교를 전제로 한다. 대비에 가치가 들어가면 중심을 설정해야 한다. 그런데 A와 B의 공간적 범주는 항상 유동적이다. 앞에서 계몽주의가 유럽에서 비롯되었다고 했다. 유럽은 서유럽과 동유럽으로, 세분하면 북부, 남부 유럽으로도 나눌 수 있다. 제국과 식민의 시대에 들어가면 서구는 비서구, 즉 아시아·아프리카와 대비된다. 나아가, 국가 안에서 세분화한 공동체의 특수성은 어떠할까.

보편과 특수를 모순적으로 생각하지 않는 경우도 있다. “특수한 역사적 사실 속에는 인간 사회 어느 곳에서나 볼 수 있는 어떤 공통된 요인이 작용하고 있었음을 느낄 수 있기 때문에 그러한 문제들은 계속하여 이곳저곳에서 역사가들의 연구대상이 되고 있는 것이다."[i]라는 생각인데, 역사는 인간의 이야기이므로 특수와 보편이 공존할 수 있다는 것이다. 이때 어느 부분에 강조점을 둘지는 역사가의 영역이다.

마르크스는 역사는 첫 번째는 비극, 두 번째는 희극으로 끝난다고 보았다. 그는 『루이 보나파르트의 브뤼메르 18일』에서 헤겔의 말을 인용해서 "세계사에서 막대한 중요성을 지닌 모든 사건과 인물들은 되풀이된다."라고 언급했다. 그리고 다음과 같은 사실을 첨가하는 것을 잊었다면서 "첫 번째는 비극으로, 두 번째는 소극笑劇으로 끝난다."라고 밝혔다. 공화제를 추진했다가 다시 보나파르트 나폴레옹이 황제 즉위를 한 것을 '비극'이라고 보고, 그의 조카 나폴레옹 3세의 황제 즉위를 '소극' 즉 '희극'이라고 본 것이다.[ii] 이렇듯 역사적 사건과 인물에 관한 판단은 역사가의 정치적 입장과 당대 인식이 고려되어야 한다.

---

i 고려대학교 문과대학 사학과 교수실 편, 1979, 『역사란 무엇인가』, 고려대학교 출판부, 137쪽.

ii 칼 마르크스, 허교진 옮김, 1987, 『프랑스혁명사 3부작』, 소나무, 146쪽.

8장

누구의 관점인가

다양한 해석과 관점

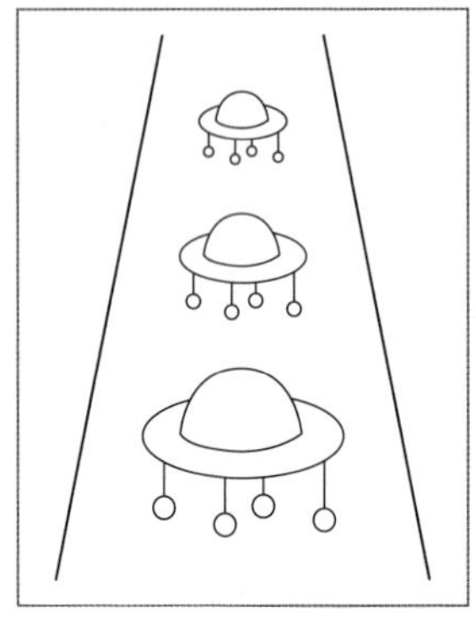

8-1 서양인과 한국인의 관점.

같은 사안이라도 누가, 어떻게 보느냐에 따라 다른 해석과 평가가 나온다. 교육방송EBS의 한 프로그램에서 다음과 같은 실험을 했다. 비행접시 세 개가 차례대로 놓인 그림을 제시하고 서양인과 한국인에게 "어느 것이 앞쪽에 있을까?"를 물었더니, 서양인과 한국인은 서로 다른 답을 했는데 주로 한국인은 가장 큰 것을, 서양인은 가장 작은 것을 앞쪽이라고 택했다고 한다. 전자는 이 그림을 함께 볼 수 있는 다른 사람이, 후자는 관찰자 자신이 기준이었다고 설명했다.

동양과 서양을 절대적 이분법으로 구분하는 일은 무리일 수 있다. 한국인도 가장 작은 것을 앞쪽으로 선택할 수 있고, 서양인도 반대일 수 있다. 그럼에도 분명 유용하기는 하다. 예를 들어, 서양과 동양 건축물의 아름다움을 설명할 때 전자는 밖에서 볼 때,

후자는 안에서 즉 주인의 관점에서 볼 때 아름답다고 한다. 조금 더 들어가보자. 주인은 누구인가? 한국 건축물의 아름다움을 언급할 때 자주 인용되는 최순우의 『무량수전 배흘림기둥에 기대서서』를 보자.

> 소백산 기슭 부석사의 한낮 … 나는 무량수전 배흘림기둥에 기대서서 사무치는 고마움으로 이 아름다움의 뜻을 몇 번이고 자문자답했다. … 기둥 높이와 굵기, 사뿐히 고개를 든 지붕 추녀의 곡선과 그 기둥이 주는 조화, 간결하면서도 역학적이며 기능에 충실한 주심포의 아름다움, 이것은 꼭 갖출 것만을 갖춘 필요미이며 문창살 하나 문지방 하나에도 나타나 있는 비례의 상쾌함이 이를 데가 없다. … 무량수전 앞 안양문에 올라앉아 먼 산을 바라보면 산 뒤에 또 산, 그 뒤에 산마루, 눈길이 가는 데까지 그림보다 더 곱게 겹쳐진 능선들이 모두 이 무량수전을 향해 마련된 듯 싶어진다.[i]

국립박물관장을 지냈던 최순우는 절의 주인은 부처님이고, 부처님의 시선에서 볼 때 한국 건축물의 아름다움이 부각된다고 본 것이다. 그렇다고 부처님이 계신 자리에서 바라볼 수는 없다. 최대한 비슷하게 무량수전의 배흘림기둥에 기대어 보는 것이다. 덧붙여, 최순우는 우리 건축물의 특징으로 조화와 비례 그리고 '필요

---

i 최순우, 1994, 『무량수전 배흘림기둥에 기대서서』, 학고재, 78~79쪽.

8-2 부석사 삼층석탑에서 바라본 경치.

미' 등을 꼽으며 거기서 한국 건축물의 아름다움을 찾았다. 개인적으로는 무량수전보다 좀 더 뒤쪽의 삼층석탑에서 보는 전경을 더 좋아한다. 위 사진은 그곳에서 찍은 풍경이다.

유홍준은 1992년 7월 열린 『최순우 전집』(전 5권) 출판기념회 자리에서, 최순우를 기억할 가장 대표적인 구절로 위의 인용 부분을 택했다. 그러면서 "항상 부석사의 아름다움은 고 최순우 관장의 「무량수전」 한 편으로 족하다고 생각"했다면서 그 가운데 "사무치는"이라는 표현에 주목했다.[i]

---

i 유홍준, 2001, 『나의 문화유산답사기』 2, 창비, 113~114쪽.

관점에 따른 다양한 시선

언론은 중립적이지 않고 정치적이다. 나폴레옹은 1815년 3월 1일 엘바섬에서 육지에 상륙해서 3월 20일 파리에 입성했다. 이 기간 동안 정부 기관지 『르모니퇴르 위니베르셀Le Moniteur Universel』에 실린 다음과 같은 기사 제목에서 무엇을 유추할 수 있을까?

"식인종, 자기 소굴에서 탈출"

"코르시카의 식인귀, 쥐앙만에 상륙"

"호랑이, 카프에 도착"

"괴물, 그르노블에서 숙영"

"독재자, 리옹을 지나다"

"찬탈자, 파리로부터 60마일 지점까지 근접"

"보나파르트가 전진해온다"

"나폴레옹이 내일 우리 성벽 안으로 들어올 예정"

"황제께서 퐁텐블로 도착"

"황제 폐하께서 어제 파리에 입성하시다"

주어를 중심으로 보면, "식인종"에서 "호랑이" "괴물" "독재자" 등으로, 그리고 "황제"에서 "황제 폐하"로 바뀐다. 언론이 정치 혹은 권력의 이동에 예민하게 반응한 것이다.

시선이 곧 권력이라고 했을 때, 동등한 시선은 평등, 공평을 의

8-3 미국과 일본의 회담 장면.

미한다. 1854년 일본과 미국 사이의 회담은 어떠했을까? 이를 재현한 그림을 보자. 회담을 위해 양자가 처음 만나는 자리다. 단상 같은 것을 놓고 미국인은 의자처럼 앉았고, 일본인은 바닥처럼 앉았다. 동등한 시선을 위한 묘책으로 보인다. 미국인은 의자에 앉아 생활하고 일본인은 바닥에 방석을 놓고 생활하기에, 이를 회담장에 그대로 적용했다가는 미국인이 일본인을 내려보게 되는 꼴이 될 수밖에 없었다. 이에 일본인이 앉은 자리를 높이고 바닥처럼 앉을 수 있게 한 것이다.

다른 사례도 하나 더 보자. 일본의 승리로 끝난 청일전쟁이 일어나기 전 1894년, 조선에 군대를 주둔하는 문제로 청나라와 일본 사이에 회담이 열렸다. 일본인이 청나라 관리를 위에서 아래로 위압적으로 내려다 보고 있다. 더불어, 일본인은 서양식 군복을, 청나라 관리는 전통적인 복장을 입고 있다. 근대와 전근대가 대비

8-4 일·청·한 담판지도.

된 것이다.

전쟁터는 아군과 적군으로 나뉘지만, 어느 쪽에서 보느냐에 따라 달라질 수밖에 없다. 임진왜란은 명나라까지 참여한 조선과 일본 사이의 전쟁이었다. 김시덕은 17~19세기 일본인이 구성한 이야기를 통해 임진왜란을 살펴보았다.[i] 이러한 이야기는 "일본의 스펙트럼을 통해 동북아시아 역사를 이해해온 서구 학자들이 지닌 임진왜란의 이미지"가 된다고 보았다. 김시덕은 연구의 이유에 관해, 독자가 "임진왜란에 대해 한국의 관점 말고도 다양한 관점들이 존재한다는 것을 이해하고 이 전쟁으로부터 다각적으로 교훈을 얻을 수 있는 기반을 제공"하기 위해서라고 밝혔다.

대학시절 강만길 선생님의 수업 시간에 들었던 질문도 기억

i 김시덕, 2012, 『그들이 본 임진왜란』, 학고재, 7쪽.

난다. 임진왜란 이후 정묘호란과 병자호란이 일어날 때까지는 30년 정도밖에 지나지 않았는데, 임진왜란의 전쟁 경험을 가진 조선의 군대가 어떻게 청나라 군대에게 그토록 무력했는가? 이 질문을 던지고는 선생님이 어떻게 답변했는지는 기억이 나지 않는다.

이후 여러 차례 조선시대 전공자에게 물어봤다. 한 전공자는, 조선의 국방 체계는 산성 중심이지만 청나라의 2대 황제 홍타이지皇太極는 이를 무시하고 수도 한양까지 곧장 진격전을 펼쳤기 때문이라고 했다. 1636년 12월 청나라 군대는 파죽지세로 남쪽으로 내려왔다. 중간의 모든 요새를 놔둔 채 우회해 전속력으로 진격했다. 임용한은 이를 "무서운 속도"라고 표현했다. 구체적으로 "옛날 도로는 지금보다 훨씬 굽고 험했다. 청군은 이 길을 하루 100킬로미터에 달하는 속도로 주파했다."[i]라고 설명했다. 덧붙여, 조선 내의 국론 분열과 대응의 불가능성을 언급하기도 한다.

관점의 차이로 병자호란에 접근할 수도 있다. 구범진은 병자호란을 '조선의 전쟁'인 동시에 '청의 전쟁'이라고 전제하고 이를 통해, 한국사만으로는 이해할 수 없으며 종래 중시되지 않았거나 제기되지 않은 질문을 할 수 있다고 보았다. 청의 입장에서 보면 "홍타이지는 어떤 전략 구상으로 전쟁에 임했을까?" "홍타이지는 전쟁을 끝내고 귀국하는 데 얼마나 많은 시간이 필요하리라고 예상

---

i 임용한·조현영, 2022, 『병자호란: 그냥 지는 전쟁은 없다』, ㈜북이십일 레드리버, 173~174쪽.

했을까"와 같은 질문을 던질 수 있고, 구범진은 이에 대한 답을 찾고자 했다.[i]

이처럼 관점을 달리해서 깊게 알아가다보면, '진실'을 만나게 되기도 한다. 굳이 몰라도 되는 사실까지도 알게 될 때가 있다. 이것을 역사가의 균형 감각이라고 한다. "우리 민족은 평화적 민족이다. 역사상 한 번도 남을 침범한 적이 없다."라고 많이들 이야기 한다. 정말 '한 번도' 없었을까? 아니다. 조선시대 세종 때 대마도 정벌이, 같은 조선시대 효종 때 나선정벌羅禪征伐이 있었다. 혹은 '영토적 민족주의' 인식으로 확장되기도 한다. "독도도 우리 땅, 대마도도 우리 땅" 혹은 "대마도도 우리 땅, 만주도 우리 땅"이라는 노래 가사가 있다. 자국사 중심의 사고이다. 영토의 확장 혹은 확대를 꿈꾸면, 다른 민족 공동체를 적대시하는 배타적 민족주의를 부추긴다.

남성의 시선과 여성의 시선

인물에 관한 평가 가운데 이사벨라 비숍Isabella Bird Bishop(1831~1904)의 민비에 관한 평가가 꽤 독특해서 기억에 남는다. 영국의 지리학자인 비숍은 세계 각지를 답사하던 중 동북아시아 지역을

i 구범진, 2019, 『병자호란, 홍타이지의 전쟁』, 까치, 31~32쪽.

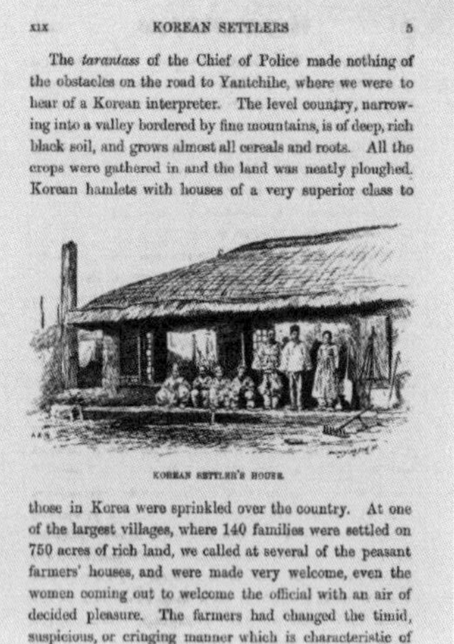

xix KOREAN SETTLERS 5

The *tarantass* of the Chief of Police made nothing of the obstacles on the road to Yantchihe, where we were to hear of a Korean interpreter. The level country, narrowing into a valley bordered by fine mountains, is of deep, rich black soil, and grows almost all cereals and roots. All the crops were gathered in and the land was neatly ploughed. Korean hamlets with houses of a very superior class to

KOREAN SETTLER'S HOUSE.

those in Korea were sprinkled over the country. At one of the largest villages, where 140 families were settled on 750 acres of rich land, we called at several of the peasant farmers' houses, and were made very welcome, even the women coming out to welcome the official with an air of decided pleasure. The farmers had changed the timid, suspicious, or cringing manner which is characteristic of

8-5 이사벨라 비숍과 『한국과 그 이웃나라들』.

방문했고, 한반도에 와서 민비를 만났다. 당시 민비에 대한 남성 지식인의 인식은 대체로 부정적이었다. 일례로, 황현은 『매천야록』에서 "1년이 지나지 않아 운현이 10년 동안 저축해둔 것이 탕진되었다."[i]라고 서술했다. '운현'은 흥선대원군을 가리킨다. 실제로 민비는 절과 높은 산에 재물을 놓고 아들 순종의 건강을 위해 굿을 지내고 무당을 가까이했다.

반면, 비숍의 민비에 대한 평가는 달랐다.

> 그(순종-인용자)는 유일한 아들이었으므로 그 어머니의 우상이었다.

---

i 황현, 임형택 외 옮김, 2005, 『역주 매천야록』 상, 문학과지성사, 86쪽.

후궁의 아들에게 왕위를 빼앗길까 하는 두려움 때문인지 그는 끊임없이 건강 때문에 걱정을 들어야 했다. 아들의 병약함이 왕비로 하여금 몇 가지 부적절한 행동을 하게끔 부추겼는지도 모른다. 그녀는 점쟁이에게 계속적으로 도움을 청했으며 절에다 바치는 시주를 자주 늘려만 갔다. 알현을 하고 있는 동안에도 어머니와 아들은 줄곧 손을 꼭 잡고 앉아 있었다.[i]

당시는 민비가 일제에 의해 죽음을 당하는 을미사변이 일어나기 직전이었다. 비숍과 민비의 마지막 만남이기도 했다. 고종에게는 순종 외에도 의강왕, 의친왕 그리고 덕혜옹주가 있었는데, 민비의 외동아들 순종은 어렸을 때 병약했고 '독살 미수 사건'으로 인해 이빨이 모두 빠진 상태였다. 비숍은 민비가 어머니의 입장에서 아들을 위해 '부적절한' 행동을 한 것으로 이해했다. "알현을 하고 있는 동안에도 어머니와 아들은 줄곧 손을 꼭 잡고 앉아 있었다."는 문장은 장면이 생생하게 그려질 정도로 인상적이다.

비숍은 민비를 여러 차례 만났다. 그리고 여느 남성의 시선과 달리 민비에게서 '지성미'와 정치적 능력을 발견했다. 비숍은 "왕비는 마흔 살을 넘긴 듯했고 퍽 우아한 자태에 늘씬한 여성이었다. 머리카락은 반짝반짝 윤이 나는 칠흑 같은 흑발이었고 피부는 너무 투명하여 꼭 진주빛 가루를 뿌린 듯했다. 눈빛은 차갑

---

i 이사벨라 비숍, 이인화 옮김, 1994, 『한국과 그 이웃나라들』, 살림, 296쪽.

고 날카로우며 예지가 빛나는 표정이었다. … 대화가 시작되면, 특히 대화의 내용에 흥미를 갖게 되면 그녀의 얼굴은 눈부신 지성미로 빛났다."[i]라고 인상을 기록했다.

또한 "나는 왕비의 우아하고 고상한 태도에 깊은 감명을 받았다. 그녀의 사려 깊은 친절, 특출한 지적 능력, 통역자를 매개했음에도 느껴지는 놀랄 만한 말솜씨 등 모두가 그러했다. 나는 그녀의 기묘한 정치적 영향력, 왕뿐 아니라 그외 많은 사람들을 수하에 넣고 지휘하는 통치력을 충분히 이해하게 되었다."[ii]라고 평했다.

민족사와 민족문화의 구성

역사를 연구하는 것은 새로운 자료를 바탕으로 잘 모르는 사실을 발굴하고 이를 토대로 논리를 구성하거나 기존 연구를 새롭게 해석하는 과정으로 이루어진다. '사실의 발굴'과 '새로운 해석' 가운데 무엇이 우선일 수는 없다. 둘 다 역사가에게는 중요한 문제이다.

한편, 논리를 구성할 때는 주체 설정의 문제를 눈여겨볼 필요

---

i 이사벨라 비숍, 이인화 옮김, 1994, 『한국과 그 이웃나라들』, 살림, 295쪽.
ii 이사벨라 비숍, 이인화 옮김, 1994, 『한국과 그 이웃나라들』, 살림, 296쪽.

가 있다. 한국사에서는 고려시대나 조선시대, 고려 태조나 조선 태조 등을 주어로 한 문장을 서술할 수 있다. 그런데 "몽골에 항쟁했다." "임진왜란에서 이겼다." 같은 서술에는 항상 '우리'라는 주어가 숨겨져 있다. 세계사나 동양사와 달리 한국사, 중국사, 일본사 같은 일국의 역사는 내재적으로 민족사의 숙명을 타고났다.

민족은 근대에 들어와서 새롭게 만들어진 개념이다. 전통시대는 신분제 사회여서 양반, 중인, 평민, 천민의 사회적·정치적 이해관계가 달랐다. 서양 중세시대에도 프랑스 내부의 농노와 귀족 사이보다, 프랑스의 귀족과 영국의 귀족 사이의 결속력이 높았다. 베네딕트 앤더슨Benedict R. O'G. Anderson이 '상상의 공동체'라고 표현했듯이, 신분을 넘어서 민족이라는 하나가 된 공동체가 필요했고, 민족이 주체가 된 역사책은 근대 이후 만들어졌다.

한말에는 한국인을 하나의 단위로 결속할 존재가 필요했다. 전통시대에는 왕이 그 역할을 담당했다. 19세기 말 근대 국가 체제에서 왕의 역할과 관련하여 '전제'와 '입헌'의 논의가 생겨났다. 양자의 차이는 왕의 권한을 법에 의해 제한할 수 있는가에 달려 있었다. 또한, 1907년 고종의 '퇴위'로 인해 새로운 결속력의 대상이 필요해졌다. 이때 단군이 소환되었고, 단군을 믿음의 대상으로 삼은 대종교가 성립되었다. "5천 년 역사의 단군의 자손"은 익숙한 관용적 표현이 되었다.

서영대는 '한민족은 단군의 자손'이라는 인식이 처음 등장한 것은 1908년 1월 1일 자 『대한매일신보』 논설 「새해축사」라고 보았다. 논설은 "오호라 오늘이 단군이 나라를 세운 지 4241년 1월 1일이로다."로 시작한다. 이 무렵부터 "한국에서 '민족'이 발견되고 군주 대신 민족이 국가의 중심으로 부상했으며, 단군은 그러한 사상의 근거가 되어주었다."[i]는 점에 주목했다. 단군의 자손임을 공유하는 한국인이 '탄생'한 것이다. "5천 년 역사의 단군의 자손"이라는 표현은 익숙하지만 그리 오래된 것은 아니다.

반만년 동안 단군의 자손이 이어졌다는 논리는 불안했다. 단군은 너무 멀었고, 기록이 소략해서 공동체의 특징을 찾기가 어려웠다. 민족사의 새로운 주체를 찾아야 했다. 다양한 주체 가운데 누구에게 보다 주안점을 두고 역사를 서술하면 좋을까? '우승열패' '약육강식'의 논리가 사회에 적용되어 사회진화론이 진리인 시대였다. 군사력이 강하고 이를 바탕으로 영토도 넓은 것이 좋다고 생각했다. 신채호는 「독사신론」에서 주족主族을 부여족으로 설정했으며, 삼국시대 고구려가 부여족을 대표한다고 보았다.

민족의 외연과 내포를 설정하기가 쉽지 않았다. 하나의 민족 단위를 설정할 때 어느 집단까지 민족 안에 포함할 수 있는지, 민족 공동체의 특징 즉 정체성을 규정하기 어려웠다는 의미이다. 주체가 복수가 되면, 주체 안에서도 다수major와 소수minor로 나뉠 수 있다. 만약 부여족을 주체로 설정하면 한족韓族, 여진족女眞族 등은 어떻게 포함하거나 배제해야 하는지 물음이 뒤따랐다.

---

i 서영대, 2010, 「근대 동아시아 3국의 신화적 국조 인식」, 『단군학연구』 23, 14~16쪽.

또한, 신채호의 부여족 중심 논의는 신라가 삼국을 통일한 이후에는 적용하기 어려웠다. 신채호는 통일신라가 중국으로부터 군사적·문화적 영향을 받았다고 비판했으며, 김부식의 『삼국사기』가 신라적 관점을 강조했다고 보았다. 영토도 조선시대 이후에는 압록강과 두만강 이남 지역으로 한정되었다. 고려시대 '묘청의 난' 이후 '낭가郞家사상'의 위축이 이런 상황을 초래했다고 보았는데, 신채호는 중국 중심의 '사대주의'와 대비해서 낭가사상이 '고유의' '진취적인' 한국의 전통 민족사상이라고 보았다.

주체의 설정은 분야사에서도 적용된다. 이른바 '조선불교' '조선미술' '조선적 기독교' 등의 연구 영역이 이에 해당한다. 근대 민족주의가 수용되면서 자국의 문화사를 정리하기 시작했다. 서양과 일본이 이룬 학문적 성과와 방법론을 바탕으로 조선문학, 조선불교, 조선미술을 연구하기 시작했다. 대표적인 성과가 권상로의 『조선불교약사』(1917), 이능화의 『조선불교통사』(1918), 안확의 『조선문학사』(1922) 등이다.

'민족문화'의 특징은 어떻게 규정할 수 있을까? 불교에서는 세계불교와 동양불교, 조선불교의 차이가, 미술에서는 세계미술과 동양미술, 조선미술의 차이가 구분되어야 한다. 즉, 공간을 세계, 동양, 한국 등으로 세분화해서 이해할 필요가 있다. 물론 삼국시대의 고구려, 백제, 신라, 고려시대, 조선시대의 불교 미술로도 나눌 수 있다. 결국 세계미술, 동양미술과 구분되는 조선미술의 독자성이 무엇인지 찾아야 한다. 이는 주체성 논의와 연결된다.

민중과 대중의 관점

전라남도 무안군 암태도에서 발생한 소작쟁의는 일제강점기를 대표하는 농민운동이었다. 1923년 초 암태청년회가 결성되었다. 같은 해 가을 소작인회에서 소작료 인하운동이 시작되었고, 1924년 들어 특정 지주를 대상으로 한 소작료 불납운동이 전개되었다. 1924년 3월 면민대회가 개최되고, 지주 측에서 농민 지도자를 폭행하는 사건이 벌어졌다.

'관점'이라는 측면에서, 암태도 소작쟁의를 보도했던 두 신문 『조선일보』와 『매일신보』를 대비해보자.

『조선일보』 1924년 4월 12일 자

쌍방 고소의 암태사건—검사국에서는 화해하라고 하나 소작회에서는 억울하여 불응

지난 3월 27일 오후 3시경에 무안군 암태면 신기리에서 그곳 지주 문태현의 부하 50여 명이 작당하여 소나무 숲속에 숨어 있다가 마침 그 길을 지나가는 소작회원 서태석, 박종남, 서동오 세 사람을 난타하여 박종남, 서동오는 중상을 당했다 함은 이미 보도했다. 그 후 피해자 박종남 씨는 의사의 진단서를 첨부하여 검사국에 고소를 제기했는데, 문태현 측에서도 역시 목포의 옥산의원 의사의 진단서를 첨부하여 피해자 측을 상대로 고소를 제기하여 서로 내가 맞았다고 주장하고 있다.

『매일신보』 1924년 3월 30일 자

수백 명의 소작인이 지주집을 습격—소작인 수백 명이 일시에 몰려와 폭행을 하며 형세가 심히 불온해 / 무장경관대 급파

수일 전부터 소작인들이 소작료를 감해달라는 요구를 지주 문재철에게 제출하여 서로 분쟁이 있었다. 지난 27일 소작인들이 결속하여 문재철의 집에 이르러서 서로 언쟁을 한 끝에 불온한 형세까지 보였으나 주재소 순사의 노력으로 간신히 해쳐 돌려보냈다. 그 이튿날 28일 새벽에 또 그들은 수백 명이 일당이 되어 문재철 부친(문태현-인용자)의 송덕비를 쓰러뜨리고 그 길로 문 씨의 집을 음습하여 문 씨의 집을 지키고 있는 30여 명의 촌민과 충돌하는 일대 활극이 일어났다.

『조선일보』의 기사에는 소작인의 억울함이라는 소작인의 입장이, 『매일신보』의 기사에는 소작인이 지주집을 습격해서 폭행을 했다는 지주의 입장이 반영되었다. 『매일신보』는 조선총독부의 기관지 역할을 담당했던 터라, 일제의 지배 권력에 동조했던 조선인 지주의 입장을 지지했던 것이다. 암태도 소작쟁의는 1926년까지 이어졌는데 농민의 검거와 재판 그리고 지주의 약속 불이행 등이 일어났다.[i]

사료의 선택과 해석에서도 누구의 관점인지가 중요하다. 남한

---

i 암태도 소작쟁의의 개요에 관해서는 최성환, 2020, 「암태도 소작쟁의의 참여 인물과 쟁의의 특징」, 『도서문화』 제56집, 국립목포대학교 도서문화연구원 참조.

산성이나 북한산성 같은 전통시대의 방어시설이었던 산성을 통해 이를 엿볼 수 있다. 다스리는 입장에서는 국가와 수도 혹은 해당 지역을 든든하게 지키기 위해 필요했겠지만, 성을 쌓은 백성의 입장에서는 피땀을 들여야 하는 일이었다. 민중사의 관점에서 보면, 당시 가마 타고 산성에 오르는 양반과 무거운 돌을 이고 지고 성을 쌓은 평민이 대비된다. 이와 연관하여, 역사에서 민중의 역할을 강조한 브레히트Bertolt Brecht의 시 「어느 책 읽는 노동자의 의문」(1935)이 주목할 만하다. 이 시에서 브레히트는 고대 문명인 테베, 바빌론이라는 도시, 만리장성, 로마의 개선문 등은 누가 만들었고, 알렉산드로스와 로마 카이사르의 '정복 전쟁' 등도 누가 함께 했는지를 묻고 있다.

한국 현대사에서 새마을운동도 좋은 사례가 된다. 나는 1980년대에 대학을 다녔고, 당시 읽은 책이 이른바 '운동권' 책이 중심인 지라, 박정희 시대와 그의 정책인 새마을운동에 비판적이었다. 한편, 김영미는 정책입안자의 관점이 아니라 적극적으로 직접 참여했던 지역의 남성, 여성 농촌지도자의 관점에서 새마을운동에 관한 인식과 이해를 살펴보았다. 김영미는 새마을운동을 "농민의 시선"에서 바라보겠다고 했고, 그래서 책의 제목을 '그들의 새마을운동'이라고 달았지 않았나 싶다.

그런데 왜 책 이름에 구체적으로 농민이나 민중을 언급하지 않았을까? 다시 말해, 익숙한 '농민의 새마을운동'이나 '민중의 새마을운동'이 아니었을까? 김영미는 '대중'에 주목해야 한다고 판단

했다. 이어 역사와 대중의 관계에 관해 "대중의 역사화는 소외되어 있던 대중들의 삶을 드러내고 그것에 역사적인 의미를 부여하려 한다. 여기서 역사가와 대중은 역사적 의미를 생산하는 복수의 주제다."[i]라고 규정했다.

김영미의 '대중'은 새마을운동에 참여했던 남성, 여성 지도자다. 특히 여성의 활동에 주목했다. 새마을운동에 적극 참여했던 여성은 이전과 달리 자신의 주장을 발표할 기회를 가졌다. 심지어 전국적 모임과 연수에 참여하기 위해 자신의 고장을 떠나 짧은 기간이지만 '외박'을 할 수 있게 된 것이다. 김영미는 새마을운동이 여성에게 "인간으로서의 자존감을 느끼게 해 주었기 때문"[ii]이라고 언급했고, 이들은 "국가의 호명을 받은 여성들"이라고 보았다.

역사가의 관점 세우기

역사 서술의 객관성, 중립성, 보편성을 위해 균형 감각이 필요하다. 조금 더 구체적으로 보자면, "한 사람의 역사가가 객관적 진실성이 더 높은 사실史實을 뽑아내기 위해서는 우선 그 시대가

i 김영미, 2009, 『그들의 새마을운동』, 푸른역사, 9쪽.
ii 김영미, 2009, 『그들의 새마을운동』, 푸른역사, 208쪽.

필요로 하는 사실이 무엇인가를, 더 넓게 말하면 그 시대가 가진 역사적 요구가 무엇인가를 정확하게 파악하는 노력이 필요한 것이다."[i]라는 주장에 동의한다. 더불어, 자신의 주관과 입장이 존재해야 한다. 이를 '주체성'이라 하고, 이에 바탕으로 시대와 인물을 해석해야 한다.

주체인 역사가가 역사를 해석하는 기준을 '당파성'이라고 한다. 당파라는 말이 부정적으로 다가온다면, '계급성'이라고 표현해도 좋다. 혹시 계급성이 너무 '좌파적'이라고 느껴진다면, '자신의 관점에서 역사를 해석한다.' 정도로 풀어 쓰자. 이러한 관점에 영향을 주는 것으로는 학연, 지연을 비롯해 출신과 직업 등을 들 수 있다.

관점에 영향을 주는 요인으로 '기득권'도 함께 언급될 수 있다. 1980년대 대학생과 지식인은 선택받은 존재였다. 당시 기득권은 중요한 물음이었다. '기득既得'은 미리 주어졌다는 뜻이고, 그러므로 대학생은 자신에게 부여된 사회적 책무를 맡아야 한다는 것이다. 대학생이 전체 고등학교 졸업자의 30퍼센트가 조금 넘는 시절이었으며, 학과 공부를 소홀히 하더라도 취업은 어렵지 않았던 상황이었다.

대학생은 '쁘띠 부르주아지'라고 불렸다. '쁘띠'는 소小로 번역되

---

i 고려대학교 문과대학 사학과 교수실 편, 1979, 『역사란 무엇인가』, 고려대학교 출판부, 29쪽.

기도 했다. 신분 상승의 기회가 주어져 있으며, 유동적인 계급·계층적 성격을 지녔다고 이해되었다. 그 대척점에 민중이 있었다. 민중은 신분 상승의 기회를 잡기 어려웠다. 이러한 민중은 어떤 존재인가에 따라, '대자적對自的' 민중과 '즉자적卽自的' 민중으로 구분하기도 했다. 이 개념을 1978년에 나온 한완상의 『민중과 지식인』이라는 책에서 처음 접했다. '대자적 민중'은 사회적 의식을 스스로 지닌 존재를 의미했다. 여튼 당시 대학생은 자신의 계층·계급적 이해관계를 넘어서 민중의 편에 서는 것을 당파성이라고 이해했다.

당파성에 입각한 역사 서술은 독자에게 대중적인 동의를 얻어내려는 과정이기도 하다. 그 극단에 '국뽕'이 있다. 한국과 마약(히로뽕)을 합친 말로, 한국적인 것에 높은 가치를 부여한다는 말이다. 그런데 무엇인가 자부심을 심어줄 때 대비되는 존재가 있으면 더 효과적이다. 그 대상으로 서양도 있지만, 한국은 주로 중국이나 일본과 비교하였다. '국뽕'은 국가 간 군사력 비교에서 가장 두드러지게 나타나는데, 일본이나 중국, 북한 등 주변 국가와 전쟁을 가정하고 그때 '우리'가 이길 수 있다는 논리가 주로 전개된다. 매우 위험하다.

한국이 핵무기를 가질 수 있었다는 내용의 소설 『무궁화꽃이 피었습니다』는 이러한 군사적 '국뽕'을 고스란히 담았는데, 1990년대에 정말 많이 팔렸다.[i] 이와 관련하여, 반전과 평화운동

---

i 김진명, 1993, 『무궁화꽃이 피었습니다』 1~3, 해냄.

에 참여한 진보적인 학자 한 분이 이 책을 읽었다고 했던 기억이 난다. 평소 전쟁과 갈등보다는 평화와 화해를 강조하던 분이어서 그 얘기를 듣고는 의아했다. 비록 정치적 입장이 다르지만 베스트셀러를 읽는 이유는 대중의 정서를 이해하기 위한 것이라고 그분은 얘기했다.

대중적으로 많이 팔린 베스트셀러는 시대적 욕구를 반영하고 있다. 물질적으로 이길 수 없는 일본에 대한 정신적 승리에 관한 갈망 역시 그러하다. 남북한이 군사적으로 협력해서 일본을 공격한다는 이현세의 『남벌』이라는 만화도 있었다. 많이 읽고 팔린 책이라고 해서, 시대적 욕구를 반영한다고 해서 그 논지가 옳다고 볼 수는 없다.

대학에 들어가서 가장 먼저 읽어야 하는 책 가운데 하나가 『아무도 미워하지 않는 者의 죽음』이었다. 줄여서 '아미자'라고 불렸던 이 책은 대학교 1학년 때 사학과 학회에 들어가서 『난장이가 쏘아 올린 작은 공』[i] 『현대의 휴머니즘』[ii] 등과 함께 읽었다. 내가 읽은 '아미자' 서지사항을 보니 1979년 출간되었다(잉게 숄, 박종서 옮김, 1979, 『아무도 미워하지 않는 者의 죽음』, 청사). 이 책은 이후에도 여러 출판사/번역자 판본으로 계속 출간되었다. 나는 2012년 출간된 책을 다시 읽었다(잉게 숄, 송용구 옮김, 2012, 도서출판 평단).

---

i 조세희, 1978, 『난장이가 쏘아올린 작은 공』, 문학과지성사.
ii 務台理作, 풀빛편집부 옮김, 1982, 『현대의 휴머니즘』, 풀빛.

20대 초반만큼의 감흥은 없었다. 이유는 책 때문이 아니다. 독자인 내 나이가 50대가 되었기 때문이다.

또한, 이 책을 읽은 시대가 달랐다. 1980년대는 전두환 정권 시대였다. 따라서 1940년대 초반 독일 나치즘 상황과 연동될 수 있었다. 번역자 송용구가 "'백장미'단의 저항 운동은 인간을 위한 '정의'와 인간을 위한 '사랑'이 없다면 '자유'와 '진리'를 옹호할 명분도 없다는 것을 영원한 정신적 유산으로 우리에게 물려주고 있다."[i]라고 한 이야기에 동의한다. 정의와 사랑은 분명 통시대적이다. 하지만 시대 역시 나이를 먹는다. 1980년대 독재의 시대와 달리 2020년대에는 한국의 민주주의가 성장했기 때문이다.

요즘은 힘들 때면 유대인 수용소의 경험을 담은 프리모 레비Primo Levi의 『이것이 인간인가』를 다시 읽는다.[ii] 이 책은 이탈리아 출신 유대인 프리모 레비가 1947년 출간한, 아우슈비츠 강제수용소에 관한 증언이다. 소장하고 있는 번역본은 2018년 초판 31쇄본이다. 초판 1쇄본이 2007년에 나왔으니 그만큼 많은 사람에게 사랑 받고 있다는 뜻 아닐까 싶다. 나이가 들어갈수록 나는 레비에게 더욱 감정이입이 용이하다고 생각한다.

개인적인 경험을 덧붙이면, 김광석의 노래 〈서른 즈음에〉를 37살에 처음 알게 되었다. 만약 20대 후반에 "점점 더 멀어져 간다. 머

---

i 잉게 숄, 송용구 옮김, 2012, 『아무도 미워하지 않는 자의 슬픔』, 도서출판 평단, 198~199쪽.

ii 프리모 레비, 이현경 옮김, 2007, 『이것이 인간인가』, 돌베개.

물러 있는 청춘인줄 알았는데 비어가는 내 가슴속엔 더 아무것도 찾을 수 없네"라는 가사를 알았더라면 힘든 시절에 많은 위로를 받았을 것으로 생각된다. 아울러 니체의 『차라투스트라는 이렇게 말했다』는 50대에 처음 읽었다. 많은 부분이 이해되지 않는다. 아마 젊은 시절에 읽었어도 이해되지 않는 부분이 많았을 것이다. 그럼에도 20~30대에 이 책을 읽었다면 1980~90년대 깡말랐던 필자의 심성이 보다 풍요로웠을 것 같다.

역사가에게는 입장을 선명히 밝혀 독자의 동의를 끌어내는 일이 중요하다. 나는 몇 해 전 이광수, 최남선, 홍명희 세 사람의 삶을 교차해서 서술한 『동경삼재東京三才』라는 책을 출간했는데, 사료가 말하고 독자가 판단하기를 바랐던 터라 속으로는 누군가를 지지하면서도 이를 드러내지 않으려고 했다. 시기를 나누어 각 장마다 1/3씩 세 사람의 저술 활동과 사회활동을 나누어 공평하게 서술했다. 기계적 균형을 맞추느라 결국에는 밋밋한 글이 되고 말았다. 다시 이 주제로 책을 쓴다면 누군가를 지지하는 입장과 이유를 밝히는 것이 필요하다고 생각한다.

『동경삼재』가 출간된 후 많은 사람으로부터 "'세 명의 천재'라고 했는데, 이들 세 사람은 정말 똑똑했는가? 세 사람 가운데 누가 가장 천재인가?"라는 질문을 받았다. 세 사람은 모두 똑똑한 사람들이었다. 세 사람 모두 자신의 '재능'에 관해 자부심을 갖고 있었지만, 속내를 더 들여다보면 이광수는 최남선과 홍명희에 비해 부족하다고 생각했고 이광수와 최남선에게는 홍명희 가문에 대한 '열등감'이 존재했다.

필자에게 세 사람을 각각 한 줄로 평가하라고 한다면, 우선 이광수는 빛나던 10~20대의 계몽과 관련된 생각을 50대까지 바꾸지 않은 사람이었다. 최남선은 말하기와 글쓰기 재능을 스스로 감추지 못한 사람이었다. 홍명희는 자신을 별로 자랑하지 않았지만, 주위에서 인정받은 인물이었다. 지금은 '조선삼재朝鮮三才'라는 책을 구상하고 있는데, 그 책에서는 필자의 해석과 평가를 보다 적극적으로 표현해보고자 한다.

9장

인물의 평가

위인의 등장과 위인전의 구성

어린 시절 위인전을 즐겨 읽는 데는 장차 커서 그 인물의 장점을 본받고자 하는 교훈적 의도가 크게 작용한다. 그렇다면, 위인이 세상을 만들까 아니면 세상이 위인을 만들까? 조선의 넷째 임금인 세종의 예를 들어보자. 당시 세종이라는 임금이 없었다면 측우기나 한글 창제 같은 문화적 사업은 틀림없이 어려웠을 것이다. 한편, 세종 때 그러한 문화가 꽃피울 수 있었던 또 다른 주요한 이유는 당대에 사회적, 경제적 토대가 마련되었고, 집현전 학자와 장영실 같은 인물이 있었기 때문이다.

신채호는 『조선상고사』에서 "개인으로부터 사회를 만드느냐 사회로부터 개인을 만드느냐"라고 묻고는, 시대와 환경이 인물을 생겨나게 하는 재료가 되고 그 인물 역시 시대와 환경을 이용하는 능력이 남다르다고 평가했다. 즉, 신채호는 그러한 인물은 시대적 상황 속에서 자신 삶의 목표에 맞는 길을 택할 능력이 있는 사람이라고 보았다. 들뢰즈Gilles Deleuze와 가타리Pierre-Félix Guattari는 『천 개의 고원』에서 역사와 인간의 관계를 점에서 선으로 이어질 수 있는 것으로 아름답게 서술했다.

> 역사는 (역사는 자신을 삽입하는 자들, 또는 심지어 역사를 개정하는 자들에 의해서가 아니라) 역사에 대립하는 자들에 의해서만 만들어지는 것이다. 하지만 무슨 도발에 의해서가 아니라, 오히려 그들이 맞닥뜨린 완전히 만들어진 점의 세계, 또는 그들 자신이 발명한 점의 체계는 다음과 같은 조작을 허용해야 하기 때문이었다. 즉 선과 사선을 해방시키고, 점을 만드는 대신 선을 긋고, 까다로운 또는 개량된 수직선과 수평선에 달라붙는 대신 지각할 수 없는 사선을 만들어내는 것이 그것이다.[i]

위인은 영웅에 관한 담론과 연결된다. 민족 영웅의 등장은 근대적인 현상이었다. 한말 시기에는 위인 혹은 영웅이 강조되어 이순신, 을지문덕 등 전쟁 영웅이 주로 소개되었다. 위인전을 저술한 계몽운동가는 이러한 전쟁 영웅을 본받아, 무명無名의 영웅이 나오기를 바랐다. 국민이 본받을 모델로 영웅을 제시하는 한편으로, 영웅 중심의 논의를 넘어서 "역사의 주체는 민중이다."라는 관점에서 '무명 영웅'을 강조하기도 했다.

지금도 위인에 관한 관심이 높다. 어떤 인물까지 알아야 할까? 유아와 초등학생 시절부터 읽었던 위인전과 〈한국을 빛낸 100명의 위인들〉 같은 노래에는 어떤 패턴이 있는 걸까? 100인의 위인, "나라를 빛낸" 등으로 한정된 리스트에 포함되어 소개되는 인물

---

i 질 들뢰즈·펠릭스 가타리, 김재인 옮김, 2001, 『천 개의 고원』, 새물결, 559쪽.

은 누구인가? 100명에서 빠진 위인은 어떠한 인물일까? 나아가 어떤 인물의 이름을 기억해야 할까?

역사학에는 인물을 선택해서 서술하는 다양한 방법이 존재한다. 우선, 한 개인에 집중하는 방법이 있다. 그리고 인물을 선정할 때는 기본적으로 서술자인 역사가 본인의 관심을 바탕으로 한다.

한편, 이이화는 조선시대를 중심으로 한국의 다양한 인물 약전을 집필했다.[i] 또한, 옛사람이 갈림길에서 만난 선택과 결단에 주목한 인물사도 있다.[ii] 이 밖에도 근현대 여성을 살펴보거나,[iii] 일제강점기 일제로부터 '불온'으로 규정된 인물에 집중하는[iv] 등 특정 주제에 집중하는 방법들이 있다. 임경석은 "잊힌 사람이지만 잊을 수 없는 사람"에 대해 애정을 바탕으로 일제강점기에 민족해방운동과 사회주의운동을 했던 이들의 삶을 입체적으로 구성했다.[v] 개인적으로, 닮고 싶고 배우고 싶은 인물 글쓰기다.

잊힌 인물을 얘기하니 또 한 사람 떠오른다. 제1차 세계대전은 어느 세르비아 청년이 오스트리아 황태자 부부를 저격한 것이 원인이 되었다고 한다. 오스트리아 황태자의 이름이 프란츠 페르디

---

i 이이화, 1989, 『역사인물 이야기』, 역사비평사.
ii 박광용 외 17인, 1999, 『역사의 길목에 선 31인의 선택』, 푸른역사.
iii 박석분·박은봉, 1994, 『인물 여성사—한국편』, 새날.
iv 정병욱, 2013, 『식민지 불온열전』, 역사비평사.
v 임경석, 2008, 『잊을 수 없는 혁명가들에 대한 기록』, 역사비평사.

난트Franz Ferdinand라는 것을 안다면, '어느' 인물의 이름이 가브릴로 프린치프Gavrilo Princip라는 것도 알아야 한다. 또한, 가브릴로 프린치프가 누구이고 왜 암살을 시도했는지를 살펴보아야 한다. 프린치프는 보스니아-헤르체고비나에서 태어나 자란 세르비아계 청년이었다. 반反오스트리아-헝가리 제국 시위 가담 혐의로 학교에서 퇴학을 당한 후, 친구들과 함께 오스트리아 황태자 암살 계획을 세운다. 체포된 동료 가운데 유일하게 사형을 면했다. 만 20세로부터 27일이 모자라는 미성년자였기 때문이었다. 감옥에서 온갖 학대를 받다가 제1차 세계대전이 끝나기 직전 결핵과 영양실조로 세상을 떠났다고 한다. 역사에서는 주로 유명한 인물과 사건만 기억될 뿐이지만, 좀 더 관심을 가지면 기억해야 할 많은 인물이 있다.

위인전은 한말, 일제강점기, 해방 이후 등 시대별로 차이가 있을까? 위인의 소개는 세태를 반영한다. 한말에는 구국의 영웅이 중심이 되었다. 일제강점기에 들어가면서는 다양한 위인이 소개되었다. 1920~30년대에는 산업과 예술 분야의 인물도 소개되었다. 노력을 통해 산업으로 '성공'했던 인물을 소개한 새뮤얼 스마일스Samuel Smiles의 『자조론Self-Help』(1859)은 지금까지도 자기계발서라는 명목으로 여러 차례 번역되었으며, 그의 또 다른 저서들을 통해서는 여러 과학자와 기술자가 소개되었다. 1930년대 파시즘이 대두되었을 때는, 무솔리니와 히틀러에 관한 소개도 이루어졌다.

요즘에는 유아/초등/중등 단계별로 편집된 위인전이 나와 있다. 중고등학생 대상으로는 대학 입시 때문에 상대적으로 위인전 독서 시장이 좁은 반면, 초등학생 대상으로는 광범위하게 위인전 단행본 및 전집이 출판되고 있다. 대형 출판사에서 간행되는 위인전은 교육과 연결해서, 위인으로부터 얻을 수 있는 교훈에 집중한다. 물론 나이대별로 위인의 '상像'에 관해 해석과 설명을 달리할 수 있다.

위인의 삶과 변곡점

흔히 접하는 위인전이나 자서전은 일반적으로 인물이 태어난 시기의 시대적 환경이 어떠했는지, 어느 가문 출신이며 어느 학교에서 학문적 수련 과정을 거쳤는지를 살펴보는 데서 시작한다. 근현대사의 인물이라면, 초중등 학업 수련 과정이나 다녔던 대학의 커리큘럼 등을 확인하고 학적부를 통해 어떤 교수의 어느 과목을 수강했는지 되짚어보는 일이 도움이 된다. 하지만 같은 해, 같은 대학, 같은 과, 같은 선생님의 수업을 들었더라도 대부분 다른 직업, 다른 삶을 살고 있다. 다시 말해, 태어난 시기가 이후 그의 삶에 직접 연결되는 것도 아니며, 수백, 수천에 달하는 '누구의 자손' 및 '어느 학교 출신'이 같은 시기에 각각 다른 삶의 궤적을 그리는 것이다.

한 사람의 삶을 구분할 때 인생의 준비기, 절정기 등을 설정할 수 있다. 자료 중에서는 본인이 남긴 기록이 무엇보다 중요할 것이다. 그중에서도 절정기에 관한 자료는 다른 시기보다 많을 테고, 인물 평가와 관련해 위인의 삶에서 변곡점을 찾는 일이 역사가에게는 중요한 과제다.

인물에 관한 글은 『백범일지』 『간디 자서전』처럼 본인이 직접 쓴 자서전, 『아리랑』 『전태일 평전』 『아무도 미워하지 않는 자의 죽음』 처럼 다른 사람이 인물의 기록 및 여러 자료를 취합하여 쓴 평전으로 나눠볼 수 있다. 위인전이나 평전을 읽는 것과 자서전을 읽는 것에는 어떠한 차이가 있을까?

간디 위인전을 비롯해 초등학생을 대상으로 하는 위인전은 대부분 '미화'된 내용을 중심으로 이루어져 있다. 그런데 내가 대학교 1학년 때 읽은 『간디 자서전』은 여느 위인전과 달랐다. 잘 알려져 있듯이 간디는 귀족 가문 출신으로 영국 식민지였던 인도에서 태어나 영국 유학을 하고 변호사를 지냈지만, 그 모든 걸 버리고 인도 민중과 함께하는 삶을 택했다.

간디의 삶에서 중요하게 언급되는 장면은, 변호사 자격증을 취득한 뒤 업무상 남아프리카로 기차를 타고 가던 중 겪은 일이다. 당시 간디는 일등석 기차표를 가지고 있었는데도 '유색인'이라는 이유로 짐칸으로 옮기라는 강요를 받았다. 이를 거절하자 간디와 그의 짐은 밖으로 팽개쳐졌고, 그대로 기차는 떠나버렸다. 이때의 심정을 간디는 자서전에서 다음과 같이 밝혔다.

9-1 남아프리카에서 활동 당시 간디.

나는 나의 의무에 대해 생각하기 시작했다. 내 권리를 위해 싸워야 하느냐, 아니면 인도로 돌아갈 것이냐, … 나의 의무를 완수하지 않고 인도로 돌아간다는 건 비겁하다. 내가 당한 고통은 피상적인 것에 불과하다. 그것은 유색인종에 대한 편견이라는 깊은 병의 증상에 불과하다. 어떤 고통을 겪는다고 해도 가능하면 그 병의 뿌리를 뽑도록 노력해야 한다.[i]

개인의 체험이 공동체 전체의 과제로 전환되는 순간이었다. 간디의 자서전에서는 인종차별 외에 조혼 경험을 비롯해, 채식을 택하면서 우유를 먹는 것에 관한 그의 개인적인 고민 등도 읽을 수 있었다. 대학 시절 『간디 자서전』을 읽은 이후 여러 자료와 책을 통해 간디의 장점뿐만 아니라 단점도 알게 되었다. 그렇지만 대학 시절 알게 된 인간 간디의 속내 표현에서 받은 강렬한 인상은 오래도록 남았다. 특히 인도 안에서도 최고 지식인이었던 간디가 그의 『자서전』에서 '부끄러움' 즉 수치를 자주 언급한 것이 인상적이었다.

i 마하트마 K. 간디, 박홍규 옮김, 2020, 『간디 자서전』, 문예출판사, 179쪽.

왕건의 정치적 포용력

후삼국을 통일한 왕건을 필두로 고려부터 근현대까지 우리 역사 속 인물들을 살펴보자.

다음 쪽 그림은 왕건의 동상으로, 의자에 앉아 있는 모습이며 높이는 138.3센티미터이다. 1992년 북한 개성에서 왕건의 봉분으로부터 북쪽 5미터 지점에서 발견되었는데, 처음에는 불상으로 추정되기도 했다. 그러나 머리에 쓴 관의 형식 및 『고려사』와 『조선왕조실록』 등의 기록을 통해, 사후 '신과 같은 존재'로 모셔졌음이 밝혀졌다. 발견 당시에는 허리띠 장식과 함께 얇은 비단 천이 붙어 있었는데, 본래 비단 의복을 입고 모셔졌다고 한다.[i] 왕건은 도대체 어떤 사람이었길래 후삼국을 통일하고 신과 같은 존재로 모셔질 정도로 추앙받게 되었을까?

여느 나라의 멸망이 그러하듯, 천년을 이어온 신라의 몰락도 골품제 시스템의 경직성과 지배층의 정권 다툼이라는 내부 분열에서 시작되었다. 이러한 혼란기에 왕건이 어떻게 지도자로 등장했는지 살펴보자.

우선, 왕건은 개성 지방을 근거로 한 호족 출신으로 경제력을 지니고 있었다. 더불어, 우수한 해군력을 바탕으로 후백제 후방인 나주 지역을 확보하는 등 군사적 지도자로서의 면모도 지니고 있

---

i 국립중앙박물관, 2006, 『북녘의 문화유산』, 도서출판 삼인, 110~115쪽.

9-2 왕건의 상.

었다. 그런데 사실 당시는 신라 왕권의 약화를 계기로 지방의 세력가가 스스로 장군, 성주라고 부르면서 신라 왕실에 공공연히 도전했던 때로, 왕건 정도의 군사적 능력을 지닌 인물은 많았다.

대표적으로, 한반도 중부 지역의 패권을 차지하고 있던 후고구려의 궁예 그리고 군인 신분으로 무공을 쌓아 출발해 국가체제를 완성하며 후백제를 건국한 견훤 역시 한 시대의 인물이었다. 왕건이 용의 딸과 결혼한 할아버지를 두었다며 '용의 자손'이라고 자신을 선전했다면, 궁예는 신라 왕실의 왕자였고 견훤 역시 여느 보통 사람과 다른 출생 이야기를 지닌 신비한 인물이었다. 심지어 왕건은 견훤과의 싸움에서 몇 차례의 패배를 경험하기도 했다.

궁예를 물리치고 고려를 건국하고, 나아가 견훤을 이겨 후삼국을 통일할 수 있었던 건국자로서 왕건의 능력은 어디에서 찾을 수 있을까? 정치에서 2인자는 항상 불안한 위치다. 왕건은 해군 운영 및 나주 경략經略이라는 독보적인 군사적 능력을 통해 지위를 보존했다. 나아가 일부러 적을 만들지 않고 당시의 호족을 자신의 편으로 만들 수 있었던 정치력과 포용력은 궁예와 견훤이 가지지 못한 왕건만의 능력이었다.

왕건은 후삼국 통일 과정에서 왕후 6명을 포함하여 모두 29명과 결혼을 했다고 한다. 그 상대들의 출신을 조사해보니, 대부분 당시의 실력자인 호족의 딸이었다. 즉, 왕건은 혼인 정책을 통해 호족층의 지지를 얻었다. 왕건은 정말 가까운 측근에게는 자신의 성姓을 내려주어, 가족으로 만들었던 것이다.

후삼국의 통일 과정에서는 각 세력이 취한 신라에 관한 정책이 중요했는데, 후고구려의 궁예는 스스로 신라에게서 버림받았다고 자처하고 적대적 관계를 설정했으며 후백제의 견훤은 신라의 수도 경주까지 쳐들어가 신라왕을 죽이고 새로운 임금을 세우는 극단적인 방법을 취했다. 반면, 신라에 원군을 파견한 왕건은 비록 패배했지만 신라인에게 호감을 얻었다. 왕건은 신라의 마지막 임금인 경순왕에게 자신의 두 딸을 시집보내고 그 역시 신라 왕실의 여성을 부인으로 맞이함으로써 피 흘리지 않고 신라와 합쳤다.

정치 지도자는 피지배자에게 '두려움'을 주어서는 안 된다고 한다. 『삼국사기』에는 당시 경주 주민들이 "옛날 견씨가 왔을 때는 승냥이와 호랑이를 만난 것 같더니, 오늘 왕공王公께서 와 보니 마치 부모를 뵙는 것 같구나."[i]라고 말했다는 기록이 있다(견씨는 견훤을, 왕공은 왕건을 가리킨다). 왕건은 백성들에게 '부모'처럼 받아

---

i 김부식, 『삼국사기』; 김부식, 이강래 옮김, 1998, 『삼국사기』 I, 한길사, 298쪽.

들여진 리더십을 가졌던 것이다.

왕건의 포용성은 시대적 과제를 해결할 수 있는 능력을 잘 보여주며, 이것이 바로 후삼국 통일의 힘이었다. 왕건은 발해의 유민을, 아들과의 권력 다툼으로 쫓겨난 정치적 경쟁자 견훤을, 전쟁에서 항복한 견훤의 아들 신검을 받아들였다. 아울러 왕건은 즉위한 후 곧 대대적으로 농민의 세금을 3분의 1로 줄였다. 이 일을 계기로 농민들은 왕건에게 지지를 보내고 그의 휘하에서 통일 전쟁에 참여했다.

다시 말해, 왕건은 당시 후삼국을 통일할 만큼 월등한 군사력과 강력한 권력을 소유한 인물은 아니었지만, 때를 기다리는 인내력을 비롯해 후백제와 신라 그리고 지방의 호족을 끌어안는 포용력은 당대 여느 지도자에 비해 남달랐다. 그 결과, 고려의 건국은 신라의 골품제 사회를 극복하고 지방 호족 출신에게 정치 참여 기회를 확대하는 계기를 만들었다.

태종 이방원의 역사적 역할

역사에서 자신의 역량으로 돋보이는 인물도 있지만, 후대의 평가에서 가교 역할로 주목받는 인물도 있다. 조선의 태종은 후자에 해당한다. 모든 일은 시작하는 것보다 이를 잘 유지하고 발전시키는 것이 어렵다. 한 공동체의 역사에서도 건국자와 계승자가 잘 이어지면 그 공동체의 역사가 오래 지속되기 마련이다. 그 과정에서, 계승자가 쌓은 업적은 그 토대를 구축한 전임자에 주목해 봐야 한다.

훈민정음, 측우기 등 우리에게 잘 알려진 조선 전기 세종 때의 화려한 문화적 업적은 바로 태종의 역할과 깊은 관련이 있다. 따라서 태종이 18년간 왕권을 어떻게 유지하고 아들인 세종에게 전달했는지 살펴봐야 한다.

태종 이방원(태조의 다섯째 아들)은 건국에 큰 공을 세웠지만, 왕위를 계승할 왕세자는 아니었다. 그래서 그는 1차 왕자의 난에서 태조의 여덟째 아들이자 세자인 이방석과 최측근 정도전을 제거하고 2차 왕자의 난에서는 태조의 넷째 아들 이방간을 제거하고는 왕위에 오를 기반을 마련했다.

왕세자로 책봉된 이방원은 국가가 아닌 개인의 군사 양성을 금지하는 사병 혁파를 단행하고, 정치적으로 유력한 공신의 사병을 국가가 환수해버렸다. 이는 물리력을 국가에 집중시키는 방법의 일환이었다. 왕위에 오른 후에도 태종은 계속 국가의 군대를 확장하여 왕실의 권위를 높였으며, 관료의 권한을 대표하는 의정부의 기능을 약화시켜 상대적으로 왕권을 강화했다. 즉, 태종이 즉위한 이후 주력한 일은 왕권의 안정화였다. 또한, 태종은 세종의 왕이 될 자질을 알고 무리해서 양녕대군을 물러나게 하고 세종을 왕세자로 즉위시켰다. 세종은 태종의 셋째 아들로 태어나 양녕과 효령이라는 두 형이 있었고 맏형인 양녕이 어려서부터 왕세자로 책봉되어 있었으나, 태종이 1418년 "어진 이를 택한다."는 명분을 내세워 충녕대군(훗날 세종)을 왕세자로 삼은 것이다.

하지만 왕권이 강화되었다고 해서 곧 사회, 경제 전반이 발전한 것은 아니었다. 고려의 경우 4대 임금인 광종은 호족을 견제하여 왕권을 강화했지만, 뒤를 이어 즉위한 경종 초기 다시 호족 세력이 권력을 장악했다. 세종의 빛나는 업적 뒤에 있었던 아버지 태종의 역할을 생각해보자. 태종은 1418년 8월 세종이 즉위한 이후에도 4년간 섭정을 하고 난 뒤 세종에게 정무를 보게 하면서도 죽을 때까지 병권을 세종에게 넘겨주지 않았다. 아들의 국무 부담을 줄여주고 왕권에 대한 도전 세력에 대해 경계하는 역할을 태종이 담당했기 때문에, 왕권을 안정화하면서도 세종이 사회 전반에서 빛나는 업적을 이룰 수 있었다.

더불어 세종의 통치 기간은 비교적 여건이 좋은 시기였다. 15세기에는 외적의 침입도 두드러지지 않았고, 정치적인 여러 불안 요소가 태종 때 이미 정리되어서 안정된 정치를 펼 수 있었다. 아울러 태종은 세종에게 상당히 풍족한 재정과 우수한 관료집단을 남겨놓았다. 세종이 걸출한 임금인 것은 틀림없지만, 세종의 업적은 태종의 노력을 바탕으로 결실을 맺었다는 것 역시 기억해야 한다. 즉, 태종이라는 든든한 방패가 세종 대의 '황금기'를 낳은 것이다.

일반적으로 아버지의 업적이 너무 크면 자식은 그만치 따라가지 못한다고 한다. 태종은 세종에게 "모든 악업은 내가 질 터이니 세자는 성군의 이름을 얻으라."는 말을 전했다고 한다. 건국 과정에서 태종 자신은 피를 흘리고 권력을 잡았지만, 아들 대에 이르러서는 태평성대를 바라는 아버지의 마음이라고 보인다. 이 점에서 세종은 행운아였다고도 볼 수 있다.

'쓰러지지 않는' 부도옹 흥선대원군

사람들은 역사적 인물 가운데 어려움을 극복하고 자신의 의지를 관철시킨 인물에 보다 많은 매력을 느낀다. 특히 권력의 정점을 여러 차례 경험했던 인물이라면 더욱 그러하다. 한번 정점에서 내려오면 복귀하기 어려운 것이 사실이다. 중국의 덩샤오핑鄧小平은 실각하여 공장의 중간 관리자를 지내다가 다시 최고 지도자의 자리에 올라, 오뚝이를 닮았다고 해서 '부도옹不倒翁'이라고 불린다. 우리 역사에서 그러한 인물을 찾으면 아마 흥선대원군(이하응)을 들 수 있을 것이다.

당시 우리나라는 안으로 백성의 불만과 동요를 잠재우고 부패한 정권을 바로 세우면서, 밖으로는 서구 열강의 도전에 맞서야 하는 어려움에 직면해 있었다. 그러나 세도 정치 세력은 개혁보다는 권력 유지에 급급하여 똑똑한 왕족들을 '역적모의'의 주범으로 몰아 죽였다. 이에 철종과 6촌 사이인 이하응은 일부러 난봉꾼 행세를 했다. 그는 먹을 것을 찾아 이 집 저 집 다닌다고 해서 '상갓집 개'라고 놀림당하면서도, 조정에서 가장 높은 어른인 조대비(24대 헌종의 어머니)와 가까이했다. 그리고 둘째 아들(훗날 고종)에게 제왕의 몸가짐과 학문을 익히게 하는 등 40대 중반까지 치밀하게 앞날을 준비한 야망의 사나이였다.

12살 난 어린 고종이 왕위에 오르자 실질적으로 집권을 한 대원군은 우선 부패한 세도 정치 세력을 제거하고, 평민이나 중인, 아전 중에서 유능한 자를 기용했다. 또한, 지방 양반과 유림 세력의 집결지로서 농민 수탈의 근거지이며 왕권을 약화시킨 요인이었던 서원을 대폭 줄였다. 경복궁의 중건 역시 왕권의 권위와 위엄을 높여 약해진 조선왕조를 다시 세우려는 정치적 의지의 표현이었다. 이러한 정책은 세도 가문의 부패상과 비교되어 대원군의 인기를 높이는 효과를 낳았다.

반면, 대외 문제에서는 '쇄국'으로 일관했던 점에서 한계가 많았다. 대원군 집권기에 프랑스, 미국과 두 차례의 전쟁(병인양요와 신미양요)이 벌어졌다. 이 서양 군대는 무장한 군함과 대포의 막강한 화력을 앞세워 깊숙하게 육지로 들어왔지만, 우리 군대가 매복해 있다가 조총과 활을 가지고 전투를 이기자 대원군은 이를 서양에 대한 승리로 착각했다. 그러고는 전국 곳곳에 '척화비'를 세웠다. 이로써 서구 열강의 힘을 객관적으로 볼 수 있는 기회를 잃어버렸고, 받아들일 만한 서양의 근대적 군사기술조차 외면했다. 대원군 집권 10년 동안 쇄국으로 인해 우리나라는 자주적 근대화를 위한 준비 작업을 수행하지 못했다.

대원군의 실각 뒤 집권한 민비를 중심으로 한 민씨 세력은 계속되는 외세의 개항 요구 속에서 정권을 보호하려고 일본과 강화

9-3 흥선대원군과 전라남도 함평공원의 척화비. "양이가 침범하는데 싸우지 않는 것은 화친을 주장하는 것이다. 화친을 주장하는 것은 매국(賣國)이니 후세 자손들은 이를 경계해야 한다. 병인(丙寅)에 짓고 신미(辛未)에 세운다."라고 적혀 있다.

도조약을 맺어 문호를 개방했다.[i] 그렇지만 대비책 없이 이루어진 문호개방으로 인해 많은 문제가 발생했다. 대표적인 예로, 쌀 수출로 인해 발생한 서울의 쌀값 상승과 13개월 동안 밀린 봉급에 불만을 가진 서울 하층민과 군졸들이 일으킨 1882년 임오군란을 들 수 있다. 이러한 거대한 민民의 에너지를 배경으로, 대원군은 은둔생활을 벗어나 실각 후 10여 년 만인 62세의 나이에 다시 재집권했다.

---

i 최덕수, 2021, 『근대 조선과 세계』, 열린책들, 19~77쪽.

재집권 후 대원군은 우선 실각의 원인이 되기도 했던 경복궁의 수리를 중지하여 실추된 정치적 위신을 일신했다. 아울러 백성의 부담을 완화하고자 법에 정해진 세금 말고 국가에서 거두는 모든 세금을 없애고, 물가 안정을 위해 무계획적인 화폐 발행과 진상품을 폐지하는 등 다양한 민생안정책을 펼쳤다. 그러나 이러한 일련의 시도도 서울에 군대를 주둔시키고 있던 청나라에 의해 수포로 돌아갔다. 대원군의 강력한 배외 의식을 두려워한 청나라는 조선에 대한 정치적 지배를 강화하기 위해 대원군을 중국에 납치했고, 그 결과 33일간의 2차 집권은 막을 내리게 되었다.

조선왕조의 마지막 파수꾼을 자처한 대원군은 조선왕조의 건전한 재건이라는 차원에서 개혁을 지향했고, '전통 속에서 혁신'을 추진했다고 볼 수 있다. 그러나 자주적 근대화를 이루지 못한 점에서는 한계가 많은 인물이었다. 그럼에도 격동하는 역사 속에서 40대 중반까지 세도 정치 세력의 박해를 참아내고 최고 권력자인 대원군의 자리에 올라갔으며 실각 후 60살이 넘은 나이에 재집권의 발판을 마련한 이하응의 삶을 통해, 우리는 넘어져도 다시 일어서는 오뚝이와 같은 모습을 발견하게 된다.

순종의 죽음과 6. 10 만세운동

죽음이 의미를 지니는 인물도 있다. 우리 역사에서 한 사람의 죽음이 사회구성원 모두의 삶에 영향을 미칠 정도로 무게감을 가졌던 경우다. 우리는 민영환이 어떤 관직에 있었는지는 잘 모르지만 을사늑약에 반대하여 자결한 사실을 기억하며, 김구의 죽음 역시 민족구성원 모두에게 통일 문제를 숙제로 남겨놓았다. 또한, 마지막 물 한 방울로 인해 그릇에 담긴 물이 넘치듯이 조선의 마지막 임금 순종의 죽음은 전 민족적 운동인 6. 10 만세운동으로 승화되었다.

1907년 '헤이그 밀사 사건'으로 고종이 퇴위되고 순종은 왕위를 이어받았다. 그리고 1910년 '병합' 때에도 왕실은 별다른 저항의 움직임을 보이지 못했다. 독립을 유지해야 할 역사적 책임을 이루지 못한 왕실의 '비극'이 시작되었다. '병합'으로 인해 고종은 덕수궁 이태왕으로, 순종은 창덕궁 이왕으로 그 지위가 격하되었다.

왕실의 불행은 여기서 끝나지 않았다. 일제는 혹시나 왕실이 독립운동의 구심점이 되지 않을까 우려했다. 고종에게는 민비(명성황후)와의 사이에서 태어난 순종이, 그리고 다른 부인들이 낳은 의친왕(이강), 영친왕(이은), 덕혜옹주가 있었는데, 일제는 이른바 '내선융화'라는 명목으로 조선 왕족과 일본인 사이의 결혼을 강요했다. 고종과 엄비 사이에 태어난 영친왕은 1908년 11살의 나이로 일본에 볼모로 끌려가, 일본 황족 출신인 이방자(일본명 나시모토노미야 마사코)와 결혼했다. 그리고 고종의 외동딸인 덕혜옹주 역시 어린 나이에 일본으로 건너가 일본의 귀족에게 시집을 보내졌다. 고종의 손자인 이건 역시 일본 여성과 결혼했다. 덕혜옹주의 경우 17세 때 겪은 모친의 사망과 일본에서 외로움 때문에 '정신병'을 앓았다. 의친왕 이강의 둘째 아들 이우는 1945년 8월 일본군 장교로 히로시마에 주둔하고 있다가 원폭 투하로 인해 사망했다.

고종의 죽음이 3. 1 운동의 불씨가 되었듯이, 역사는 1926년 순종에게도 마지막 무대를 제공했다. 일제는 순종의 죽음이 전국적 시위로 연결되지 못하도록 '특별경계방침'을 내리고, 만세운동의 지도부 300여 명을 사전에 검거했다. 지도부의 와해에도 불구하고 1926년 6월 10일 학생들은 군대 5,000명과 경찰 2만 명이 동원된 경계망을 뚫고, 만세운동을 계획대로 진행해갔다.

순종의 상여가 궁궐을 떠나 오전 8시 반 종로 3가를 막 지나간 다음, 시위가 시작되었다. 구름처럼 모인 군중 사이로 학생들에 의해 전단이 뿌려지면서 "만세" "대한독립만세"의 소리가 이어졌다. 일본 경찰에게 멱살이 잡히고 발로 채이는 상황 속에서 학생들은 곳곳에서 선언문을 낭독했다. 이날 하루 동안 상여가 장지인 금곡까지 가는 동안 시위가 여러 차례 계속되고, 전국적으로 이어진 시위 결과 1,000여 명의 사람이 검거되었다.

6. 10 만세운동은 7년 전 3. 1 운동 때와 달리 선언서에서 노동자, 농민 등 민중의 요구를 분명히 밝히고, 당시 민족운동의 양대 세력인 민족주의 계열과 사회주의 계열 모두가 민족의 대의와 공동 이익을 위해 서로 손을 잡고 일제에 대항하는 형태로 진행되었다. 1926년 6. 10 만세운동은 "죽은 왕자王者를 위해서가 아니라

산 동포의 자유를 위해서" 일어났다는 어느 시인의 말처럼, 식민 지배를 벗어나고자 한 민족 전체의 의지에서 비롯되었다.

인물에 대한 세상의 평가와 기억

절정기와 말년을 대비했을 때 상반된 삶을 산 경우가 있다. 존경받는 절정기를 지난 후 말년을 잘못 보낸 장지연이 그러했다. 그는 을사늑약에 반대해서 『황성신문』에 '이날을 목놓아 크게 운다.'라는 뜻의 논설 「시일야방성대곡是日也放聲大哭」을 쓴 계몽운동가로 기억된다. 그런데 일제강점기인 1910년대 그의 글은 정치적 주제에서 비켜났다. 일제강점기라는 시대적 상황을 고려하더라도, 다루는 주제가 옛것에 관한 호고好古로 바뀌었다. 심지어 『매일신보』에 일제의 지배정책을 옹호하는 논리의 글을 게재하기도 했다.

이와는 달리, 절정기에는 사회적 위치에 상응하는 역할을 못하다가 말년은 다르게 보낸 사례도 있다. 김가진에게서 이러한 모습을 확인할 수 있다. 개혁개방과 친일반청 노선을 주장하며 고급 관리의 길을 걷던 그는 이후 대한자강회에 참여하고 대한협회의 회장을 맡기도 했다. 일제에 의해 강제 병합될 때 귀족 작위를 받았으나 바로 작위를 반납하고, 비밀결사인 대동단의 총재와 고문을 맡았다. 이후 중국 상하이로 건너가 대한민국 임시정부의 요인

9-4 유관순의 일제 감시대상 인물 카드.

으로 참여했다. 조선인 가운데 귀족의 작위를 받고 반납한 인물은 그와 유길준 두 사람뿐이었다.

치열한 삶이 대중에게 각인되어 불멸의 존재로 남는 인물도 있다. 영화 〈명량〉 〈불멸의 베토벤〉을 비롯해 다양한 매체와 이야기를 통해 강렬하게 대중에게 인상이 남은 이순신과 베토벤에게 '불멸'은 어울린다. 또 다른 인물로 누가 있을까? 유관순도 그렇다고 할 수 있다.

유관순은 1919년 일어난 3. 1 운동 과정에서 시위의 주도로 체포되었고 고문 후유증에 의해 19살의 나이로 사망했다. 물론 일제 강점기에 더 오래, 치열하게 활동한 인물도 많다. 대한민국 임시정부의 대통령을 지내고 1962년 대통령장에 추서된 이동녕도 그러하다. 하지만 대한민국에서 이동녕보다는 유관순을 아는 사람이 더 많다. '유관순 누나/언니'라는 호칭은 "어린 나이의 순국"이라는 상징적, 역사적 의미를 지니고 있다. 이것이 유관순에게 1962년 독립장을, 2019년 건국훈장 중 최고 등급인 대한민국장을 추서한 이유라고 볼 수 있다. 참고로, 유관순은 교육대학교 학생을 대상으로 3. 1 운동 관련 발표 수업을 하면 항상 등장한다. 초등학생 눈높이에도 맞는 인물이기 때문이다.

역사 인물 가운데 라이벌로 기억되는 경우도 있다. 한국과 일본의 인물 사이에도 있다. 일례로, 이토 히로부미와 안중근을 묶어서 얘기하기도 한다. 나이도, 삶도, 살아온 이력도 서로 다른 두 사람은 1910년 10월 이국의 공간 하얼빈역에서 처음 만났다. 이날의 거사는 한국과 일본에서 다르게 기억되었다. 한국 처지에서 안중근의 활동은 의열 투쟁이었고, 일본 처지에서는 '테러'였던 것이다.

여담이지만, 안중근을 존경한 일본인에 관한 얘기도 있다. 일본인 간수가 안중근의 인품에 감화되었다는 내용이다. 그는 안중근에게 글을 받아 그것을 보관하는 장소를 만들었다고 한다. 아름다운 이야기인 것은 틀림이 없다. 그런데 일본인 간수의 고향이 일본 혼슈 북동 지역인 점을 주목해보자. 메이지유신은 사쓰마번과 조슈번의 인물이 주도했고, 이토 히로부미는 조슈번 출신이었다. 사쓰마와 조슈는 동맹을 맺고 북동 지역을 상대적으로 '천대'했기에 일본 북동 지역 출신에게는 반감을 받는 존재였다. 따라서 조슈 출신의 인물을 제거한 안중근에 남다른 '관심'을 가졌을 수 있다. 개인사를 넘어서 구조를 보는 것이 중요하다.

한편, 당대의 평가와 오늘날의 평가에 차이가 있는 인물이나 시대에 따라 다르게 평가되는 인물에 관한 해석, 더불어 인물에 관한 평가 가운데 당대에 이루어진, '세평'이라 불리는 세상의 평가도 주목해야 한다.

1910년대 '2인 문단 시대'를 열었다고 평가되는 이광수와 최남선의 경우를 살펴보자. 이광수는 1920년을 전후한 시점이 그의 삶에서 화려한 한때였다. 1917년 『무정』을 연재하고, 1919년 「2. 8 독립선언서」를 작성한 뒤에는 일본을 떠나 상하이 임시정부에 참여했다. 1892년 태어났으니, 채 스물이 안 된 때부터 20대까지 이광수는 민족의 '기대주'였다. 그런데 그는 정신적 지주인 안창호의 만류에도 불구하고 곧 식민지 조선으로 귀국했다. 게다가 조선총독부의 '보증'으로 감옥 생활을 피했다. 염상섭은 길에서 우연히 만난 그에 관해 "풀이 죽었다."라고 표현했다. 이광수는 귀국한 이후 2년 정도 글을 쓰지 않았다.

최남선은 「기미독립선언서」를 작성하고 2년 정도의 감옥 생활을 마친 뒤 1920년대에 잡지 『동명』과 신문 『시대일보』를 직접 발간했으며, 이후 『동아일보』에 사설을 비롯한 많은 글을 연재했다. 단군 연구자로 이름이 높았다. 그런데 1920년대 후반 조선사편수회에 들어갔으며, 총독부 기관지인 『매일신보』에 집중적으로 글을 발표했다. 1930년대에 한 독자는 최남선에게 과거로 돌아가기를 요구했다. 전시체제기 일제에 '협력'하기 전인데도 최남선에게서 변절의 조짐을 읽었다고 생각한다.

인물의 성공과 실패

인류 역사에서 성패가 분명한 것으로 국가 간 전쟁을 들 수 있다. 일반적으로 전쟁에서 승패는 병력, 무기 등을 아우르는 군사력의 차이에서 비롯한다. 그런데 비슷한 조건에서 승리와 패배가 나뉘거나 압도적으로 강한 상대를 이겼다면, 이긴 쪽 지도자의 능력을 보아야 한다.

이런 면에서 알렉산드로스 대왕의 사례는 주목할 만하다. 알렉산드로스 군대의 승리는 긴 창을 가진 군사 집단과 '모루와 망치'의 전술에 기인한다. 수적인 열세에 있을 때도 기병과 보병의 역할을 고루 나누어 승리하였던 것이다. 모루 역할을 담당하는 긴 창으로 무장한 보병부대가 상대방을 최대한 방어하는 사이에, 망치의 역할을 맡은 기병이 기동력을 적극 활용해서 상대방을 포위하면서 공격하는 전술이다. 이러한 '모루와 망치' 전술을 활용한 승리는 지도자의 뛰어난 역량이 돋보인 사례다.

비슷한 전술과 병력끼리 맞붙는 전투에서는 어떻게 승패가 갈릴까? 기원전 49년, 카이사르가 루비콘강을 건너와 로마로 진격하여 같은 로마군과 로마군 사이에 전투가 벌어졌다. 폼페이우스 Magnus Gnaeus Pompeius는 시저의 군대를 언제든지 이길 수 있다고 단언했다. 하지만 서로의 군대가 서로 만났을 때, 갈리아 전투에서 경험을 쌓았던 카이사르의 군대를 폼페이우스의 급조한 군대가 이길 수 없었다. 카이사르의 승리 과정을 봐도, 전쟁의 승패에서 지도자의 능력은 꽤 중요해 보인다.

우리는 역사에서 뜻을 관철하지 못하고 '실패'한 인물 역시 만나게 된다. 이들을 통해서는 어떤 의미를 찾을 수 있을까? 전봉준을 보자. 전봉준은 1894년 초 고부민란부터, 이어지는 동학농민운동, 그리고 순창에서 체포될 때까지 1년여 동안 치열한 삶을 살았다. 전봉준은 봉기 이유에 대해 "일신一身의 피해 때문에 기포起包한다면 어찌 남자의 일이겠느냐? 중민衆民이 원통해하고 한탄하기 때문에 백성을 위해 해를 제거하려 한 것이다."라고 밝혔다. 중민, 즉 민중의 고통을 없애기 위해 전봉준은 봉기를 이끈 것이다.

전봉준은 반봉건과 반외세의 깃발 아래 국가 단위의 개혁을 실현하고자 했다. 체포된 이후에도 당당했다. 황현은 동학농민운동에 비판적이었지만, 당대 역사를 기록한 『오하기문梧下記聞』에서, 체포 이후 전봉준은 벼슬아치를 보고는 모두 너라고 부르고 꾸짖으며 조금도 굴하지 않았으며 행동거지가 조금도 두려움이 없었다고 기록했다. 조금이라도 그의 뜻을 거슬리면 꾸짖기를 "내 죄는 종사宗社와 관련되어 죽게 되면 진실로 죽을 뿐인데 감히 너희 같은 것들이 어찌 감히 이럴 수 있단 말이냐." 하면서 꾸짖었으

9-5 체포된 전봉준의 모습을 담은 사진과 동상.

며, 잡아가는 사람들도 전봉준에게 공손하고 조심스럽게 대했다고 한다.[i] 전봉준은 체포된 이후 항상 관리 누구에게도 굴하지 않았다.

왼쪽은 전봉준이 체포되어 서울에서 심문을 받기 위해 옮겨지고 있는 장면이다. 전봉준이 찍힌 유일한 사진이다. 동학농민운동의 지도자는 정부의 입장에서 반란의 책임자인데, 왜 가마에 태워 옮기고 있을까? 전봉준은 순창에서 체포 당시 담장을 넘다가 다리를 다쳤다고 한다. 사진 속 그의 얼굴에는 육체적 고통뿐만 아니라 정치적 이상의 실패에 대한 아픔, 그리고 농민들과 함께 새로운 세상을 만들었다는 당당함이 겹쳐 있다고 생각된다. 사진 속 이 모습은 동상으로 거듭나 현재 종로에 세워져 있다.

어쨌든 전봉준이 이끌었던 동학농민운동은 소기의 목적을 달

i 황현, 김종익 옮김, 1994, 『번역 오하기문』, 역사비평사, 318쪽.

성하지 못했고, 전봉준은 마흔에 죽임을 당했다. 그런 전봉준의 삶을 실패했다고 판단할 수 있을까? 만약 그때, 거기에 그가 없었다고 생각해보자. 치열했던 동학농민운동이, 나아가 사회의 다양한 계층과 계급이 자신의 정치적 의견을 표방했던 만민공동회가 없었다고 생각해보자. 또한, 이후 일제에 저항한 민족운동의 역사가 없었다면 어땠을까? 아마 우리 역사의 내용은 매우 빈곤했을지도 모른다.

한편, 패배를 알면서도 마주하는 사람들도 있다. 6. 25 전쟁 당시 빨치산이 그러했다. 거슬러올라가면 빨치산은 6. 25 전쟁 이전인 1948년 제주 4. 3 항쟁에서, 여수·순천 10. 19 사건에서 시작되었다. 그 뒤 6. 25 전쟁 중에 좌익 활동가는 다시 산으로 올라갔다. 이들과 구분하여 앞의 경험을 한 사람을 '구빨치'라고 불렀다. 휴전 회담이 진행되는 과정에서 군인이 아닌 이들은 체포되어도 전쟁포로로 간주될 수 없었다. 『남부군』이나 『태백산맥』을 보면, 지리산에서 더 옮길 공간이 없는 상황에서 이들은 '역사 투쟁'을 전개했다.

1980년 5월 27일 새벽 전남 도청에 남아 있던 시민군도 '패배'를 알면서도 마주한 사람들이라고 할 수 있다. 역사학자 한홍구는 그때 그들에 관해 "산 사람을 생각한 사람들은 총을 내려놓자고 했습니다. 그런데 죽은 사람들을 생각한 사람들은 어떻게 총을 내려놓느냐면서 거기 남았습니다. 이길 수 있어서요? 이길 거라고 생각했을까요? 아무도 그런 생각 안 했어요."라고 보면서, 나아가

"그날 그들이 없었다면 광주는 우리 역사에 없다."라고 평가했다.[i]

인물 평가의 균형 잡기

정치적 진영 논리에 따라 인물에 관해 긍정과 부정의 평가가 교차할 수 있다. 인물 평가에서 균형을 잡는 일은 중요하다. 이승만(1875~1965)과 김구(1876~1949)를 대비해볼 수 있다. 대비된 이런 인물을 함께 조망하는 것은 시대의 맥락을 이해하는 좋은 방법이다.

두 사람은 황해도라는 공간에서 태어난 점을 제외하면 삶의 궤적은 크게 달랐다. 김구가 서당을 다녔을 뿐 정식 학교에서 교육을 받지 않은 반면, 이승만은 미국에서 박사 학위까지 땄다. 이승만이 다닌 학교는 학부는 조지워싱턴 대학교, 석사과정은 하버드 대학교, 박사과정은 프린스턴 대학교였다. 졸업 기간도 빨라, 각각 2년씩 걸렸다. 지금이라면 최소 10년 이상이 걸리는 과정을 여러 활동을 함께하면서 6년 만에 마친 것이다.

독립운동의 방법도 양자는 서로 달랐다. 김구가 동학농민운동, 교육 활동, 중국에서의 독립운동 등을 했다면, 이승만은 기독교, 외교 활동, 미국에서의 독립운동 등에 참여했다. 대한민국 임시정

i 한홍구, 2010, 『지금 이 순간의 역사』, 한겨레출판, 52~53쪽.

부 활동과 해방 후 반탁운동을 함께한 경험도 있지만, 1948년 한반도 안에서의 총선거와 관련한 정치적 상황으로 이 둘의 삶은 크게 달라졌다. 이승만이 선거가 가능한 남한 지역에서 단독정부를 세우고자 한 반면, 김구는 남북한이 함께할 수 있는 방안을 찾고자 북에 올라가 남북협상을 도모했다. 결과적으로 이승만은 대통령이 되었고, 김구는 1949년 안두희라는 우익 장교에 의해 암살당했다.

나는 대통령을 지낸 이승만이 "현실 정치에서 승리"한 반면, 김구는 "역사에서 승리했다."고 평가한다. 김구가 택한 길은 눈앞에 보이는 이익만을 찾는 길이 아니라 '민족의 이익'을 위한 명분의 길이었다. 1948년 73세의 나이로 남북협상에 참가하면서 김구는 '울면서 3천만 동포에게 호소한다.'는 뜻을 지닌 「3천만 동포에게 읍고함」에서 "지금에 있어서 나의 유일한 염원은 3천만 동포와 손을 잡고 통일조국, 독립된 조국의 건설을 위하여 공동분투하는 것뿐이다. 이 육신을 조국이 원한다면 당장에 제단에 바치겠다. 나는 통일된 조국을 건설하려다가 38선을 베고 쓰러질지언정 일신의 구차한 안일을 취하여 단독정부를 세우는 데는 협력하지 않겠다."라고 평화적 통일정부 수립의 의지를 밝혔다.

역사는 긴 시간을 다루므로, 추후에 이루어질 결과의 관점에서 과거를 소급할 수 있다. 김구와 이승만의 역사적 평가는 당대 혹은 현재만이 아니라, 앞으로 올 미래에서 하나의 단계를 설정하고 평가의 기준으로 삼을 수 있다. 예컨대, 미래에 평화통일이 이루어진 시점에서 두 사람을 평가하면, 김구의 남북협상이 더욱 돋보일 수 있다.

향후 한반도가 평화적으로 통일되고 '한국 현대 통일사'라는 책이 집필된다면, 평화통일에 관한 과정이 서술될 것이다. 박정희 대통령 때 7. 4 남북공동성명, 노태우 대통령 때 남북기본합의서, 김대중과 노무현 대통령 때 남북정상회담 등이 강조될 테며, 김구의 남북협상은 그 일련의 과정에서 제일 첫머리에 서술되고 김구의 활동이 새롭게 주목될 것이다.

어떤 역사적 인물의 관점에서 보느냐에 따라, 혹은 그 인물을 대하는 독자나 역사가의 나이에 따라 역사는 새롭게 읽힐 수 있다. 소설 『삼국지』를 여러 번 읽으라고 하는데, 각각 유비, 조조, 손권, 제갈량의 입장에서 읽으면 여러 사건이 달리 이해된다. 이에 각 인물을 재해석한 책들이 새롭게 출판되고 있다. 또한, 나이에 따라서도 달리 읽힌다. 역사가가 나이를 먹어가면서 사료가 달리 보인다. 자료의 저자가 20대, 30대, 40대에 쓴 글을 역사가가 그들의 나이와 비슷하게 되어서 읽으면 달리 읽힌다고 한다. 인물에 관한 평가도 그렇다. 나이를 먹으면서 여전히 좋아하는 인물이 있지만, 새롭게 좋아진 인물도 생긴다.

10장

좋아하는 인물

20살에 만난 22살의 전태일

1983년 출판된 『어느 청년 노동자의 삶과 죽음—전태일 평전』을 대학교 1학년 때 읽었다. 1970년 11월 13일 서울 평화시장에서 22살의 노동자 전태일이 "근로기준법을 지켜라."라고 요구하면서 분신했다는 사실을 그제야 알았던 것이 미안했다.

전태일의 삶에서 한 일화가 계속 기억에 남는다. 전태일은 1966년 추석이 지나고 평화시장 2층 '한미사'라는 공장에서 재단 보조 일을 맡았다. 아침 8시 출근에 퇴근 시간은 평균 10시였다고 한다. 당시 그의 집은 도봉산 기슭의 판잣집이었다. 미아리까지 1시간 걸어가서 버스를 타고 시내를 왕복해야 했는데, 그 돈을 아껴 여공 시다들에게 풀빵을 사다주고는 했단다.

> 때때로 그는 점심을 굶고 있는 시다들에게 버스값을 털어서 1원짜리 풀방을 사주고 청계천 6가에서 도봉산까지 두세 시간을 걸어 가기도 했다. 일이 늦게 끝나는 날은 주린 창자를 안고 온종일 시달린 몸으로 다리를 휘청거리며 미아리까지 걸어가면 밤 12시 통금시간이 되어 야경꾼에게 붙잡혀 파출소에서 밤을 새우고, 새벽에 다시 도봉산까지 걸

어서 집에 당도하는 일도 있었다. 이런 일이 되풀이되는 사이에 파출소 순경들도 사정을 알고 그냥 통과시켜, 밤 한 시나 두 시가 지나 집에 돌아오는 일이 버릇처럼 되었는데, 이것이 그 뒤 그가 죽을 때까지 3, 4년 동안 계속되었다.[i]

10-1 평화시장 봉제공장에서 전태일(뒷줄 왼쪽 세 번째).

전태일은 '대단'했다. 위의 한 장면으로 충분했다. 개정판에는 글쓴이가 전태일기념관건립위원회에서 조영래로 바뀌었고, 본문에 전태일 관련 사진들이 실렸다. 나는 10~20대에 서울 성북구에서 살았으므로 미아리에서 도봉산까지, 미아리에서 시내 청계천 6가까지의 거리감을 실제로 잘 알아 전태일이 더욱 대단해 보였다. 난 스무살이던 1983년에 이 책을 처음 읽었고, 전태일이 1970년 11월 13일 서울 평화시장 앞 길거리에서 스물둘의 나이에 분신을 했다는 데에도 감정이입이 되었다. 여러 번 읽으면서 울컥했고, 박광수 감독의

---

i 조영래, 1991, 『전태일 평전』, 돌베개, 120~121쪽.

영화 〈아름다운 청년 전태일〉(1995)을 보면서도 같은 감정을 느꼈다.

갈림길과 신채호의 선택

사람과의 관계에서 첫인상이 중요하다고 하는데, 한 인물에 관한 인상기도 주목해볼 만하다. 신채호(1880~1936)는 1910년 병합 직전 '망명'을 택했다. 당시의 상황에 관해 1936년 심훈과 이광수가 각각 인상기를 남겼다. 1936년은 신채호가 사망한 해였고, 심훈과 이광수의 글은 추모의 형식으로 발표되었다.

심훈은 「단재丹齋와 우당于堂」이라는 글에서 신채호에 관해 "남산골 샌님처럼 그 체구와 풍모가 옹졸하여서 전형적인 충청도 양반으로 고리삭은 선비로구나 하는 첫인상"이라고 했다. 단재는 신채호를 우당은 이회영을 가리킨다.

이광수는 「탈출 도중의 단재 인상」이라는 글에서 "하얀 얼굴에 코 밑에 수염이 약간 난 극히 초라한 샌님이었다. … 동정에 때 묻은 검은 무명 두루마기를 입었는데, 고름은 아무렇게나 매고 … 오직 비범한 것은 그의 눈이었다. 아무의 말도 아니 듣고 아무 것도 두려워하지 아니한다는 그러한 이상한 빛을 가진 눈이었다."라고 썼다.

신채호는 충청남도 대덕군의 가난한 집안에서 태어났다. 10대 초반에 사서삼경을 독파해 신동으로 알려졌고, 19살의 나이에 최고 교육기관인 성균관에 입학했다. 사람이 살면서 여러 차례 선택의 순간을 만나듯이, 신채호에게도 1905년 을사늑약, 1910년 강제 병합, 그리고 1919년 3. 1 운동이라는 역사적 전환점에 여러 갈래의 갈림길이 놓여 있었다.

10-2 망명 당시의 신채호 사진. 이광수는 신채호의 눈빛에서 강렬한 인상을 받았다고 했다.

1905년, 공부에 정진한 신채호는 26세의 나이에 성균관 박사가 되었다. 그렇게 학자로서 인정받던 즈음, 일제에 의해 외교권이 박탈된 을사늑약이 강제로 체결되었다. 당시 대부분 지식인들은 일제에 대해 침묵하거나, 심지어 아첨하기도 했다. 그런 상황 속에서 신채호는 언론을 통한 구국활동의 길을 택했다.

앞서 언급했듯이 을지문덕, 이순신, 최영 등 민족적 영웅의 전기를 통해 애국적 교훈을 전하고자 했으며, '역사를 읽는 새로운 이론'이라는 뜻을 지닌 「독사신론」을 집필하여 우리나라 고대사가 중국과 어깨를 겨눌 만했다는 것을 밝혀 사대주의 사관을 극복하고자 했다. 그러나 일제의 언론 탄압이 날로 심해지자, 그는 항일의 내용을 발표할 수 없는 상황에 놓였다.

나라 안에 자유도, 사법권도 없고, 경제 침탈마저 당한 상황 속에서, 일본의 앞잡이가 되어 '합방'을 주장하던 일진회에 들어간 친구에게 신채호는 "스스로 조국을 잊은 바에야 내가 당신과의 관계를 끊지 않을 수 없다."라는 글을 남겼으며, 1910년 4월 중국으로 망명했다. 가족을 고국에 두고 혈혈단신, 무일푼으로 망명한 그를 지탱해준 유일한 힘은 독립에 대한 '바람'이었을 것이다.

망명한 신채호는 우선 블라디보스토크에서 동포를 대상으로 한 『권업신문』의 주필로 활동했으며, 이후 북경으로 가서 '동제사'라는 독립운동 단체에 참가했다. 아울러 '박달학원'을 세워 청년들에게 민족교육을 가르치고, 한국사의 연구와 집필 활동에 몰두했다. 그러던 중 1919년 3. 1 운동은 그에게 다시금 독립의 '바람'이라는 횃불에 기름을 부었다.

베이징에서 3. 1 운동의 소식을 들은 그는 곧 독립운동의 중심지인 상하이로 달려가 대한민국 임시정부에 참가했다. 당시 임시정부 내에서는 서구 열강의 도움을 얻자는 외교론과 실력을 갖춘 다음에 독립운동을 하자는 점진론이 우위를 점하고 있었다. 반면, 일제에 철저히 항전하자는 군사 노선을 주장했던 그는 결국 임시정부를 탈퇴할 수밖에 없었다.

1921년 다시 베이징에 돌아온 그는 '하늘에 울리는 북'이라는 뜻을 지닌 잡지 『천고天鼓』를 발행하여 일본의 침략을 신랄하게 공격했다. 또한, 1923년 일제에 대항하여 무력투쟁을 내세운 의열단의 행동강령과 앞으로의 투쟁목표를 담은 「조선혁명선언」을 발표했다. 그는 이 글에서 우리나라의 독립과 앞으로 건설될 나라를, 소수의 독립운동가가 아닌, 일본의 식민통치에 해를 입고 이에 적극적으로 저항하는 항일세력인 민중을 통해 이루어야 한다고 했다. 또한, 일제와 친일파는 물론 일본과 타협한 사이비 민족운동가에 대해 엄중하게 심판해야 한다고 밝히면서 "고유한, 자랑스런, 민중적"인 성격을 지닌 나라를 만들자고 주장했다.

1927년 신간회의 발기인으로 참가한 그는 1928년 독립자금을 마련하려고 타이완으로 갔다가 안타깝게도 일본 경찰에 체포되었다. 징역 10년형을 선고받은 그에게 감옥살이는 고통의 연속이었다. 친일파였던 친척의 보증을 받으면 출옥할 수 있다는 일제의 '유혹'이 있었지만, 신채호는 거절했다. 또한, 살아생전 독립이 이루어지지 않을까 염려하면서 "내가 죽으면 시체가 왜놈들의 발끝에 채이지 않도록 화장하여 재를 바다에 뿌려달라."고 당부하기도 했다. 뤼순 감옥에서 사망한 뒤 그의 시신은 화장되어 국내로 돌아왔으나, 일제는 비문조차 세우지 못하게 방해했다.

신채호는 역사 연구자이자 독립운동가였으며, 역사 인식을 자신의 삶에 밀착시키려 노력한 사상가였다. 그는 다양한 선택의 갈림길에서 편한 길보다는 독립을 위한 가시밭길을 택했다. 신채호의 죽음에 관해 당대 언론매체들은 신채호 추모 특집기사를 실었고, 독립운동가 김창숙은 "나라의 정기正氣가 쓰러졌다."라고 애도했다. 신채호의 선택은 질병과 헐벗음에서 벗어날 수 없는 길이었고, 실제 그러한 삶을 살았다. 그렇지만 그 선택은 독립을 기대할 수 있는 희망의 길이기도 했다.

실천을 앞세운 안창호

나이가 들면서 더 좋아지는 인물이 있다. 요즘은 그러한 인물로 안창호를 떠올린다. 그는 한말부터 일제시대까지 격동기를 거치면서, 여러 번 선택의 순간을 맞을 때마다 항상 성실과 정직함을 기준으로 생애를 산 인물이었다.

안창호는 1878년 평안남도 대동강 하류의 작은 섬에서 농사에 종사하는 가난한 선비의 아들로 태어났다. 어려서 한학을 배운 그는 새로운 세계를 몸으로 느끼기 위해 17살의 나이에 서울로 와서 신학문을 배웠다. 20살의 나이에 독립협회에 가입하고, 이듬해 독립협회가 추진한 만민공동회 평양 지부 주최의 연설회에서 "독립을 지키기 위해서는 힘을 길러야 하며, 애국의 길은 개인부터 시작해야 한다."는 내용의 연설을 했다. 그의 웅변은 세상 사람들의 관심을 끌었고, 안창호는 연설의 내용대로 평생을 살았다.

독립협회 해산 후 고향에 돌아온 22살의 안창호는 독립을 위해서는 힘을 키워야 한다는 생각에 따라, 그 첫 번째 사업으로 '점진학교'라는 사립학교를 세웠다. 교육자 안창호의 시작이었다. 이에 그치지 않고, 남을 가르치기 전에 자기 자신부터 먼저 공부해야겠다는 생각으로 그는 미국 유학의 길을 떠났다.

미국 유학 시절 그는 자신의 공부보다는 동포들의 생활 개선을 위해 노력하는 길을 택했다. 안창호는 동포의 집 안팎을 손수 청소하고 환경을 개선했으며, 그 결과 한국인 동포의 생활은 크게 달라졌다. 안창호는 번드르르한 말보다 솔선수범하는 자세로 동포를 지도했다. 20대 후반에 이미 민족의 선각자가 되었던 안창호의 삶에 대해 부인은 "첫째가 조국, 둘째가 담배, 그리고 아내와 자식은 열두째"였다고 회고했다.

10-3 도산 안창호.

을사늑약 체결 이후 나라의 운명이 바람 앞의 촛불과 같던 1907년 30세의 나이에 귀국한 안창호는 국내에서 비밀결사인 신민회에 참가하면서, 대성학교를 수립하는 등 교육가로서의 활동을 함께했다.[i] 그때 그는 "농담이라도 거짓말을 하지 말라. 꿈에라도 거짓말을 하지 말라."며 정직한 사람이 되어 건전한 인격을 수양하라고 거듭 강조했다.

1910년 한일병합으로 나라가 망하게 되고 국내에서 독립운동이 불가능해지자, 안창호는 "간다 간다 나는 간다. 너를 두고 나는 간다."라며 사랑하는 한반도를 목놓아 부르면서 망명길에 올랐다. 그는 중국, 미국 등을 넘나드는 망명 생활 속에서도 결코 좌절하거나 절망하지 않았다.

개인적인 생활은 평생 셋방살이를 벗어나지 못하는 가난의 연속이었지만, 우리 민족 구성원이 모두 건전한 인격을 양성하고, 신

---

i 윤경로, 2012, (개정증보판) 『105인사건과 신민회 연구』, 한성대학교출판부.

성한 단결을 통해 독립을 추진하고자 한 그의 삶의 목표는 망명 생활 때에도 변함없었다. 4년형을 선고받고 감옥생활을 하는 동안 안창호는 날마다 자신의 감방을 깨끗이 청소했다.

그러다가 1938년 3월 아직도 찬 바람이 부는 이른 봄, 안창호는 "유인裕仁아, 유인아, 네가 큰 죄를 지었구나!"라며 일왕日王을 꾸짖으면서, 주위 사람들에게는 "낙심마오."라는 마지막 한마디를 남기고는, 수형 생활 동안 얻은 병으로 60세의 나이에 조용히 눈을 감았다. 일제가 중일전쟁을 일으킨 다음 해로, 당시 일부 독립운동가조차 지조를 꺾고 친일하던 분위기인 때였다. 이런 시대적 상황에 세상을 떠나는 발걸음이 얼마나 무거웠을까. 그럼에도 그는 "낙심마오."라며 희망을 잃지 않았다.

안창호는 평생 말보다 먼저 실천을 통해 자신의 뜻을 관철시킨 인물이었다. 미국에서는 대한인국민회, 흥사단을 조직했으며, 중국에서는 임시정부 활동을 하고 동명학원을 설립하기도 했다. 일본 제국주의와 총칼로 맞서지는 않았지만, 교육자와 민족 지도자로서 그의 모습은 물결치지 않는 듯 보이는 강물 아래 힘차게 용솟음치는 소용돌이와 같았다.

큰 물결 방정환

방정환도 좋아한다. 방정환은 '작은 물결'이라는 뜻을 가진 잔

물결, 소파小波를 필명과 호로 사용했다. 작고 아담하기보다는 우람한 체격에, 33살의 나이로 짧은 생애를 마쳤지만, 언론인, 어린이운동가로서 같은 시대 어느 누구보다도 선진적이었고 굵은 삶을 산 인물이다.

방정환은 1899년 쌀가게와 어물전을 하던 집안의 외아들로 태어나, 10살 때 아버지의 사업 실패로 밥을 굶는 어려운 어린 시절을 보냈다. 그렇지만 공부에 계속 뜻을 두어 선린상업고등학교, 보성전문학교를 다녔고, 천도교를 믿는 집안의 인연으로 천도교 교주 손병희의 셋째딸과 결혼했다.

19살인 1917년 청년구락부를 조직하여 청년운동에 참가했고, 3. 1 운동 당시 『조선독립신문』을 등사, 배포하다가 일제 경찰에 잡혀 옥고를 치르기도 했다. 아울러 『신여자』 『개벽』 등의 잡지 발간에 참여한 언론인이었다. 1920년대 당시 독립운동과 언론 활동에 참가한 사람들은 많았어도, 그처럼 일본에 유학 가서 대학에서 아동문학을 배운 열정을 지닌 사람은 드물었다. 방정환은 "젊은이나 늙은이는 이미 희망이 없다. 우리는 오직 남은 힘을 다하여 어린이에게 희망을 주고 생명의 길을 열어주자."라고 뜻을 세웠다.

1921년 천도교소년회를 조직하고, 이듬해인 1922년 '어린이'라는 말을 처음 사용했다. 젊은이, 늙은이 등 사람을 나타내는 '이'로 소녀, 소년을 표현한 것은 작은 변화 같지만, 비로소 어린이가 사람대접을 받기 시작했다는 뜻이다.

방정환은 1923년 3월 우리나라 최초의 아동잡지 『어린이』를 발간하고, 같은 달 일본 도쿄에서 동요 「반달」의 작곡가인 윤극영 등과 색동회를 조직했다. 이 단체의 첫 사업이 바로 '어린이날'을 만든 것이다. 그해 5월 1일(당시 어린이날은 5월 1일이었다) 우리나라 최초의 어린이날 행사가 열렸다.

같은 날 『동아일보』는 사설을 통해 "조선에서 처음으로 어린이에게도 사람의 권리를 주는 동시에 사람의 대우를 하자고 떠드는 날이 돌아왔다."라고 어린이날에 의미를 부여했다.

이후 방정환은 『별건곤』 등 잡지 편집을 맡아 활발한 언론활동을 하면서, 1924년 '전국소년지도자대회'를 개최했고, 계속해서 어린이운동을 널리 알리는 데 노력했다. 또한, 1928년 '세계아동예술전람회'를 개최하는 등 활동을 계속하다가 몸을 아끼지 않은 격무로 인해 1931년 7월 33살의 젊은 나이로 세상을 떠났다.

우리는 역사적 인물에 대해 어떤 것을 기억할까? 일례로, 문익점에 대해서는 글을 잘 쓴 학자로서가 아니라 목화씨를 붓자루에 담아 가지고 온 사실을 더 많이 기억한다. 그것은 바로 문익점이 우리나라 의복생활에 끼친 영향 때문일 것이다.

방정환은 대중적인 정치가도 국난 극복의 영웅도 아니었다. 일제강점기를 살면서 독립운동에 참여하고, 잡지 발간 등 언론 활동을 했던 여러 사람 가운데 한 명이었다. 그러나 무엇보다 우리는 14세 이하의 소년, 소녀를 어린 사람으로 대접했고, 식민지 상황 속에서 어린이날을 만들어 어른들에게 기대하지 못한 희망을 찾고자 했던 사람으로 그를 기억하고 있다.

굵고 짧게 살아간 방정환의 모습은 역사 속에 기억될 작은 물결이 아닌 큰 파도였다. 현재에도 생명력을 지닌, 1923년 당시 방정환이 「어른들에게 드리는 글」 중에서 당부했던 이야기를 전하고 싶다.

1. 어린이를 내려다 보지 말고 올려 보아주시오.

1. 어린이를 늘 가까이 하고 자주 이야기해주시오.

1. 어린이에게 경어를 쓰고 늘 부드럽게 하여주시오.

1. 어린이를 책망할 때에는 쉽게 성만 내지 말고 자세히 일러주시오.

바다의 바람 심훈

우리나라 현대사의 기점은 1945년 8월 15일이다. 오늘날 8. 15는 식민지를 경험한 세대에게는 일제로부터의 '해방'을, 이후 세대에게는 '분단'의 출발점으로 이해되기도 한다. 하지만 하나의 사건에 대해 다양한 입장이 있을 수 있다. 당시 일부 친일파는 일본 제국주의가 물러간 것에 대해 마치 부모를 잃은 것처럼 원통해했지만, 분명 민족 구성원 대부분에게는 가슴 벅찬 '축제'의 날이었다. 이날을 기다리며 1930년에 쓴 시가 있다.

그날이 오면 그날이 오면 / 삼각산이 일어나 더덩실 춤이라도 추고 / 한강물이 뒤집혀 용솟음칠 그날이 / 이 목숨이 끊기기 전에 와주기만 한다면 / 나는 밤하늘에 날으는 까마귀와 같이 / 종로의 인경(종)을 머리로 들이받아 울리오리라(「그날이 오면」 중에서)

이 시의 저자는 심훈이다. 그는 1930년 당시 앞으로 올 해방을 기다리며, 그날이 온다면 자신의 몸으로 커다란 북을 만들어 행렬에 앞장서겠노라고 노래했다. 농촌 계몽소설인 『상록수』의 작가로 널리 알려진 심훈은 여러 면에 재주가 많은 인물로, 여러 예술 영역에서 다양한 활동을 했다. 직접 대본을 쓰고 영화를 연출한 감독이었으며, 연극 '이수일과 심순애'를 각색한 영화 〈장한몽〉의 주인공 이수일 역을 맡기도 했고, 『동아일보』 『조선일보』의 신문기자를 지냈다.

시인의 힘은 시대가 요구하는 바람을 지키고, 이를 글로 표현하려는 양심에서 찾을 수 있다. 우리 역사에서 가장 큰 '고난의 시기'였던 식민지 시대, 특히 1930년대는 1929년에 시작된 세계대공황의 여파로 농민들은 빚으로 땅을 잃고 고향을 떠나 만주와 일본으로 이주했고 도시의 근로자도 일자리를 잃고 실업자가 되었으며, 만주사변(1931) 등 앞으로 있을 일본의 침략전쟁 준비에 민족 구성원 모두가 숨죽이고 있던 시기였다. 그러한 때에 심훈은 분명한 목소리로 우렁찬 독립의 바람을 노래했다. 이러한 확신은 독립운동에 참여한 그의 경험에서 우러났을 것이다.

3. 1 운동 당시 심훈은 경성고보(지금의 경기고등학교) 학생으로 파고다공원에서 독립운동 시위의 맨 앞에 참여하였다가 일본 경찰에 검거되었다. 당시 총독부 기관지인 『매일신보』의 기자로 일하던 그의 형이 영향력을 발휘해서 석방시키려고 했지만, 어린 심훈은 "다시 독립운동에 가담할 것인가?"라는 재판장의 물음에 한 손을 들어 목에 대고 "일본이 내 목을 이렇게 잘라도 죽기까지는 독립운동을 하겠소."라고 답해 징역 4개월에 처해졌다고 한다.

10-4 가슴 뜨거운 예술가이자 독립운동가 심훈.

시인 심훈의 진면목은 1936년 8월 10일 베를린 올림픽에서 손기정이 마라톤에서 우승했을 때 다시 한 번 빛을 발한다. 일제는 손기정이 한국인인 것이 분명한데도, 손기정의 가슴에 그려진 일장기를 지웠다는 이유로 우리나라 신문사를 폐간 내지는 정간시켰다. 그들은 항상 우리 민족은 일본 민족보다 열등하고, 무능력하다는 등 터무니 없는 주장을 반복하면서 손바닥으로 하늘의 해를 가리고자 했다. 그러나 시인 심훈은 손기정의 우승 소식을 접하고는 "그대들의 심장 속에 용솟음치던 피가 2천 3백만의 한 사람인 내 혈관 속을 달리"고 있다면서, 우리 민족을 얕보는 일제의 식민지 지배를 받고 있다고 업신여기느냐며 세계 사람들을 향해

소리쳤다.

> 오오 나는 외치고 싶다! 마이크를 쥐고 전 세계의 인류를 향해서 외치고 싶다! / "인제도 인제도 너희들은 우리를 약한 족속이라고 부를 터이냐!" (「오오, 조선의 남아여!—베를린 마라톤에 우승한 손·남 양군에게」 중에서)

바다의 바람이 되고 싶어 호를 해풍海風이라고 지었던 심훈은 1936년 소설 『상록수』를 영화로 만들려다 갑작스러운 열병에 걸려 같은 해 9월 35세의 나이로 세상을 떠났다. 그렇지만 시대의 아픔을, 그리고 앞으로 올 시대에 대한 바람을 노래한 두 편의 시는 이후로도 계속 '시대의 건강함을 바라는' 사람들의 가슴속에 남아 있을 것이다.

태평천국운동의 스다카이와 공자의 제자 자로

일제강점기의 민족운동가 가운데 누가 좋으냐고 질문하면, 이관술이라고 답한다(이관술에 관해서는 뒤에 다시 이야기할 것이다). 내 성격과 성향을 아는 누군가는 "그럴 줄 알았다."라고 말해준다. 이관술과 더불어 나는 『논어』에 나오는 공자의 제자 자로子路, '태평천국의 난' 때의 스다카이石達開 등을 좋아한다.

구체적인 사실과 생애에서는 다소간 차이가 있겠지만, 이관술과 자로, 스다카이의 공통점은 실패한 인물이라는 것이다. 2인자인지는 모르겠지만 해당 집단에서 중요한 역할을 했던 인물임은 분명하다. 또한, 삶의 목표를 이루는 과정에서 죽음을 당했다. 역사에서 위인은 소수다. 그리고 당대 대부분의 경쟁자는 실패한 군상이다. 비록 실패했어도 이들은 자신이 생각하고 꿈꾸던 이상을 향해서 당대의 현실과 마주해서 묵묵히 자신의 역할과 임무를 수행했다. 자신을 앞세우거나 내세우지 않았다. 성실하다는 것도 주목된다. 물론 어느 집단에서든 일정한 위치에 오른 사람은 보편적으로 성실하다. 분명 그들에게는 성실함을 넘어선 다른 매력이 있었을 것이다.

스다카이와 태평천국의 난에 관해서는 조너선 스펜스의 책에서 많은 배움을 얻었다. 조너선 스펜스의 『천안문』은 1981년 미국에서 출간되었고, 국내에서는 도서출판 이산에서 1999년 번역·출판했다. 이 번역본을 2011년 1월에 읽었다. 스펜스는 1890년대부터 1980년까지 "폭력과 소생의 틈바구니에 끼였던 중국 남녀에 관한 이야기" "이들의 고뇌와 행동을 복합적인 맥락과 함께 전하고 싶다."[i]라고 밝혔다. 이 책에는 중국 근현대사의 다양한 인물을 소개하고 있어 이를 통해 당대 맥락을 볼 수 있는데, 논의의 '기둥'은 정치가이자 사상가인 캉유웨이康有爲, 문학자이자 사상가인 루

i 조너선 스펜스, 정영무 옮김, 1999, 『천안문』, 이산, 15쪽.

쉰魯迅, 작가 딩링丁玲이었다.

이 책을 읽기 전까지는 중국 근현대사를 대학교 수업 시간에 읽은 교재와 중국 혁명사 중심으로만 알고 있었다. 마오쩌둥의 저작물과 에드가 스노의 『대륙의 붉은 별』, 이영희의 저작물 정도뿐이었다. 한국 근현대사를 전공하는 입장에서 스펜스의 『천안문』을 통해 중국 근대의 번역, 신문화 운동과 과학 소설의 소개, 신청년을 비롯한 일본 유학생의 활동, 유교 비판 등의 내용을 새롭게 주목할 수 있었다. 특히 문학 작품이 역사적 사실을 구성하는 사료로 활용된 점이 인상적이었다.

번역자 정영무는 "스펜스는 역사를 어렵게 쓰지 않고 문학과 결합시켜 촘촘히 수를 놓듯이 풀어낸다. … 역사책보다 더욱 치밀하고, 소설책보다 더욱 감동적"[i]이라고 밝혔다. 그런 스펜스의 글쓰기가 좋아 그의 책 『강희제』『칸의 제국』『마테오 리치, 기억의 궁전』『룽산으로의 귀환』『반역의 책』『왕 여인의 죽음』 등을 출간 순서와 무관하게 읽었다.

읽은 스펜스의 책 모두 다 좋았지만, 이 가운데 여러 번 손이 간 책은 '洪秀全과 太平天國(홍슈취안과 태평천국)'이라는 부제를 단 『신의 아들』이었다. 2007년 12월에 처음 읽고, 2020년 3월에 다시 읽었다. 전공 분야도 아니고, 이를 읽고 연구 논문에 반영하는 것도 아닌데 『신의 아들』이 왜 좋았을까?

---

i 조너선 스펜스, 정영무 옮김, 1999, 『천안문』, 이산, 449~450쪽.

글로 된 텍스트가 생생하게 이미지를 구현하는 것은 쉽지 않다. 그런데 스펜스는 이 책을 통해 홍슈취안이란 인물과 태평천국의 주도층과 참여자, 당대 중국 사회를 손에 잡힐 듯, 그림 그리듯 끌어냈다. 이러한 치밀하고 감동을 주는 글쓰기가 부러웠다. 『신의 아들』에 그려낸 스다카이의 죽음 관련한 부분을 보자.

태평천국을 이끌었던 홍슈취안은 양슈칭과 권력 다툼 속에서 양슈칭과 그의 가족 및 동왕부의 관원을 살해했다. 당시 양쯔강 상류 지대에 있던 스다카이는 이러한 '살육'은 청나라 군대에게 승리를 안겨줄 뿐이라고 비난했다. 스다카이 자신의 목숨마저 위태로워졌다. 성문 밖으로 피신했다. 1857년 난징을 떠난 이후 1863년 6월 쓰촨성에서 청군에 투항했다. 조너선 스펜스는 이 과정을 다음과 같이 서술했다.

스다카이는 1857년 난징을 떠난 이후, 꾸준히 소모적인 전투를 벌여왔다. 그는 처음에는 영구적인 근거지를 찾기 위해서, 그리고 나중에는 그저 생존을 위해서, 15개 성省을 넘나들며 거리로 치면 9,600km 이상을 돌아다녔다. 그 사이에 충성스러운 병사들의 수는 질병·사망·탈영 등으로 점점 감소한다. 6월 13일, 진퇴양난·고립무원·기진맥진의 상태에 빠진 스다카이는 청군 지휘관이 머물고 있는 막사 안으로 뚜벅뚜벅 걸어 들어가 항복한다. 그는 자신의 목숨을 내놓는 대신, 긴 세월 동안 자신과 동고동락한 2천여 병사에 대해서는 선처를 부탁한다. 그는 항복하기 전에 이미 개인적으로 만반의 준비를 마쳤다. 다섯 명의 아내들

은 자결하도록 했고, 어린 자식들은 모두 대야의 물에 얼굴을 박아 죽였던 것이다.[i]

6주간의 심문 뒤에 스다카이는 죽음을 당했다. 그는 자신의 죽음을 '당연하게' 받아들였다. 다만 항복할 때 부하들의 목숨만은 구하고자 했다. 그런데 이후 이야기는 그를 따르던 2천여 명의 부하들도 모두 학살당하는 것으로 마무리된다. 홍슈취안을 비롯해 태평천국 참여자들도 모두 죽음을 당했다. 대학교 때 들은 중국 근대사 관련 전공 수업에서, 스다카이는 태평천국의 장군이라는 몇 줄의 문장으로 간단히 설명되었다. 그런데 스펜스의 책을 통해 스다카이가 자신의 삶에 충실했고, 동료와 부하를 끝까지 책임지고자 했던 모습을 알게 되었다.

앞서 언급했듯이, 스다카이와 마찬가지로 공자의 제자 자로 역시 실패에도 불구하고 기억에 남는 인물이다. 대학교 2학년 때 『논어』를 처음 읽었다. '운동권' 학생이 한문으로 쓰여진 『논어』를 처음 만난 것이다. 지금도 좋아하는 선배가 강독을 했고, 참여를 권유했다. 평생 공부의 첫걸음이었다. 『논어』를 읽으면서 단편적 내용만으로도 공자의 제자 중 자로가 좋았다. 김용옥의 『논어한글역주』를 통해 보다 구체적으로 자로를 알게 되었다.[ii] 공자와 자

---

i 조너선 스펜스, 양휘웅 옮김, 2006, 『신의 아들』, 이산, 503쪽.

ii 김용옥, 2008, 『논어한글역주』 1, 통나무, 167~176쪽 참조.

로 두 사람의 만남을 『사기』의 「중니제자열전」에서는 다음과 같이 기록했다.

> 자로는 본성이 야인 기질이 있어 거칠었다. 용감하고 힘쓰는 일을 좋아했다. 그 심지가 강직하고 직설적으로 뒤받기를 좋아했다. 수탉의 꼬리를 머리에 꽂고 산돼지 가죽으로 만든 주머니를 허리에 찼다 그리곤 공자를 업신여기며 공자를 때릴려고까지 했다. 공자는 자로를 예로써 대하며 살살 달래어 인도했다. 후에 자로는 유복儒服을 입고, 폐백을 드려 죽음의 충절을 맹세하고, 문인들을 통해 제자가 되기를 청했다.

공자와 자로는 9살 차이였다. 공자의 제자 중에 자로가 나이가 제일 많았다. 공자와 공자의 집단에 대해 학문, 예절 등을 선입관으로 가지고 있던 입장에서 자로는 독특한 인물이었다. "수탉의 꼬리를 머리에 꽂고 산돼지 가죽으로 만든 주머니를" 찬 야인野人이었다. 공자는 『논어』 「자한」 편에서 자로를 "다 해져버린 누비솜옷을 입고, 찬란한 여우 가죽이나 담비 가죽 갖옷을 입은 신사 옆에서 서 있어도, 조금도 꿀리지 않고 담담할 수 있는 자"[i]로 평가했다. 충직과 우직함이 주목된다. 공자와 자로 두 사람의 관계는 자로가 죽을 때까지 계속되었다. 공자가 "내가 자로를 얻게 된 후로부터는 내 귀에 험담이 사라지게 되었다."라고 할 정도로 든

---

i 김용옥, 2008, 『논어한글역주』 3, 통나무, 143쪽.

든한 제자였다.

긴 망명 생활을 마치고 노나라로 돌아온 후 자로는 공자를 떠나 위나라의 재상이자 대부였던 공회라는 인물의 밑에서 일했다. 위나라 안에서 주군을 쫓아내는 정치 다툼이 일어났다. 자로는 모시는 공회와 입장을 달리해서, 주군을 바꾸어서는 안 된다고 주장하다가 죽음을 당했다. 그 순간 머리에 쓴 갓이 삐뚤어졌다. 자로는 "군자는 죽더라도 갓을 벗을 수 없다"라고 하면서, 정좌하고 다시 단정하게 갓끈을 맸다고 한다.

자로 역시 실패를 알면서도 일을 도모했다. 자기 판단의 결과를 어떻게 받아들였을까? 김용옥은 문학적 상상력을 발휘해서 이런 자로에 관해 "평생, 공자의 곁을 지켰다. 한번 굳게 맺은 맹서를 자로는 평생 저버리지 않았다. 그렇게 강직한 사람이었다. 사실 공자는 자로 덕분에 그의 정치적 삶을 영위할 수 있었다."[i]라고 매혹적으로 서술했다. 자로는 공자의 나이 72~73살 때에 죽음을 맞았다.

권위의식 없는 2인자 이관술

이관술(1902~1950)은 이주하, 김삼룡과 함께 알게 된 인물이다. 이주하와 김삼룡은 6. 25 전쟁 직전 북한이 조만식과의 포로 교

---

i 김용옥, 2008, 『논어한글역주』 1, 통나무, 171쪽 참조.

환 대상자로 데려오고자 한 인물, 6. 25 전쟁 직후 처형당한 공산주의자로 알려졌는데, 이들을 통해 일제시대 공산주의자들의 치열한 행적을 주목하게 되었다. 그 가운데 한 명이 김삼룡과 함께 1930년대 경성트로이카의 일원으로 활동했던 이관술이다. 특히 이관술의 직업이 교사라는 점이 눈에 띄었다.

1996년 출판된 『한국사회주의운동 인명사전』의 집필과 편집 과정에 말석에서 참여한 적이 있다.[i] 〈일제 감시대상 인물 카드〉에 사진이 남아 있는 인물들을 이 인명사전에 담을지 여부를 두고 논의가 있었다. 체포되고 고문을 받은 사진이어서 사전에 싣기는 적절하지 않다고 결론이 났다. 아울러 여성 사회주의운동가를 두고는 '여성'을 표기할지에 관해 논의했는데, 밝히지 않기로 했던 당시의 결정은 젠더의 관점에서 보면 적절했다고 생각된다.

일제는 자신들의 지배에 위협이 되는 식민지 조선인들의 사진과 인물 정보를 파악했는데, 국사편찬위원회가 이를 정리해서 소개한 것이 〈일제 감시대상 인물 카드〉다. 다음 쪽 오른쪽은 1933년 4월 11일 서대문형무소에서 촬영된 사회주의자 이관술의 사진이다. 1932년 1월 반제동맹 결성을 활동하다가 1933년 1월 구속되어 징역 2년을 선고받은 상황이었다.

사진 뒷장에는, 이명異名은 수해樹海, 연령 1902년 7월 25일생, 신분은 상민, 직업은 교사, 본적과 태어난 곳은 경상남도 울산군

---

i 강만길·성대경 엮음, 1996, 『한국사회주의운동 인명사전』, 창작과비평사.

10-5 이관술의 사진. 왼쪽부터 동경사범학교 졸업 당시, 동덕여고 교사 시절, 반제동맹으로 수감되었을 때.

범서 입암 257, 주소는 경기도 경성부 익선 33-17, 죄명은 '치안유지법' 위반 등이 적혀 있다.

울릉도에서 태어나 경상남도 울산에서 성장해 이후 서울 중동학교를 거쳐 동경고등사범학교를 나와 동덕여고 교사가 된 이관술은 식민지 조선인 가운데 최고 지식인 중 한 명이라 할 수 있다. 왼쪽 및 가운데가 당시 사진으로 전형적인 엘리트의 모습이다. 이와 비교해 한복에 머리를 삭발한 수감 당시 이관술은 어떤 인상으로 보이는가? 평가는 독자에게 맡긴다.

이관술은 일제강점기 1932년 반제동맹을 결성하고 활동하다가, 1934년 이재유와 함께 '조선공산당 재건을 위한 경성 재건그룹', 1939년 5월 일제 말 국내 최대 규모의 비밀결사운동이라고 일컬어지는 경성콤그룹에 참여했다. 1941년 다시 체포되어 1943년 11월 가석방된 후 계속 피신생활을 하다, 43살에 해방을 맞이하고 재건된 조선공산당에서 활동했다. 당시 그에 대한 평가다.

> 이관술 씨야말로 일점의 사욕이나 명예욕을 갖지 않은 청렴한 지사형의 인간이다. … 모든 사람들이 그것을 무슨 권력의 자리처럼 자기의 실력도 없으면서도 그 자리를 차지하기 위해 애쓰건만 이관술 씨는 자기의 기능이 거기에 해당치 않음을 깨닫고 시종일관 사양하여 나오지 않고 오직 자기가 지켜야 할 공산당의 부서에 충실하였던 것이다. … 오직 민족의 장래가 어른거리고 계급의 해방이 거래할 뿐 아무런 사적 욕망을 가질 수 없는, 그야말로 청렴무욕의 인간인 것이다.[i]

해방 직후 정치 지도자를 평했던 김오성의 『지도자군상』 가운데 한 부분이다. 김오성은 평안북도 용천 출신으로 일본대학 철학과를 나와 언론인으로 활동하다가 해방 후 조선문화건설중앙협의회 회원이자 조선인민당 선전부장을 지냈다. 김오성은 이관술에게 '사욕'과 '명예욕'이 없다는 데 주목했다.

이관술과 같은 지도자급 인사에게 명예욕은 뿌리칠 수 없는 큰 유혹이다. 그런데 그는 일제강점기 민족 독립과 민중 해방을 위한 목표를 달성하기 위해 명예욕을 양보하고 힘든 일을 자처했던 것이다. 안재성은 이러한 이관술을 "개인적인 정치적 야심이나 권

---

i 김오성, 『지도자군상』; 안재성, 2006, 『이관술 1902~1950』, 사회평론, 197쪽 재인용.

위의식, 권력욕이나 소영웅심이 없다."[i]라고 평가했다.

해방된 우리나라에서 이관술은 해야 할 일이 많았다. 수감 중이거나 피신할 때의 한복 차림이 아니라 양복 차림으로, 재건된 조선공산당의 중앙 검열위원 및 총무부장 겸 재정부장을 맡았다. 그러나 해방된 지 채 1년이 안 된 1946년 5월 '조선정판사 위폐 사건'으로 수배되어, 7월에 체포되어 무기징역형을 선고받았다. 6. 25 전쟁 발발 직후 1950년 7월 상순, 이관술은 수감 중이던 다른 재소자들과 함께 대전시 산내면 골령골에서 총살당했다. 그의 나이 48세였고, 일제강점기와 해방 후 세 차례에 걸친 감옥살이 9년, 도피 생활 10여 년이 포함된 삶이었다.

역사적 인물에 관한 기억

이관술, 자로, 스다카이 같은 인물의 공통점은 무엇일까? 성공한 삶은 아닌데 나는 왜 이런 삶에 주목하였을까? 기억하고 싶어서였다. 이처럼 잊히지 않았으면 하는 인물들이 더 있다. 강우규는 1929년 9월 2일 조선총독으로 부임한 사이토 마코토齋藤實 총독에게 폭탄을 던졌다. 결국 사이토를 죽이지는 못했다. 사형 선고를 받은 후 그는 면회 온 아들에게 마지막까지 청년교육을 강

i 안재성, 2006, 『이관술 1902~1950』, 사회평론, 140쪽.

조하는 이야기를 하며, "내가 살아서 돌아다니면서 가르치는 것보다 나 죽는 것이 조선 청년의 가슴에 적게나마 무슨 이상한 느낌을 줄 것 같으면 그 느낌이 무엇보다도 귀중한 것이다. … 쾌활하고 용감히 살려고 하는 십삼도에 널려 있는 조선 청년들이 보고 싶다!. 아 보고 싶다!"[i]라고 했단다. 이 말 역시 기억하고 싶다.

최동훈 감독의 영화 〈암살〉은 2015년 7월에 개봉해, 1,200만 명 이상의 관객이 영화를 보았다. 당시 독립운동에 관해 수업할 때는 영화를 통해 김구, 김원봉의 활동을 소개하고는 해서 상대적으로 쉬웠다. 영화 속에서 특히 기억나는 장면이 있다. 모두가 해방을 기뻐할 때 김원봉이 독한 술을 채운 술잔에 불을 붙이는 장면이다. 해방인데 왜 궁상맞게 그러느냐는 김구의 핀잔에 김원봉은 "해방이죠 하지만 너무 많이 죽었습니다."라면서 한 잔 한 잔에 불을 붙이면서 "최수봉, 나석주, 황덕삼, 추상옥" 등의 이름을 되뇐다. 김구가 "그만하자."라고 말리자, 김원봉은 "사람들한테서 잊혀지겠지요?"라고 반문한다.

최수봉(1963년 독립장)은 1920년 12월 밀양경찰서를 폭파한 후 체포되어 1921년 7월 대구감옥에서 사형되었다. 나석주(1962년 대통령장)는 1926년 서울 시내 일본 기관에 폭탄을 던지고 일제 경찰과 대치하다가 순국했다. 황덕삼과 추상옥은 영화 속 인물이다. 영화 속 김원봉의 되뇌임처럼, 최수봉과 나석주 등 잊어서는 안

---

i 『동아일보』, 1920년 5월 28일.

되는 존재를 기억하는 것이 역사가의 책무라고 생각한다.

강부원은 2022년 『역사에 불꽃처럼 맞선 자들』을 출간했다. 이 책은 20세기 한국사의 25명의 인물을 소개하며 "불꽃처럼 맞선 자들"이라고 했다. 전체 3부로 구성되었고, 1부는 "세상에 맞서 싸운 여자들"이라는 제목 아래 강주룡, 정칠성, 남자현, 주세죽, 허정숙, 고명자, 김학순, 이태영, 김진숙을, 2부 "최초의 도전을 감행한 자들"은 김점동, 서왈보, 이소담, 박열, 박남옥, 엄대섭, 조성숙, 이호왕을, 3부 "시대와 불화한 열정과 분노"는 나운규, 정연규, 신태악, 이쾌대, 전혜린, 김수근, 김승옥, 박흥숙을 다루었다. 강부원은 왜 이들에 관해 서술했는지 아래와 같이 밝혔다.

> 이 책을 읽고 세상을 한바탕 휘젓고 활개 친 이들의 드라마틱한 삶을 엿본 독자들이 조그만 용기와 마음의 위안을 얻길 기대한다. 이 책은 힘차게 도전하고 세상에 맞서 싸운 이들에게 바치는 헌사이기도 하지만, '잊힌 존재'들이 '보통의 존재'에게 보내는 일종의 응원과 격려이기도 하다.[i]

강부원의 말처럼 나 역시도 이러한 인물들이 기억되었으면 한다. 자로, 스다카이, 이관술도 그러한 마음으로 소개했다. "독자들이 이 책에 나오는 인물들의 업적과 명성에 주목하길 원하지 않

i 강부원, 2022, 『역사에 불꽃처럼 맞선 자들』, 믹스커피, 8쪽.

는다. 이들의 처절하고 외로운 삶을 들여다 보며 '나만 고통스럽고 힘든 건 아니었구나' 하는 위로를 얻길 바란다."라고 한 강부원의 입장에 동의한다. 내가 좋아하는 인물들은 역사적 표현으로 '일인자'라고 하는 이들의 권력을 추구한 것이 아니라, 구체적인 성공이나 승리보다는 묵묵히 자신의 목표를 이루고자 했던 삶을 살았다고 생각한다.

역사적 역할과 비중에 견주어 기록이 남아 있지 않은 경우도 있다. 을지문덕이 그렇다. 그 유명한 살수대첩 이후의 행적이 전혀 나오지 않는다. '을지'라는 성씨를 사용한 다른 인물도 없다. 추론이 난무한다. 심지어 중국인이라고 본 해프닝도 있었다. 이런 을지문덕에 관해 한말의 신채호는 『을지문덕전』을 써서 기억하고자 했다. 그 책을 읽은 독자가 을지문덕을 닮은 영웅이 되기를 바랐다.

바다를 떠다니는 빙산은 보이는 것보다 많은 부분을 물속에 감추고 있다고 한다. 의미 없는 삶은 없다. 민중의 삶을 복원하기는 쉽지 않다. 한국 근대사에서 농민은 동학농민운동과 의병전쟁, 그리고 독립전쟁에 참여했을 개연성은 높지만, 기록은 남아 있지 않다. 또한, 해방 후 귀국하지 못한 채 중국과 일본 등지에서 죽어간 아나키스트는 자유 시민 연합체를 지향하는 동시에 식민지로부터의 해방을 위해 투쟁했다. 따라서 의열단의 활동과 이념에서 테러리즘은 한 부분적 요소일 뿐이다. 억압받는 계급과 계층의 해방을 실현하고자 한 이들의 정신은 오늘날에도 여전히 중요한 의미를 지닌다고 볼 수 있다.

11장

역사교육과 상상력

역사 수업과 추체험

공부를 하다보면, 역사 속 그 시간과 장소에 직접 가서 확인하고 싶을 때가 많다. 한 역사과 교수의 경험담이다. 석사 논문 심사에 참여하여 몇 가지 내용을 언급하자, 논문 심사 대상자인 학생이 "선생님도 그때를 살아본 것은 아니잖아요?"라고 항변했다고 한다. 하긴 나 역시도 시대상이 잘 그려지지 않으면 당대로 직접 가고 싶다는 욕망이 생긴다. 자료와 자료 사이에 공백이 있을 때나 맥락이 제대로 이해되지 않을 때면, 타임머신이 있었으면 하는 생각을 해봤다.

불가능하기도 하지만, 원하는 그때 그 장소를 간다고 당대 시대상 전체를 이해할 수 있을지는 의문이다. 내 경우만 해도 모르는 영역과 분야가 너무나 많이 존재하기 때문이다. 예컨대 물리학만 해도, 빅뱅부터 시작해서 원자, 쿼크, 힉스 등까지 요즘 교양서에도 나오는 논의를 잘 모른다. 내가 알고 있는 지식은 정말 좁고 얕은 영역에 불과할 뿐이다.

역사적 상상력을 높이는 중요한 방안 중 하나는 '역사적 가정historical if'을 제시하는 것이다. 예를 들면, "신라가 삼국을 통일할 수 있었던 이유는 무엇인가?" 대신 "고구려는 왜 삼국을 통일하지 못했는가?" 혹은 "만약 고구려가 삼국을 통일했다면 어떠했을까?" 같은 질문을 하는 것이다. 또한, "이토 히로부미가 죽지 않았다면" "고종이 나라가 망할 때 책임을 지고 저항했다면" 등도 이러한 질문에 해당한다.

이와 비슷하게 역사적 상상력을 키우는 방법으로, 과거의 어떤 상황으로 돌아가면 어떤 행동을 할 것인지 묻고 답하는 것이 있는데 '역사 추체험'이라고 한다. 예를 들어, 만약 해방 직후 지식인으로 살았다면 어떤 정치적 선택을 할 것인지 묻고 그 답을 찾는 과정을 비롯해 역사편지 쓰기, 역사신문 만들기, 역할극 등을 역사 추체험이라 할 수 있다.

SF와 같은 과학적 상상은 과학적 지식을 바탕으로 하고 문학적 상상 역시 현실에 기반한다면, 역사적 상상력은 사료에서 시작한다. 거듭 얘기하지만, 역사는 사료를 근거로 논의해야 한다. 일례로, 통일신라시대를 다룰 때 '성실한' 지방 관료가 되어서 해당 지역의 재산을 파악해보자고 과제를 제시할 수 있다. 역사적 탐구력과 관련된 이러한 질문은 통일신라시대 청주 지역의 4개 촌락을 대상으로 한 문서, '신라 민정 문서' '촌락 문서' 등으로 불리는 「촌락장적」이 존재하기 때문에 가능하다. 이 문서는 1933년 일본에서 발견되었는데, 통일신라시대의 사회·경제적 요소를 파악할 수 있는 내용이 담겨 있다.

전통시대 산업 가운데 중추적인 것은 농업으로, 공동체 구성원의 대다수가 농민이었다. 농민과 농업 그리고 토지 문제를 둘러싼 경제사를 도모할 수 있는 방안은 무엇일까? 전통시대 경제 관련한 내용을 살펴볼 때는 인구와 토지가 중요한 두 축이 된다. '추체험'에서는 역사적 맥락에 맞는 인물을 설정하는 것이 중요한데, '성실한' 관리가 되어야 한다는 요소를 추가하여 '토지 항목'과 '인구 구분'을 포함한 지역의 경제적 요소를 최대한 파악하는 것을 목표로 설정할 수 있다.

정리하자면, '통일신라시대 지방 관리로서 지역 경제 파악하기'라는 제목 아래 '인구' '토지' '기타 경제 요소' 등을 세부적으로 조사해보는 '추체험'을 제시하는 것이다.

학생들은 상호간 논의와 조사를 통해 동산과 부동산 등의 내용을 항목별로 정리한다. 이 과정에서 몇 가지 물음을 추가로 제시할 수 있다. 예를 들어 다음과 같은 질문들이다. 농경사회에서는 가축이 중요한데, 어떤 동물을 조사했는가? 유실수 및 경제림 가운데 어떤 나무를 파악했고, 어떤 나무를 중요하게 생각했는가? 토지는 논과 밭을 기본으로, 누구의 어떤 토지로 구성되었는가? 인구를 살펴볼 때, 남녀의 구분 외에 어떤 구분 기준이 가능한가? 참고로, 「촌락장적」에서는 인구를 파악할 때 남녀를 나누고 나이에 따라 6단계로 분류했다.[i]

---

i 백영미, 2009, 「삼국과 통일신라 호구戶口 관련 자료 검토와 장적帳籍의 작성」, 『한국사학보』 35, 고려사학회, 83쪽.

문서의 작성 연대, 촌락의 성격, 가구의 구성, 토지 기록 등에 관해서는 다양한 쟁점이 존재한다.[i] 따라서, 「촌락장적」을 '정답'이라고 해놓고 학생의 답안을 비교해서 검토하는 것은 바람직하지 않다. 이 '추체험'은 사실 확인보다도 당시 통일신라시대 사람들이 인구와 토지의 어떤 요소에 강조점을 두었는지 이해하는 데 목적이 있기 때문이다.

또한 건축물은 역사적, 문화적 콘텐츠의 하나로, 건축물과 건축사에 관한 내용은 역사 수업에서 중요한 영역이다. 현장체험학습을 통해 궁궐과 왕릉 시설물 등 고古건축물을 학생과 함께 견학하기도 하고, 건축물과 건축사 관련 내용은 미술 교과와 연계하여 재구성할 수 있는 수업 주제다.

전통시대에는 집을 어떻게 만들었을까? 이 질문은 전통시대 중 어느 때를 배울 때에도 해볼 수 있지만, 가능하다면 고려시대 전후에 적용하면 효과적일 수 있다. 후삼국 시대 풍수 사상의 유행과 연결하거나, 절과 탑의 위치와 서경西京(고려시대 평양의 명칭)을 강조하는 내용이 담긴 고려 왕건의 「훈요십조」를 배울 때 적용하면 유용하기 때문이다.

가장 간단하게 방, 마루, 부엌 세 부분으로 구성된 집을 만들어 보라고 하면서 수업을 시작해볼 수 있다. 우선, ① '주춧돌 놓기'를

---

i 김수태, 2001, 「신라 촌락장적 연구의 쟁점」, 『한국고대사연구』 21, 한국고대사학회 참조.

11-1 안동 수곡 고택.

하면서 공간 구획의 명칭인 '칸'의 개념을 소개한다. '칸'을 통해 전통시대 집의 면적을 가늠해보고, 대웅전과 같은 면적이 넓은 건물이나 99칸의 양반 집 등으로 이야기를 확장할 수 있다.

② '기둥 세우기'를 할 때는 '민흘림' '배흘림기둥' 등을 소개한다. ③ '골격 세우기'는 기둥과 지붕을 연결하는 작업으로 가장 어려워하는 단계다. 기둥을 가로와 세로로 연결하는 '들보'와 '도리'를 설명하고, 지붕 기와를 올릴 수 있는 '서까래'와 '대들보' 등도 소개한다. 또한 기둥에만 공포栱包를 두는 주심포 양식과 기둥 외에도 여러 공포를 설치하는 다포 양식을 설명하면서 각 양식의 사례로 해당 지역의 이름난 문화재를 활용하는 것도 대안이 된다. 더불어, 전통시대 집을 지을 때 지붕은 초가와 기와가 가능한데 그중 기와지붕을 설계해보라고 한다. ④ '지붕 얹기'에서는 수키

11-2 부석사 무량수전(주심포 양식)과 미황사 대웅전(다포 양식).

와, 암키와, 막새기와 등 다양한 기와의 종류를 소개한다. 최근 기와에 '암, 수'의 표현은 적절하지 않다는 설명을 들었다. 바른 문제 제기라고 생각한다.

역사교육과 역사 교과서

역사교육을 논할 때는 역사 교과서를 살펴봐야 한다. 한말, 일제강점기, 해방 이후, 분단 시대, 독재정권, 민주화라는 시대적 상황 속에서 역사 교과서는 집필되어왔다. '통설'을 반영해야 하므로 역사 교과서는 논쟁적이어서는 안 된다고 한다. 따라서 학계에서 인정받고 있는 가장 보편적인 내용으로 서술된다. 그리고 교육을 위해 '부끄러운 내용'보다는 긍정적인 측면을 강조하게 된다.

그렇지만 남한과 북한의 역사 교과서만 봐도 인식의 차이가 크다. 분단 체제가 성립된 해방 이후 현대사는 당연히 다른 역사

인식 속에서 서술되었고, 고조선부터 조선시대까지 전통시대에 관한 인식과 서술도 남북이 서로 다르다.

독자 대상을 학생으로 삼는 역사 교과서는 한정된 분량에 주로 민족사를 서술한다. 공통의 역사와 문화를 지닌 공동체를 설정해야 하는데, 한국사에서는 그것이 바로 한민족이다. 한국사 관련 교과서는 태생적으로 민족사가 된다. 민족은 공동체 구성원을 하나로 묶는 역할을 담당한다.

베네딕트 앤더슨은 『상상의 공동체』에서 인도네시아 사례를 통해 초등 교육 과정에서 민족 '만들기'가 어떻게 이루어지는지 소개했다. 인도네시아는 광대한 면적, 많은 인구, 1만 7,000개가 넘는 섬들로 이루어진 지리적 분산, 종교적 다양성, 민족과 언어의 다양성이 존재한다. 이들이 하나의 '민족'으로 거듭나려면 어떠한 과정이 필요할까?

> 많은 학교는 무엇보다도 더 이 유대감을 양성했다. … 그들(학생들-인용자)은 출신지에 상관없이 같은 책을 읽고 같은 산수를 한다는 것을 알았다. … 그들의 공통된 경험과 교실에서의 선의의 경쟁에서 나온 동료의식은 그들이 공부한 (언제나 영령英領 말레이시아와 미국령 필리핀과는 다르게 색칠해진) 식민지의 지도에 급우들이 가진 억양과 신체적 특징들에 의해 매일 확인되는 지역적으로 특정한 상상된 실체를 부여했다.[i]

i 베네딕트 앤더슨, 윤형숙 옮김, 2002, 『상상의 공동체』, 나남출판, 158~159쪽.

책 제목이 '상상像想의 공동체'다. 민족이나 국가가 실체가 없는 상상이라고? 우리는 민족 공동체가 실재한다는 것을 당연하다고 생각해왔다. 눈에 보였다. 삼일절, 개천절 등 기념일이 존재했고, 텔레비전과 영화관에서는 애국가가 나왔다. 공기와 마찬가지로, 우리 주위에 국가와 민족이라는 실체가 존재한다는 데 의심이 없었다. 그러다 '민족이 상상된다'는 주장을 접하고, '민족이 구성된다' 나아가 누군가에 의해 '만들어진다'는 점을 받아들이자, 국가사/민족사에 대한 비판적 안목이 생기게 되었다.

상상의 공동체라고 한 민족 공동체의 내부와 외부에서 민족사는 여러 도전에 직면해 있다. 민족사 서술은 민족의 공간을 설정하는 작업과 연결된다. 공간에 선을 그리는 순간 이전에 고려되지 않았던 경계선이 생겨서 이쪽과 저쪽이 구분된다. 더 작은 단위에서도 마찬가지다. 섬진강을 기준으로 하동과 구례라는 경계선이 생긴다. 행정적으로 일제강점기 전라남도에 포함되었던 제주, 해방 후 전라북도에서 충청남도로 옮겨간 금산 등의 사례도 있다.

한편, 이제는 민족 단위를 넘어 동북아시아를 하나의 단위로 한 논의가 이루어지고 있다. 국경과 국가 단위의 제한을 넘어선 단위의 역사가 언급된다. '요동사'는 중국 동쪽의 변방으로만 얘기돼왔던 요동 지역을 중심으로 폭넓게 한국과 중국의 역사를 함께 살펴본다. 심지어 세계사를 넘어, 빅히스토리 안에서 지구사를 구성하기도 한다.

우리로서는 특히 한·중·일 세 나라를 함께 보는 것이 중요한데,

이들은 20세기에 식민지, 반半식민지, 제국주의라는 서로 다른 역사적 경험을 하며 긴밀하게 얽혀왔다. 이에 동북아 세 나라가 국가 단위를 넘어선 역사 교재를 만들고자 하는 시도가 2000년대 초반부터 시작되었다. 2001년 4월 시민단체와 사회단체, 학자, 교사 등이 모여 결성한 '아시아평화와역사교육연대'가 이러한 활동의 토대가 되었다. 이 단체는 한중일 교과서의 역사 왜곡을 바로잡고, 20세기 침략과 저항의 역사에 대한 동아시아 공동의 역사 인식을 도모하고자 결성되었다.

2002년 3월 중국 난징에서 열린 제1회 '역사 인식과 동아시아 평화 포럼'에서 한중일 3국 참가자는 동아시아 공동의 역사 인식을 공유하기 위한 공동 역사 교재의 출간을 결정했다. 그리고 2005년, 세 나라에서 『미래를 여는 역사』를 동시에 출간하였다. 이후 2006년 11월 일본 교토에서 새로운 공동 역사서 발간에 합의하고, 2012년 한중일3국공동역사편찬위원회 기획·집필로 『한중일이 함께 쓴 동아시아 근현대사』(전 2권)를 출간하였다.

『미래를 여는 역사』에 관해서 "'공동의 역사 인식'이 충분히 드러나지 않았다거나, 동아시아의 평화보다 일본의 잘못을 비판하는 데 치중"했으며, "'동아시아'의 관점"보다는 "한중일 3국의 근현대사를 병렬하는 데 그쳤다."[i]는 지적이 존재했다. 이에 『한중일이

---

i 한중일3국공동역사편찬위원회, 2012, 『한중일이 함께 쓴 동아시아 근현대사』 1, 휴머니스트, 5쪽.

함께 쓴 동아시아 근현대사』는 "1권에서는 한중일 3국 근현대사의 구조적 변동을 시대순으로 다루고, 2권에서는 3국 민중의 생활과 교류를 주제별로 집필"[i]하는 것으로 차별성을 두면서 새로운 체제와 논리 구성을 하였다. 두 책은 한국, 중국, 일본 각국의 국사책을 읽는 독자층을 넘어서는 독자 대상을 설정하고 기획한 사례다.

제국주의와 식민지의 상반된 역사 서술

국정과 검인정 교과서에 관한 논란이 있어왔다. 현재 초/중/고등학교 교과서는 검인정으로 만들어지지만 '자율성'이 크지 않다. 일단, '20**년 개정 교육과정에 따른 교육과정'이 미리 정해져, 성격과 목표, 내용 체계와 성취 기준 등이 제시된다. 내용 체계에는 구체적인 대주제와 소주제가 설정되어 있으며, 성취기준은 (가) 학습 요소 (나) 성취기준 해설 (다) 교수·학습 방법 및 유의사항 (라) 평가방법 및 유의사항으로 구성되어 있다. 더불어 검인정 기준과 집필 기준 또한 제시되어 있다. 이런 현실이니 큰 틀과 궤도에서 벗어나기 어렵다. 한국사와 세계사 관련하여서도 초등학교-중학교-고등학교 각 단계의 계열을 구분하는 기준이 있고, 각 단계의

---

i 한중일3국공동역사편찬위원회, 2012, 『한중일이 함께 쓴 동아시아 근현대사』 1, 휴머니스트, 6쪽.

교과서는 이를 기준으로 집필되어 있다. 그럼에도 불구하고, 각 단계 안에서 역사 선생님의 노력에 따라 교과서의 간단한 서술이 풍부한 역사 이야기로 바뀔 수 있으며 새롭고 풍부한 이야기는 의미를 담을 수 있다.

앞에서 직업적 역사가의 역할과 의미에 관해 말했는데, 역사교육과 관련해 역사 교사의 역할 가운데 중요한 몇 가지를 짚어보도록 하자. 1919년 3. 1 운동이 일어난 이유를 찾아보는 수업을 예로 들어보자. 외적 요인으로 러시아혁명, 제1차 세계대전, 그리고 미국 대통령 윌슨의 '민족자결주의' 등이, 내적 요인으로 일제 '무단통치'의 폐해, 고종의 죽음, 종교계 민족대표의 움직임 등이 제시되었다. 그런데 이러한 이유들 외에도 최근에는, 1910년대의 의병전쟁과 국내 비밀결사운동 및 1919년 만주에서 선포된 '대한독립선언서'로 대표되는 국외 민족운동 등이 3. 1 운동의 내적 원인으로 규명되었다. 이러한 것들까지 역사교육에서는 풍부하게 담아내야 한다.

역사적 맥락의 이해라는 교육 목표는 잘못된 상식이나 오류의 지적, 기존 설명에 대한 재해석 등을 통해 성취할 수 있다. 예를 들어, 콜럼버스를 신대륙의 '개척자'라고 한 역사적 해석에 관한 재해석이 이에 해당한다. 아메리카 대륙에 이미 주민이 살고 있는데도 유럽인이 '발견'했다고 주장한 것이므로, 이제 아메리카의 주민들은 '원주민'으로 호명된다는 내용을 수업에서 다뤄야 한다. 포스트-콜로니얼리즘에서 말하듯이, 서구의 언어와 개념을 구사해서 서구의 논리와 논의를 극복해야 하는 것이 과제다. 동일 사건이라도 제국의 시선과 식민지의 시선이 다르다. 쌍방의 견해 차이를 확인하는 것도 '역사적 맥락'에 관한 이해의 일환이다.

세계사 교과서를 구성할 때는, 제국을 경험한 나라와 제국을 경험하지 않은 나라 혹은 식민지를 경험한 나라 사이에 내용에서 차이가 있다는 것을 염두에 두어야 한다. 조정래의 『태백산맥』에서 읽었던 대화가 기억난다. "셰익스피어는 인도와도 바꾸지 않겠다."라는 말에 대한, 식민지를 경험했던 한 조선 지식인의 반론이었다. 셰익스피어의 문학적 가치를 인정하더라도, 이를 인도와 인도인 전체와 대비하는 것은 제국의 교만이라는 것이다. 심지어 인도와 인도인은 안중에 없는 오만이라는 것이다. 『태백산맥』에서 교사이자 비판적 지식인으로 나오는 손승호의 말이다.

> 셰익스피어가 위대한지는 몰라도 그런 비유법을 쓴 영국인들은 한심한 종자들이야. 그 과장의 정도야 아무래도 상관할 게 없지만, 비유의 대상을 한 나라로 잡았다는 건 용서할 수가 없는 일이야. 셰익스피어가 제아무리 불후의 명작들을 남겼다 한들 어찌 인도보다 더 위대할 수 있느냔 말야. 인도라는 거대한 땅덩어리는 차치하고라도 거기엔 4억을 헤아리는 인간들이 엄연히 생존하고 있어. 그 생명들의 존엄성보다 셰익스피어가 더 위대하다니[i]

---

i 조정래, 2007, 『태백산맥』 1, 해냄, 240쪽.

다시 교과서 이야기로 돌아와보자. 제국을 경험한 영국, 일본의 교과서는 어떠할까? 그들의 공식 기억을 대표하는 것이 교과서일 텐데, 공히 제국의 '영광'과 함께 섬이라는 공간이 가진 장점을 강조한다. 일본인 동양사학자 시라토리 구라키치白鳥庫吉는 섬이라는 공간이 세계 문명과 문화의 종착지라고 설명하면서, 일본 민족은 문화의 수용과 흡수에 앞섰으며 이를 새롭게 창조하는 능력이 뛰어나다고 보았다. 시라토리는 섬을 강조하면서 대륙에 붙어 있는 반도에 관해서는 대륙과 섬의 장점이 없는 어정쩡한 존재로 설명했고, 이는 한반도에도 적용되었다. '반도론'은 식민 지배의 논거 가운데 하나였다.

교양 역사와 역사 수험서

성인용 역사서와 관련한 논의는 역사 대중화와 맞물린다. 전공으로서 역사학에 관한 관심은 줄어들고 있지만, 성인을 위한 역사서에 관한 사회적 수요는 크다. 하지만 공부와 시험이 아닌 교양으로서 역사에 접근하는 논의가 필요하다. 대중의 눈높이를 염두에 둔 통속의 측면에서 역사가 지닌 의미를 찾아야 한다. 이전에는 역사를 전공하지 않더라도 이기백의 『한국사신론』, 변태섭의 『한국사통론』 등 역사서를 교양으로 읽었다. 그러나 요즘은 그렇지 않다. 공무원 시험과 한국사 능력시험 등을 위한 수험서가 중심이

되어 출판시장을 장악하고 있다. 이와 함께 시험 준비를 위해서 학원과 인터넷 강의가 활용되고 있다. 짧은 시간에 효과를 거두기 위함이다.

학문적으로 배우는 역사 공부와 시험을 준비하며 배우는 역사 공부에는 어떤 차이가 있을까? 시험을 대비하는 수험생 모두가 접근할 수 있는 서적이 교과서다. 교과서는 권위를 갖는다. 교과서에 나오는 내용이 문제 출제의 대상이 된다. 그렇기 때문에 논란의 여지를 제공해서는 안 된다. 다양한 해석이 존재하는 것을 문제로 낼 수 없다. 고조선의 강역疆域과 수도 위치 등은 논란의 여지가 있으므로 시험문제에 낼 수 없다.

시험을 위한 역사 공부는 역사 관련 정보를 잘 정리하는 데 초점이 맞춰져 있다. 배제되는 문제가 있는 반면, 선호되는 문제도 있다. 정답이 딱 떨어지는, 이전/이후를 나누는 사건 및 시기를 묻는 문제는 선호된다. 예컨대, 3. 1 운동을 전후로 한 무단통치와 문화통치의 차이에 관한 문제가 그러하다. 시기순으로 나열하는 것도 선호된다. 개헌에 따라 대통령 선거제도가 어떻게 바뀌었는지 묻는 문제가 자주 나온다. 아울러 역사 인물, 도서와 문서, 문화유산을 시기순으로 나열하는 문제도 선호된다. 개인적 바람이지만, 정보를 넘어선 평가 문제가 많이 나왔으면 한다.

역사교육의 일환으로 박물관을 비롯해 유적지 등을 견학가는 것도 중요하다. 대표적으로, 각 지역의 국립박물관은 해당 지역의 유적과 유물을 주로 전시하는 공간이다. 그곳에서 교사는 '말 없

11-3 수덕사 대웅전.

는' 유적과 유물이 학생들에게 말하게 만들어야 한다. 아울러 박물관도 다양한 전시 방법과 기획을 통해 '생기'를 불어넣는다. 학생뿐만 아니라 성인도 박물관 해설사의 도움을 받아 전시물의 설명을 들으면 좋겠다.

학생들이 박물관에 있는 다양한 유물의 특징과 성격을 모두 알고 싶어하지 않을 수도 있고, 그걸 다 설명하기도 어렵다. 상황에 맞춰 선택해야 한다. 어느 것을 중심으로 설명할 것인가? 국보와 보물이라고 해서 꼭 더 중요하거나 더 '고급스러운' 것은 아니다. 어렵겠지만, 지역과 관련된 유적과 유물에 집중하는 것을 권하고 싶다. 자신이 사는 지역과 연관된 유적과 유물을 접하면 보다 생생한 실체를 느낄 수 있다.

조선 미술과 야나기 무네요시

수덕사 대웅전에 관한 유홍준의 글을 보면서, 아는 만큼 보인다는 걸 실감한 적이 있다. 유홍준은 "수덕사의 면 분할은 무엇보다도 건물의 측면관에 멋지게 구현되었다. 우리 시대 건축에서는 도저히 찾아볼 수 없는 간결성의 멋과 힘이 있다. … 가로 세로의 면 분할이 가지런한 가운데 넓고 좁은 리듬이 들어가 있고, 둥근 나무와 편편하게 다듬은 나무가 엇갈리면서 이루어낸 변주는 우리의 눈맛을 더없이 즐겁게 해준다."[i]라고 표현했는데, 그 뒤에 수덕사 대웅전을 찾았을 때는 참 달라 보였다.

평론을 비롯해 관련 서적이 역사 유적 및 유물에 새롭게 다가가도록 해줄 수도 있다. 물론 평론가의 견해가 정답은 아니다. 그렇지만 다양한 평을 통해 예술품에 관한 이해를 높이는 데 도움을 받을 수 있다. 석가탑이 그러했다. 한국에서는 석탑이 많이 조성되었고, 석가탑은 탑의 전형으로 여겨졌다. 그러다 『미술로 보는 우리 역사』에서 석가탑을 만들 때 아래서 올려다 보는 체감의 비율을 고려했다는 설명을 읽고나서, 다시금 석가탑의 '안정과 균형의 미'를 확인할 수 있었다.[ii]

석굴암은 근대에 새롭게 '발견'되었다. 통일신라시대에 조성되

---

i 유홍준, 2021, (개정 2판) 『나의 문화유산답사기』 1, 창비, 128~129쪽.

ii 전국역사교사모임, 1997, 『미술로 보는 우리 역사』, 푸른나무, 95쪽.

었지만, 토함산의 흙이 붕괴되어 한동안 잊혔다. 그러다 일제강점기 직전인 1909년 경주에 파견된 한 일본인 우체국장이 지역 조선인의 소개로 석굴암의 존재를 알게 되었다. 예술적 가치가 높음을 인지하고, 일제 당국은 그 뒤로 급하게 복구했다고 한다.

석굴암 관련해서 야나기 무네요시柳宗悅(1889~1961)를 기억하고 싶다. 그는 시라카바白樺파의 구성원으로, 종교철학자이자 민예운동가였으며, 한국 문화와 예술에 '애정'을 가진 인물로 잘 알려져 있다. 1919년 잡지 『예술』에 「석불사의 조각에 관하여」라는 글을 게재하기도 했다.

야나기 무네요시는 1916년 처음으로 석굴암을 방문했다. 지금은 유리로 막아놓아 불상 앞까지 들어갈 수 없지만, 당시에는 안까지 들어갈 수 있었다. 옆 쪽 왼쪽 사진에서 볼 수 있듯이, 그는 밖에서부터 보이는 불상을 향해 굴 안으로 들어갔을 것이다. 야나기 무네요시는 그 순간을 다음과 같이 표현했다. "발걸음을 굴 밖에서 굴 안으로 옮기면 마음 역시 내면의 세계로 들어가게 된다. 위대한 불타가 조용히 그 부동의 모습을 연대 위에 나타낸다. 우러러보는 자는 누구나 그 얼굴의 장엄함과 아름다움에 감동하지 않을 수 없다. 이곳은 완전히 내적인 영靈의 세계이다."[i]

석굴암 안에 들어간 야나기 무네요시는 오른쪽 사진의 구도처럼 부처님을 올려다 보았을 것이다. 그때 그는 "여기에서는 아무

---

i 야나기 무네요시, 이길진 옮김, 1994, 『조선과 그 예술』, 신구문화사, 126쪽.

11-4 경주의 석굴암.

런 복잡한 수법도 찾아볼 수 없다. … 그러나 아무것도 없는 지순 그 속에서 작자는 불타의 지고와 위엄을 정확히 포착했고 그것을 정확히 표현할 수 있었던 것이다. 모든 의미는 그 단정한 용모에 집중된다. 그의 얼굴은 이상한 아름다움과 깊이로 빛나고 있지 않은가."[i]라고 소감을 밝혔다. 비례와 균형의 인공미가 돋보이는 석굴암 내부에서 지극한 순수함을 찾은 것이다.

〈새한도〉와 관련 인물 이야기

유물 및 유적을 통해 거기에 얽힌 인물들 이야기를 할 수 있다.

---

i 야나기 무네요시, 이길진 옮김, 1994, 『조선과 그 예술』, 신구문화사, 131~132쪽

김정희의 〈세한도〉는 1844년 그의 나이 59세 여름에 그린 것이다. 제주도에 유배를 와 있던 때였다. 명성을 잃고, 권력에서 배제된 상황이었다. 주위에 사람이 없었다. 조정육은 "김정희는 이 그림 속에 이상적에 대한 감사와 쓸쓸하고 황량한 자신의 처지를 함께 그려 넣었습니다."[i]라고, 박철상은 "〈세한도〉에는 사람이 등장하지 않는다. 그림에 사람이 등장하지 않는 게 이상한 일은 아니지만, 사람 없이 집만 그린 것은 쓸쓸함을 극대화하기 위한 장치"[ii]라고 보았다. 두 사람 모두 쓸쓸함을 강조했다.

'세한'은 공자의 『논어』에 나오는 말로, "날씨가 추워질수록(세한歲寒) 침엽수의 푸르름이 돋보인다."는 구절에 나온다. 그림 중앙에 있는 늙은 소나무가 김정희를 상징한다면 왼쪽의 어린 소나무는 제자 이상적을 뜻한다. 자세히 보면, '세한도歲寒圖'라는 제목 왼편에 '우선시상藕船是賞'이라고 쓰여 있다. '우선'은 이상적의 호로, '이상적이 이를 감상하라.'는 뜻이다.

이상적은 스승이 어려울 때 책을 구해 보내는 등 여러 도움을 주었다. 이렇듯 힘들 때 진심이 드러나는 법이며, 이때 함께하는 사람이야말로 귀중하다. 이 귀중한 제자에게 김정희는 〈세한도〉를 그려 답했고, 이상적은 스승의 그 마음이 고마웠다. 이상적은 "〈세한도〉 한 폭을 엎드려 읽으니 나도 모르게 눈물이 쏟아집

i 조정육, 2007, 『조선의 글씨를 천하에 세운 김정희』, 아이세움, 13쪽.
ii 박철상, 2010, 『세한도』, 문학동네, 144쪽.

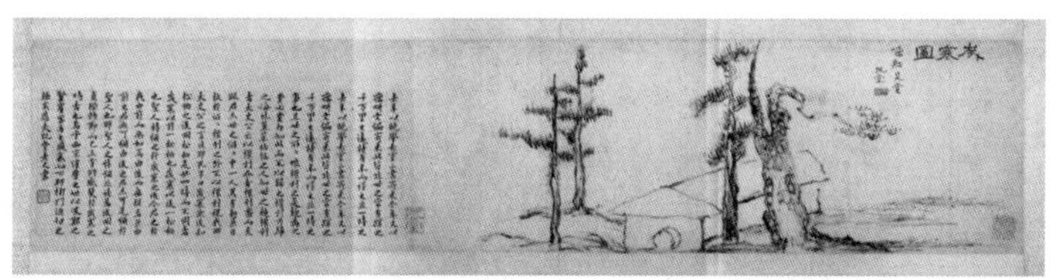

11-5 김정희, 〈세한도〉.

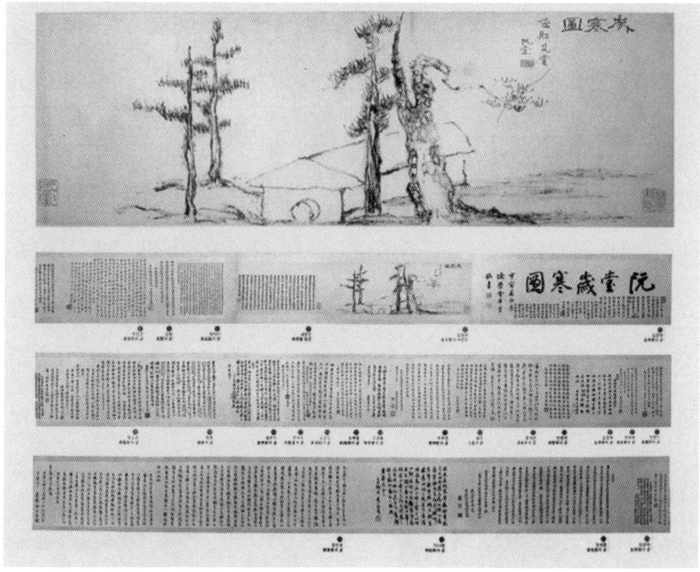

11-6 김정희의 〈세한도〉와 여러 인사들의 글.

니다. 어찌 그다지도 과분한 칭찬을 해주셨는지 감개가 실로 절실합니다. 아! 제가 어떤 사람이기에 권세와 이익을 쫓지 않고 도도한 세상 풍조 속에서 스스로 초연히 벗어나겠습니까? 다만 변변치 못한 작은 정성으로 스스로 그만둘 수 없어서 그랬던 것일 뿐"이라고 밝혔다. 또한, 이상적은 청나라에 가서 그림을 제대로 평가할 수 있는 명사 16명의 감상문을 받아 왔다. 해방 후에는 정인보, 이시영, 오세창 등의 글까지 덧붙여졌다.

1844년 처음 제작된 〈세한도〉는 그 자체로 역사가 되었다. 글과 그림을 합치면 그 길이만 14.695미터에 이른다. 〈세한도〉는 지금 국립중앙박물관에 있는데, 그 소장 과정도 역사였다. 그림은 원래 일본인 연구자 후지츠카 치카시藤塚隣가 소장하고 있었다. 그는 경성제국대학 교수로 김정희 연구의 대가였다. 1944년 서예가이자 미술품 수집가인 손재형이 그를 찾아 도쿄에 가서 두 달 동안 매일 방문해서 〈세한도〉 팔기를 요청했고, 결국 손재형의 정성에 후지츠카 치카시는 〈세한도〉를 돈을 받지 않고 양도했다. 이후 그림의 주인은 미술품 수장가 손세기로 바뀌었다가, 그의 아들 손창근이 〈세한도〉를 국립중앙박물관에 기탁하여 모두의 그림이 되었다. 〈세한도〉와 김정희, 그리고 후지츠카 치카시에 관한 이야

11-7 후지츠카 치카시 부자와 손재형.

기는 여기서 그치지 않는다. 후지츠카는 "조선의 보물은 조선으로 돌아가야 한다." 했고, 후지츠카의 아들은 이 약속을 지켰다. 2006년 김정희의 친필 26점, 관련 서화류 70점 등 유물 1만여 점을 현금 200만 엔과 함께 과천시에 기증해, 현재 과천 추사박물관에 전시되어 있다.[i]

역사 대중화의 공과

'역사와 친해지기'는 역사 대중화에서 중요한 접근법 중 하나다. 유명 강사의 강연과 저작물 그리고, 방송이나 유튜브의 역사 교양물 등을 사례로 들 수 있다. 1990~2000년대에는 "알기 쉬운" "한 권으로 읽는" 등으로 수식한 제목의 역사책이 유행했다. 복잡한 역사 사실을 독자의 눈높이에 맞춰 요약하고 풀어쓴 것이었다. 상당히 많이 팔렸다. 하지만 이러한 출판 유행은 생명력이 길지 않았다.

내 경험에 따르면, 계속, 여러 번 읽을 책은 아니었다. 내용의 깊이가 부족하기 때문이었다. "아, 이랬구나" "이런 일이 있었네" "흥미있네" 등에서 그쳤다. 단발성에 그치지 않고, 지속적으로 역사에 흥미를 가질 수 있도록 이끌어줬으면 하는 아쉬움이 남았다.

---

i 유홍준, 2018, 『추사 김정희』, 창비 참조.

1980년대 후반 '소장 역사학자'들이 참여하여 역사문제연구소, 한국역사연구회, 구로역사연구회 등이 결성되었다. 이들 단체는 1987년 6월 항쟁의 경험을 역사 영역에서 학술적으로 실천하고자 함을 목적으로 삼았다. 대중과의 학술적 연대도 모색되었다. 필자는 앞의 두 역사 단체에 참여했다.

그중 한국역사연구회에서는 『우리는 지난 100년 동안 어떻게 살았을까』(전 3권)[i]라는 대중서를 출판했는데, 각각 '삶과 문화 이야기' '사람과 사회 이야기' '정치와 경제 이야기'라는 부제를 달고, 과거 사람들의 생활사를 복원하고자 했다. 나도 기획과정에 참여하여 당시 책을 만드는 과정에서 많은 고민과 노력을 했다. 당대의 '시대적 요구'가 요즘에도 통할 수 있을지는 여전히 숙제로 남아 있다.

요즘은 역사 대중화와 관련하여, 거대 담론만이 아니라 두텁고 세밀하게 서술하는 데 주목해야 한다는 생각이 든다. 일례로, '유럽사 연구' 총서의 발행인들은 "우리는 이 총서에서 역사의 날카로운 절단면을 제시해 여느 과학자처럼 역사가도 역사의 지평을 넓히면서 흥분한다는 사실을 보여주고 싶었다."[ii]라고 주장했는데, 나 역시 동감하는 대목이다. 또한 "역사학의 본원은 역사 서사다. 역사 서사는 사실史實에 기초한 서사다."[iii]라는 지적에서도 답을

---

i 한국역사연구회, 1999, 『우리는 지난 100년 동안 어떻게 살았을까』 1~3, 역사비평사.
ii 휴 고프, 주명철 옮김, 2021, 『프랑스 혁명의 공포정』, 여문책, 21~22쪽.
iii 리카이위안, 이유진 옮김, 2021, 『진붕秦崩』, 글항아리, 584쪽.

찾을 수 있다. 이야기를 구성하는 힘(능력)을 기르고, 시간적 순서에 따라 기승전결을 갖춰 사건/인물을 재구성할 수 있어야 한다. 나아가 역사는 당대의 과제, 즉 현재성의 물음을 해결해야 한다.

12장

역사의 현재성

전쟁에 관한 역사적 교훈

왜 역사를 읽고 공부해야 할까? 역사를 읽는 것은 재미를 넘어 교훈을 주어야 한다. 역사에서 얻을 수 있는 대표적인 교훈으로 '전쟁과 평화'에 관한 논의를 들 수 있다. 역사에는 많은 전쟁이 등장한다. 우선 전투와 전쟁을 구별하자면, 전투에 비해 구성 단위가 큰 공동체 사이의 대립을 '전쟁'이라고 할 수 있으며, 그중 여러 나라가 충돌하는 큰 전쟁은 '대전'이라고 표현한다. 우리에게 익숙한 전쟁과 대전으로 임진왜란, 병자호란, 청일전쟁, 러일전쟁, 의병전쟁, 중일전쟁, 6. 25 전쟁, 그리고 제1차 세계대전, 제2차 세계대전 등을 들 수 있다.

전쟁을 통해 우리는 어떠한 역사적 교훈을 얻을 수 있을까? 러시아와 일본의 전쟁이면서 우리나라 근대사의 추이에 큰 영향을 준 사건인 러일전쟁을 되짚어보면서 이를 한번 생각해보자. 러일전쟁에 관해서는 일반적으로 "1904~1905년 사이에 러시아와 일본 사이에 일어난 전쟁으로, 일본이 승리하여 동아시아 국제 정세에서 우위를 점하게 되었다."라고 설명한다. 좀 더 자세히 들여다보면, 이 전쟁에 대한 비용으로 일본은 1년치 예산의 8배를 사용했는데, 청일전쟁에 들어간 비용의 8.5배에 달한다. 또한, 전후 "배상금 없는" 강화조약은 일본 내부에서 폭동으로 연결되었다. 그렇게 보면 일본이 승리했다고 말할 수 있는지 의문이다.

개별 전투를 보자. 1904년 말 뤼순 공방전에서 일본은 수만 명의 전사자가 생기는 희생 속에서 겨우 승리했다. 1905년 2월의 봉천회전도 그러했다. 회전會戰은 대규모 부대의 전쟁을 가리키는데, 봉천에서 일본군 25만 명이 공격하고 러시아군 31만 명이 방어했는데, 일본이 승리했다고는 하지만 사상자는 일본이 7만, 러시아가 9만 명이었다. 이러한 희생 끝에 거둔 전투를 승리로 볼 수 있을까?

이성주는 러일전쟁의 결정적 분수령으로 쓰시마對馬 해전(1905년 5월)에 주목했다. 러시아 발틱 함대 38척 가운데 19척이 격침되고 7척이 항복했으며 러시아군 전사자는 4,380명, 포로는 6,000여 명인 반면, 일본군의 피해는 어뢰정 3척과 전사자 117명뿐이었다고 한다. 이성주는 러일전쟁을 "이겼어도 진 전쟁"이라고 보았지만, 쓰시마 해전만은 "압도적 승리"라고 규정했다.[i]

이성주는 한 권의 책을 통해 러일전쟁을 이해할 수 있게 해주었다. 아울러 러일전쟁을 통해, 이후 일제가 중일전쟁과 아시아-태평양전쟁을 일으키고 패배한 원인을 찾아내 보여주었다. 평소 일본은 왜 만주사변과 중일전쟁, 나아가 아시아-태평양전쟁을 계

---

i 이성주, 2016, 『러시아 vs 일본 한반도에서 만나다』, 생각비행, 53쪽, 174쪽.

속 일으켰는지 궁금했다. 전통적 해석에 따르면, 제국주의는 독점 자본의 이해를 반영해 자본과 상품 시장의 확장을 위해 영토 전쟁을 벌인다고 한다.

이성주는 일본이 세계대공황 이후 생긴 "경제위기의 탈출구와 인구 과잉 문제의 돌파구"[i]로 만주를 침략하고 1932년 3월 만주국을 세웠다고 본다. 그런데 왜 중일전쟁이 진행 중인데도 아시아-태평양전쟁을 일으켰을까? 이길 수 있다고 생각했을까? 이성주는 그렇지 않았다고 본다. 그렇다면 왜 일제의 지도부는 그런 비상식적인 판단을 했을까? 일제의 정책 입안자는 국가와 국민의 운명을 낙관적인 정신력에서 찾았다고 한다.

지금도 그렇지만 1930년대 미국은 모든 면에서 세계 제일의 나라였다. 1938년 당시 미국과 일본의 경제력의 차이는 7배였다고 한다. 진주만 습격 직전 일본의 강철 생산량은 연간 769만 톤, 보유 함선 톤수는 66만 톤에 불과했다. 이를 극복하기 위한 방법으로 일본 대본영이 제시한 것은 정신력이었다고 한다.[ii] 일제는 러일전쟁을 치른 뒤 근대적 전쟁은 경제력과 전쟁 자원을 바탕으로 이루어져야 한다는 교훈을 잘 알고 있었는데도 불구하고, 자국민에게 이길 수 있다는 헛된 '희망'을 심어주었다. 그 결과, 많은 인적·물적 희생을 초래했다.

---

i 이성주, 2016, 『조약, 테이블 위의 전쟁』, 생각비행, 153쪽.

ii 이성주, 2017, 『미국 vs 일본 태평양에서 맞붙다』, 생각비행, 70쪽.

러일전쟁의 교훈은 무엇일까? 이성주는 러일전쟁을 근대 총력전 체제 속에서 물자동원의 중요성을 일깨운 전쟁이라고 평가했다. 전쟁 수행을 위한 물자의 생산과 보급이 미리 준비되어야 했지만, 일본 군부는 보급을 고려하지 않은 채 미리 전쟁을 일으키고 난 뒤 선전포고를 하거나 일본 정부의 추인을 얻었다. 군부의 독주는 만주사변, 중일전쟁, 아시아-태평양전쟁에서도 마찬가지였다.

일제말 전시체제기는 명실상부한 '총력전'의 시대였다. 일제는 일본 자체의 물적, 인적 동원이 어려워지자 식민지인의 전쟁 참여를 독려하거나 강제동원했다. 아시아-태평양전쟁에서 일본군의 가장 큰 사망 이유는 굶어 죽는 아사였다고 한다. 전장에서 물자를 구하다보니, 전투가 벌어진 아시아, 태평양 지역 현지민의 불만과 저항도 컸다. 물적 생산력이 존재하지 않아 실제로 이를 감당할 수 없었다. 일본 제국주의는 이런 상황에도 전쟁을 강행한 일본 군부의 잔혹함을 묵인했다고 볼 수 있다.

전쟁은 인간의 갈등과 대립을 해결하는 방법 가운데 가장 어리석은 것이다. 총 한 발, 폭탄 한 방으로, 그간 쌓아온 경제적·사회적 발전 등을 무의미하게 할 수 있다. 전쟁의 승패가 결정되었다 해도, 결과적으로 갈등 상황을 해결했다고 할 수 없을 정도로 새로운 갈등과 대립을 조성하는 경우가 많았다. 이전의 역사를 통해 그러한 사실을 모르지 않으면서도 전쟁을 없앨 수 없었다. 전쟁의 원인과 진행 과정 그리고 결과를 제대로 들여다보면, 대립과 갈등

대신 평화와 화해의 방식으로 풀어갈 수 있지 않을까? 갈등과 대립을 해결하는 다양한 방법이 존재한다. 평화로운 방법으로 갈등을 해결했던 사례를 찾아야 한다. 외교도 그 한 방법이다.

제국주의의 오리엔탈리즘

한국사, 동양사, 서양사의 구분에서 동양사는 중국사를, 서양사는 유럽사를 가리키던 때가 있었다. 중국과 유럽이 지닌 학문적 영향력을 반영한 것이다. 또한, 중국과 유럽 사이의 교류를 보면 특히 제국주의 시대에는 외교에 정치적 힘의 관계가 작용했다. 서양의 제국주의가 동아시아 지역을 침략했을 때를 잘 보여주는 대표적인 그림이 있다. 1898년 앙리 메예르Henri Meyer가 『르프티주르날Le Petit Journal』에 발표한 그림이다.

중국이라는 커다란 파이를 차지하려고 영국, 독일, 러시아, 프랑스, 그리고 일본이 호시탐탐 기회를 노리고 있는 형국을 묘사한 것이다. 왼쪽에 칼을 든 영국의 빅토리아 여왕과 독일의 빌헬름 2세가 서로 대립하고 있다. 그 옆에는 러시아의 니콜라이 2세가 역시 칼을 들고 기회를 엿보고 있으며, 프랑스를 상징하는 마리안느는 '맹방' 러시아의 판단이 어떻게 이루어지는지 쳐다보고 있다. 그리고 일본을 대표하는 사무라이는 이 상황을 '심각'하게 고민하고 있는 모습이다. 반면, 중국은 자국의 사안인데도 뒤에서 어쩔

줄 몰라 하고 있다.

그런데 중국과 일본만 유독 전통적인 복장을 하고 있는 모습이 눈에 띈다. 의식했든 안 했든 간에 프랑스인 그림 작가의 시선에는 동양에 대한 서양의 '왜곡된' 인식, 즉 '오리엔탈리즘'이 반영된 것이다. 이러한 인식은 한국에 대해서도 마찬가지였다. 심지어 한국에 '애정'을 가진 외국인도 오리엔탈리즘이란 고정된 인식을 가졌다.

12-1 19세기 말 동북아시아 국제 정세를 보여주는 그림.

당시 한국은 서양에게 덜 알려진 나라여서 '은자의 나라'로 불렸는데 이는 1907년 출간된, 당시 일본과 한국 연구자였던 미국인 윌리엄 그리피스William Elliot Griffis의 『은자의 나라 한국Corea : The Hermit Nation』에서 비롯되었다. 당시 서양인들은 한국을 '고요한 아침의 나라' '은자의 나라'와 같이 표현하였는데, 자신들이 볼 때 잘 알려지지 않은 숨겨진 곳이라는 뜻이었다. 이뿐만 아니라 서양을 우위에 두는 자신들의 관점에서 한국을 파악하였다.

첫인상은 사람뿐만 아니라 새로운 공간에 대해서도 남는다. 한말 한국을 처음 방문한 사람에게 첫인상은 배를 타고 도착한 인

12-2 이사벨라 비숍의 『한국과 그 이웃나라들』에 실린 제물포 풍경.

천에서 비롯하였을 것이다. 선교사이자 의사이며 외교관으로 활동했던 알렌Horace Newton Allen은 1908년 출간된 『조선견문기』에서, 인천을 들어가기 직전 바라본 풍경을 다음과 같이 묘사했다. "배의 갑판에서 바라보면 조선의 해안은 너무도 황량하여 도무지 올라가보고 싶은 마음이 들지 않는다. 이러한 현상은 조선 사람들이 자기네의 국토가 그렇게 보이도록 만들어 놓은 탓이다. … 외국인들이 그들의 국토에 상륙하여 입국하고 싶은 충동을 느끼지 못하도록 하기 위해서 농부들은 연안의 언덕에 있는 나무와 숲을 모두 베어버렸는데, 이렇게 함으로써 해안을 쓸쓸하고 매력 없는 모습으로 만들어 그곳을 지나가는 항해사들로 하여금 그 금단의 나라에 관심을 갖지 못하도록 만들어놓았다."[i] 알렌은 조선의 경관

12-3 '달콤한 포도주에 취해서'

에 관해 '황량함' '쓸쓸함' 등의 인상을 남겼다.

또한, 당시 한 서양인 여행가는 대낮에 취해 길바닥에 누워 있는 한 한국인의 모습을 사진에 담았고 제목은 '달콤한 포도주에 취해서'였다.[ii] 이것이 조선인 모두의 사례가 아닐 텐데도, 몇몇 서양인의 개인적인 평가에 의해 '게으르다'는 인상은 조선인 전체로 확장된 것이다. 게일James Scanth Gale은 1909년 출간된 책에서 "수 세대에 걸쳐 한국인들은 본능에 의해 살아왔지, 이성에 의해 살아온 것은 아니다. 가능한 모든 상황이 가정되어 있으며 자기가 해

---

i H. N. 알렌, 신복룡 역주, 1999, 『조선견문기』, 집문당, 51쪽.

ii 이지은, 2006, 『왜곡된 한국 외로운 한국』, 책세상, 191~192쪽

야 할 일에 대해서는 단지 눈을 감고 자기 자신을 내맡길 뿐"[i]이라고 보았다. 한국에 대한 이러한 인상은 스테레오 타입으로 서양에, 세계에 알려졌다.

공간의 재해석과 스펙터클

20세기 초 조선을 식민 지배한 일제의 입장에서 가장 우려한 것은 일본보다 문화가 앞서고 수천 년 동안 독자적인 문화를 지키고 있던 한국인들의 자긍심이었다. 일제는 학자들을 동원하여 한국에 관한 부정적인 인상을 만들고자 적극 노력했다. 그 대표적인 것이, 한국이 일본에 비해 뒤처졌다고 본 '정체성론停滯性論'과 반도라는 지역적인 요소를 강조한 '반도론'이었다.

일본의 경제학자 후쿠다 도쿠조福田德三는 19세기 후반 한국이 세계열강과 접촉할 당시 전국적인 상품이나 화폐의 보급이 없었고 상공업의 사회적 분화조차도 지극히 미숙했다며, 이를 근거로 일본보다 1,000년 정도 뒤처졌다고 보았다. 그러므로 낙후되고 정체된 한국은 일본의 식민지로 전락되는 것을 감수하더라도 정체성을 극복해야 한다고 했다.

또한, 일본의 역사학자 미시나 쇼에이三品彰英는 한국의 역사가

i J. S. 게일, 신복룡 역주, 1999, 『전환기의 조선』, 집문당, 93쪽.

반도를 중심으로 이루어졌다는 '반도론'을 주장했다. 그는 한국이 정치적으로도 문화적으로도 반드시 중국을 비롯해 대륙에서 일어난 변동의 여파를 받는 동시에, 반도라는 위치 때문에 항상 역사적 활동의 중심에서 벗어나 있었다고 보았다. 따라서 한국은 숙명처럼 영원한 약소국이었고, 주변국에 의해 타율적으로 역사가 이끌려나갔다고 주장했다.

하지만 세계사를 살펴보면 어떤 국가도 고정된 지리적 요소 때문에 성장과 소멸이 결정되지는 않았다. 서구 문명의 근원인 아테네와 로마 문화 역시 반도의 지형에서 출발했다. 또한, 여러 나라를 비교해서 발전 혹은 정체했다고 평가하는 잣대 역시 단순히 군사력이나 경제력만으로 비교될 수 없는 것으로, 사회, 문화적 요소까지 고려되어야 하는 상대적인 것이다.

한국사를 보더라도 고려시대 이전에는 만주와 한반도에 걸쳐 넓은 공간에서 활동했고, 개항 당시 동아시아 3국의 경제적 차이는 근소했다. 결국, 우리나라가 식민지가 된 것은 일본의 침략주의와 당시 대한제국의 정책입안자가 국제정세의 변화에 부적절하게 대응한 데서 비롯하였다. 식민지화의 원인이 일제가 주장하듯이 부정적인 한국, 한국인 때문인 것은 아니다. 또한, 일제강점기는 일제가 식민 지배한 암울한 시기인 동시에, 이에 맞서 한국뿐만 아니라 세계 각지에서 많은 한국인이 독립운동을 전개했던 빛나는 시기이기도 했다.

우리는 흔히 스스로를 비하해서 '엽전'이라고 하거나(개화기에 새로운 종이돈이 나왔는데도 고집스레 옛 동전을 쓰던 걸 낮잡아 부르던 데서 연유했다고 한다), 약속시간을 지키지 않아 '코리안 타임'이 생겨났다고 한다. 한때는 이렇게 스스로를 질타하고 낮잡아 보는 정서가 당연하거나 보편적이기까지 했다. 그렇지만 한국과 한국인에 대한 이러한 부정적인 인식의 근원을 좇아가보면, 대부분 일제시대부터 만들어진 것이다.

조금만 눈을 돌려보자. 일제강점기와 6. 25 전쟁을 겪으면서 아무런 희망이 없었던 상황을 극복하고 오늘의 모습을 만든 주역인 한국인들은 분명 "게으르고, 부정적인" 존재가 아니다. 나아가 해방 직후 김구가 「나의 소원」에서 "나는 우리나라가 남의 것을 모방하는 나라가 되지 말고, 새로운 문화의 근원이 되고, 목표가 되고, 모범이 되기를 원한다. 그래서 진정한 세계의 평화가 우리나라에서, 우리나라로 말미암아 세계에 실현되기를 원한다."라고 했던 바람이, 일제 지배를 벗어난 우리가 만들어나가야 할 모습이 아닐까 한다.

현재 언론 매체 등에서 진단한 한국 사회의 문제들은 반드시 고쳐야 할 부분이고, 21세기를 맞이하여 우리에게 새로 부여된 역할도 적지 않다. 그렇지만 한국과 한국인이라는 우리의 정체성은 고정된 것이 아니고 항상 변화한다고 볼 때, 50여 년 전 김구의 당부는 오늘날에도 여전히 생명력을 가지고 있으며, 우리가 마주한 21세기라는 빈 도화지에 그릴 자화상이 아닌가 생각해본다.

더불어 갈등과 대립의 심화 과정을 역사적으로 살펴야 한다.

에드워드 사이드는 "그곳 사람들이 '우리'와 같지 않고 '우리'의 가치를 인정하지 않는다고 하는, 멋지게 조직된 감각이 없었다면 전쟁도 없었으리라."[i]라고 언급했다. 그들과 우리가 '다르다'를 넘어서 '틀리다'라고 생각해서는 안 된다. '틀리다'라고 하면, 우리의 '올바른' 가치를 따르지 않는다고 생각하게 되기 때문이다. 사이드는 이를 "멋지게 조직된 감각"이라고 비꼬았다.

시간과 공간의 관계는 어떠할까? 시간을 공간화할 수 있을까? 베르그송Henri Bergson은 "우리는 시간을 눈에 보이는 형태로 공간화하지 않으면 시간이라는 흐름을 떠올릴 수 없을 것"[ii]이라고 보았다. 이러한 시간과 공간을 연결한 작업을 '스펙터클'에서 찾을 수 있다. 임종명은 '볼만한 구경거리'를 뜻하는 스펙터클을 1948~50년 사이에 이루어진 대한민국의 '지리산 지구 대對유격전'에 관한 보도 내용에 적용했다. 그렇게 임종명은 당시 보도들이 시간을 중요시하는 역사에 공간을 함께 결합한 스펙터클을 구성했음을 보여주었다.

임종명은 당시 신문 기사들이 유격대의 내습에 대한 국군의 반격, 나아가 포위 요격으로 인한 유격대의 도주라는 시간적 서사를 구성함으로써 "독자들에게 긴박감과 긴장감"을 불러일으켰다고 보았다. 또한, 공군과 육군의 합동작전을 보도함으로써 "근대

---

i 에드워드 사이드, 박홍규 옮김, 1991, 『오리엔탈리즘』, 교보문고, 610쪽.

ii 고스다 겐, 오정화 옮김, 2023, 『세상에서 가장 쓸모 있는 철학 강의』, 더숲, 21쪽.

역사성과 과학성까지 부여되어 강조된 '공륙 입체전'은 나아가 조감도 방식으로까지 재현"된다고 보았다. 조감도는 새가 하늘 위에서 내려다 보는 듯한 그림을 의미한다. 당시 보도들은 이러한 과정을 통해 국군의 승리와 유격대의 패배 및 죽음, 그리고 체제의 승리를 말하는 '스펙터클'의 메시지라고 임종명은 밝혔다.[i] 사진과 그림이 없는 긴 연구 논문인데도, 불구하고 임종명은 스펙터클을 재현한 기사들을 통해 1948~50년의 역사를 공간화·시각화해 보여주었다.

장소에 대한 사랑

기억을 구성하는 요소는 시간, 공간 그리고 사람이다. 누군가를 사랑한다는 것은 같은 장소를 같은 시간대에 함께했던 기억을 공유한다는 것이다. 자신이 태어나고 자란 곳에 대한 애정인 향토애 역시 그 장소와 시간과 사람이 얽혀 있는 것이다. 그리고 같은 과, 같은 학번으로 같이 학교를 다닌 동기, 동창의 경험 역시 마찬가지다. 따라서 교내 특정 장소에 관한 특별한 기억은 학교를 사랑하는 한 방법이 되기도 한다.

---

i 임종명, 2021, 「대한민국의 지리산 지구 대對유격전(1948. 10~1950. 5) 재현과 스펙터클」, 『역사연구』 45, 역사학연구소, 239~295쪽.

대학생 때 기억 가운데 장소와 결합되어 생각나는 게 하나 있다. 내가 다녔던 학교는 교문을 지나면 대운동장이 있고, 운동장을 둘러싸고 본관을 비롯한 건물들이 배치되어 있는 구조였다. 가끔은 강의실에서 정문을 갈 때 운동장을 가로질러 가기도 했다. 어느 날인가 동기들과 같이 걸어나오다 내가 "다음에 우리 운동장 가운데에 누워 하늘을 보자."고 제안했다. 이미 체험한 친구는 씩 웃었고, 누구는 고개를 끄떡이며 동의했다. 결국 술 먹고 밤에 들어가 운동장에 누워 하늘의 별을 쳐다봤다. 학년이 올라가면서 시들해졌지만, 가끔 운동장에 누워 동기들과 많은 대화를 나누었다.

사람마다 좋아하는 공간이 있다. 현재 일터인 광주교육대학교에서 내 공간이 있는 연진관 앞의 연못을 좋아하는데, 특히 음악관에서 인문사회관을 바라보며 가는 길에 있는 백일홍 나무 아래가 좋다. 그러다 어느 가을날 오후 평소와 다르게 인문사회관이 아닌 다른 쪽으로 가는 길에서 볼 때의 아름다움이 새삼 다가왔다. 익숙한 공간이 새롭게 보인 순간이었다. 이렇듯 좋은 곳은 계속 발견된다. 이 밖에 학교 안에서 내가 좋아하는 공간을 두 곳 더 고백하겠다.

학교 구성원 모두가 좋아하는 '가시나뭇길'이 있다. 이 나무 터널 숲길은 모두가 좋아하는 길이니, 숲길 전체를 좋아한다고 하면 욕심이다. 나는 안경을 벗고 이 길을 걷고는 하는데, 풍향문화관 쪽으로 내려가는 방향에서 오른쪽 여섯 번째 나무 아래를 좋아한다. 매우 주관적인데, 겹쳐진 나뭇잎 그늘 사이로 쪼개져서 보이

12-4 광주교대 가시나뭇길.

는 햇빛이 좋은 곳이다. 바람마저 불면 더욱 좋다. 조각난 햇빛이 발아래서 흔들린다.

교문을 들어서면 왼편에 있는 대운동장도 좋다. 운동장에는 몇 가지 즐거움이 존재한다. 트랙에 레인이 세 개 있는데 각각 한 바퀴 돌면 몇 걸음인지 확인하는 것도 재미있다. 또한, 동서남북 본인이 정한 지점에서 나무가 몇 그루 보이는지 확인하는 것도 즐거움 중 하나다.

이곳에도 내가 특별히 좋아하는 지점이 있다. 시계 반대 방향으로 운동장 세 번째 레인을 걷다가 풍향대를 올라가는 계단이 있는 지점에서 고개를 돌려보면 된다. 그곳에 이르면 무등산이 살짝 정상을 보여준다. 날씨 좋은 날 서로 중첩된 산들 사이에서 정

12-5 광주교대 운동장과 무등산.

상이 또렷이 보인다.

이 글을 읽는 여러분도 자기만의 좋아하는 공간을 찾아보면 어떨까. 가끔 그곳에 가서 삶의 여유를 가져보자. 그 장소는 계절마다, 날씨마다 나아가 시간대별로 달리 보일 것이다. 또한, 마음이 기쁠 때, 혼란할 때 각각 다른 의미로 다가올 것이다. 그렇게 각각의 상황에 얽힌 자신만의 장소를 기억하자. 장소에 대한 기억과 더불어 그곳을 함께했던 사람과의 기억이 더해진다면 그 장소에 대한 애정은 더 깊어질 것이다. 예컨대, 애교심은 애향심, 애국심 등으로 확장되기도 한다.

타자의 역사와 타자와의 소통

역사가 낯선 과거와의 소통이라면, 타자의 역사에 대한 이해는 타자와의 소통이다. 소통과 이해는 평화적 문제해결의 출발점이다. 이러한 역사적 경험을 알아두면 전쟁의 도화선을 당기는 행위를 막을 수 있다. 시도는 해야 한다. 분단체제 아래 통일 문제가 그러하다.

역사 교과서에서는 통일 문제를 중요한 항목으로 삼고 있다. 관련 수업을 할 때 학생들에게 "우리나라에서 가장 높은 산이 무엇인가?"를 묻고는, 마음속으로 답을 해보라고 한다. 분명 답 가운데는 백두산도, 한라산도 공존할 것이다. 한반도 전체를 생각하면 백두산일 테고, 대한민국을 전제하면 한라산이 되는 것이다.

이렇듯 같은 시대에도 역사 관련한 여러 정보와 인식이 공존하며, 저마다 중요한 정보들을 추리고 계열화해봐야 한다. 나아가 통일의 방안으로 무력 통일, 흡수 통일, 평화 통일 등을 다양하게 제시해볼 수 있다. 또한, 통일 문제는 여러 분야에서 다룰 수밖에 없는데, 예컨대 북한학, 역사학, 여타의 사회과학은 각각 다르게 접근할 것이다.

한국 현대사를 '분단시대'로 규정하면 민족의 통일이라는 과제에 우선순위가 두어질 텐데, 돌이켜보면 크게 진전한 시기도 있었고 정지하거나 후퇴한 시기도 있었다. 사실상 통일은 명분일 뿐, 남북 두 정권은 통일 문제를 정치적으로 활용했다. 어느 학자는 이를 "적대적 공존"이라고 표현했다. 따라서 통일 문제가 적극적으로 풀리지 않았던 정권 때의 '통일 문제'는 어떠했는지 살펴보아야 하며, 남북 사이의 부정적인 대립에 관해서도 교육해야 한다.

그럼에도 통일교육과 관련해서 갈등보다는 소통의 노력을 전달했으면 한다. 6. 25 전쟁에서 무력 통일의 불가능성을 확인하고, 평화통일을 지향해야 한다는 교훈을 이끌어내야 한다. 통일이 되면 전쟁 비용의 감소, 청년 노동력 활용, 기회의 창출 등 기회가 많아질 텐데, 젊은 세대와 다음과 같은 이야기를 해봐야 한다. 첫째, 통일과정에서 생기는 어려움과 비용 문제를 누가 부담할 것인가? 둘째, 사회적 해결 과제의 우선순위에서 왜 통일을 가장 앞서 설정해야 하는가? 셋째, 통일을 도모하는 과정에서 '특정 세대'에게 부담을 준다면, 공동체 내부에서 합의는 가능한가?

우선, 남북한 정부 사이에 맺어진 논의를 기준으로 삼아 논의해야 한다. 박정희 정권의 7. 4 남북공동성명(1972), 노태우 정권의 남북기본합의서(1991), 김대중 정권의 6. 15 남북공동선언(2000), 노무현 정부의 10. 4 남북공동선언(2007)이 그 대상이다. 네 차례 회담의 결실이 무엇인지를 설명해야 한다. 이를 통해 민족·자주·평화의 방식, 상호 인정을 통한 공존의 방식 모색, 통일 방식의 구체적 방안 모색 등이 이루어졌다는 내용을 다룰 수 있다.

이렇게 통일 문제의 해결을 모색하면서 지난 사례를 참조하듯이, 역사가 주는 지혜를 찾아야 한다. 인터넷 검색을 통해 확인되는 내용은 대부분 정보에 해당한다. 이렇게 확인할 수 있는 내용은 굳이 외워야 한다는 부담을 느낄 필요가 없다. 시험의 방식으로 묻는 것도 하지 말아야 한다. 『역사란 무엇인가』에서는 "역사를 통해 배운 지식을 지혜화함으로써 그들은 현실적·현재적인 당면과제들을 역사 속에서 풀어 나아갈 수 있는 열쇠를 발견하려고 노력하였던 것이다."[i]라고 밝혔다.

역사를 통해 배운 지식을 지혜로 만들어야 한다. 한국사를 공부하기 위해서는 우선 한국의 외연과 내포, 즉 공간과 시간을 설정해야 한다. 한반도로 제한해서 살펴보면, 압록강과 두만강을 경계로 삼은 것은 14세 말 조선의 건국 이후다. 고대사에서는 고구려와 발해의 영역이, 근현대에서는 독도 문제를 포함해서 간도 지역의 영유권 문제 등이 제기된다. 개인적으로는 제2차 세계대전 이후 확정된 동북아 지역의 국경선에 '고토 회복'이라는 명분으로 물리력을 사용하는 것은 반대한다. 꿈도 꾸어서는 안 된다.

공간의 유동성과 함께, 인간의 이동도 고려해봐야 한다. 근현대에는 식민과 이민을 비롯해 사람의 이동이 많이 이루어졌다. 아시아-태평양전쟁 과정에서 중국과 동남아시아, 태평양 지역으로 조선인을 강제 징용하거나 군인으로 강제 징집하고, 일본군 '위안부' 등으로 동원하였다. 자발적 이민도 많았지만 전시하에서 강제 이주가 이루어졌다. 인구 이동의 역사적 경험으로, 연변 지역의 재중교포, 중앙아시아의 '카레이스키' 등 고국을 떠난 사람의 이야기를 들 수 있다.

해외 교포의 역사 가운데 어떤 것이 한국사에 포함될까? 먼 이

---

i 고려대학교 문과대학 사학과 교수실 편, 1979, 『역사란 무엇인가』, 고려대학교 출판부, 27쪽.

국 땅에서 노동해서 받은 임금을 임시정부의 독립운동 자금으로 제공했다든지, 미국에서 전명운·장인환이 일으킨 의거라든지, 만주에서 벌어진 청산리 전투와 봉오동 전투 등은 우리 역사에 깊은 영향을 끼친 사건으로 기억해야 한다. 그뿐만 아니라, 요즘은 교포 2세, 3세를 넘어서서, 고국을 떠난 지 몇 세대가 넘는 이들이 많아지고 있다. 이들에게 한국어를 비롯해 한국적인 정서를 잃어버렸다고 지적하는 경우가 있는데, 이는 못난 행동이다. 현지에 잘 적응해 해당 공동체에 기여하고 살면 고마운 일이다.

나아가, 한국의 역사를 구성할 때 '소수자'에게 시선을 돌려야 한다. 소수자는 상대적이고 범위가 넓다. 우선 남성에 대해서 여성이 소수자다. 또한, '정상인'에 대비해서 '비정상인'을 나누고 배제했다. 정신병원, 요양원, 사설 복지시설인 '형제원' 등의 공간에 가두어진 (정신)병자, 한센씨병 환자, 부랑아, 고아, 장애인 및 자립 불가능자 같은 사회적 약자가 그 대상이다. 소수자를 어떻게 부르는지도 중요하다. 일례로, 중국에 사는 교포를 '조선족'이 아니라, 재미교포, 재일교포처럼 재중교포로 불러야 한다. 나아가 국제결혼 등을 통해 생겨난 '혼혈'이 역사의 영역에서 배제되어왔다는 것도 살펴야 한다. 모든 것을 알 수는 없지만, 그 안에서 꼭 알아야 하는 내용을 선택해야 함을 적극 고려해야 한다.

사실史實의 지혜와 교훈

"가령 말일세, 창문도 없고 절대로 부술 수도 없는 쇠로 된 방이 하나 있다고 하세. 그 안에 많은 사람들이 깊이 잠들어 있네. 오래지 않아서 모두 숨이 막혀 죽을 거야. 그러나 혼수 상태에서 사멸되어 가고 있는 거니까 죽음의 비애 따위는 느끼지 못할 걸세. 지금 자네가 큰 소리를 질러 비교적 의식이 뚜렷한 몇 사람을 깨워 일으켜서, 그 소수의 불행한 이들에게 구제될 수 없는 임종의 고초를 겪게 한다면 당신은 그들에게 미안하지 않겠는가?"

루쉰의 질문이다. 만약 그 상황이라면, 혼자 깨어나서 다른 사람을 깨울 것인가 아니면 고통 없이 죽음을 맞이하게 할 것일까? 답이 쉽지 않다. 어떻게 행동해야 할까? 이야기 속 친구가 루쉰에게 "그러나 몇 사람이라도 일어난다면 그 쇠로 된 방을 부술 희망이 전혀 없다고는 할 수 없지 않는가?"라고 하자, 루쉰도 "그렇다."고 답했다.[i] 루쉰은 잠자고 있는 사람을 깨우겠다고 밝힌 것이다. 1922년 12월 베이징에서 쓴 이 이야기는 그의 첫 단편소설집인 『납함吶喊』(1923. 8)의 저자 서문이다. '납함'은 여러 사람이 함께 큰소리를 지른다는 뜻이다. 이렇듯 탈출의 가능성이 적더라도 함께 깨어나서 방안을 찾는 것을 역사에서 찾아본다면, '계몽운동' 혹은 '애국계몽운동'의 '계몽'이 아닐까 생각한다.

---

i 루쉰, 김시준 옮김, 1989, 『루쉰소설전집』, 중앙일보사, 20~21쪽.

인문학은 정답을 제공하지 않는다. 정보와 정보, 지식과 지식을 연결하는 방법을 스스로 찾아야 한다. 역사는 추상적인 개념에 맥락을 부여하는 작업을 수행한다. 개념이 사회과학적이라면 개념의 적용은 인문과학적이라고 할 수 있다. 특히 역사는 인간에 대한 성찰과 활동을 통해 사회과학적 개념에 지혜를 부여한다. 다양한 인문학적 방법 가운데 역사학은 인간과 시간을 접목해 사고하는 것이 특징이다. 인간이 서로 맺고 있는 관계의 시간이 중요하다.

12-6 루쉰.

관계를 대립보다는 평화로, 갈등보다는 공존으로 풀어나가려면 역사적 경험에서 도움을 받아야 한다. 정답을 제공하지 않는다고 불평하지 말자. 여러 가능성 속에서 가장 나은 방안을 모색하는 데 도움이 되는 것만으로도 충분하다. 지혜는 교훈과는 다르다. 교훈이라는 부담감에서 벗어날 필요가 있다.

'역사의 교훈'을 '역사를 왜 배우는가?' '역사를 왜 알아야 하는가?' '역사를 통해 무엇을 배울 수 있는가?'라는 질문으로 바꿔보면 어떨까. 역사에서는 시간을 중요시한다. 시간을 섬세하게 본다. 또한, 상대적으로 긴 시간을 염두에 두면서 사건과 인물을 생각한다. 한 세대 30년, 한 사람의 생애 100년을 넘어 보다 긴 시간의 단위에서 본다. 과거를 공부하는 것의 의미를 다음과 같이 설명하기도 한다.

> 인류는 항해를 계속하여 '역사'라는 이름의 지도와 일지를 남겼습니다. 물론 하나하나의 역사는 되풀이되지 않기 때문에 같은 길을 항해하지는 않습니다. 그렇기 때문에 '역사'라는 낡은 지도가 얼마나 도움이 될지 어떤지, 불안하게 느껴지기도 합니다. 하지만 거기에는 인류가 무수히 많은 고난 속에서 배운 지혜와 쓰디쓴 실패의 교훈이 새겨져 있습니다. … 그럴 땐 (현재의 복잡함 속에서-인용자) '처음'으로 거슬러 올라가 그 문제의 소재를 다시 한 번 바라보는 것입니다. 그것이 '역사를 통해 배우는 것'이지요.[i]

역사에는 과거 인간의 경험을 바탕으로 이루어진 지혜와 교훈이 켜켜이 쌓여 있다. 역사로부터 의미 있는 것을 찾으려면 정확하고 균형 있는 정보망을 갖추어야 한다. 그러한 역사적 정보를 얻는 경로는 예전부터 중요했던 책을 비롯해 최근에 대두한 인터넷 정보까지 다양하다. 네이버 검색을 '네박사'라고 부른다던데, 지난 10여 년 사이에는 포털을 유튜브가 대신하는 등 이 역시 급변하고 있는 형국이다.

---

i 문예춘추 편집부, 이미경 옮김, 2019, 『역사는 어떻게 삶의 무기가 되는가』, 베가북스, 5쪽.

이렇게 다양한 정보가 넘쳐나다보니 정보와 정보 사이에 서로 상충되는 내용이 존재할 때가 많다. 그럴 때는 어떻게 균형을 찾을 수 있을까? 책을 통해 지식과 정보를 찾아온 입장에서 보자면, A 책과 B 책 사이에 다른 정보와 해석이 존재할 때는 저자에 관한 정보가 판단 기준이 된다. 결국 정보의 작성자가 주된 기준이 된다는 뜻이다. 전공자인지, 오랜 기간 연구를 했는지를 비롯해 번역자가 누구인지, 어느 출판사에서 나왔는지 등도 판단의 기준이 된다. 그래도 여전히 비슷한 층위 안에 있는 책들 사이에서 기준이나 표준을 선택하는 것은 쉽지 않은 일이다.

하나 더 언급하자면, 불편하고 부정적인 사실에서도 역사의 교훈은 얻을 수 있다. 민족주의의 부정적인 모습은 일제강점기인 1930년대에 일어난 '만보산 사건'에서도 확인된다. 만주 지역에서 물길을 둘러싸고 일어났던 중국인과 재만 조선인 사이의 대립이 국내 언론을 통해 조선인의 피해와 희생으로 왜곡되어 알려졌다. 이에 국내에서 '화교'에 대한 무력적 탄압이 일어나 많은 중국인이 피해당했다. 역사적 사실 속에서 정확한 정보 대신 부정적 이해가 더해져 빚어진 참극이다. 그래도 알아야 한다.

1980년대 후반부터 일제강점기 사회주의 계열의 민족운동에 관한 연구 성과가 축적되었다. 독립운동을 민족주의 계열의 운동 중심으로 정리하면서 당대 민족운동의 내용이 풍부해졌다. 사회주의자의 조직 활동이, 사회주의 이념에 기초한 청년, 학생, 노동자, 농민 등의 대중운동이 관심의 대상이었다. 그러다보니 그 안에 있던 '파벌'이 보였다. 심지어 1921년 러시아령 자유시에서 독립군 상호간에 주도권을 둘러싸고 총을 겨누었던 '자유시 참변'처럼 서로를 희생시키는 사건도 있었다. 불편한 역사지만, 그래도 설명해야 한다.

역사 공부와 탈신화

당파성은 현재성의 물음과 맞물려 있다. 자신이 경험한 사실과 시대를 역사화할 수 있을까? 비교적 현재와 가까운 시기인 현대사는 역사로 구성하기 어렵다고 여긴 때도 있었다. 진행 중인 과정인지라 판단이 어렵다고, 생존한 인물에 관한 연구이기에 이해관계가 얽혀 있다고 생각했다. 하지만 오늘날에는 역사가의 역할 가운데 당대와의 교감을 중요하게 생각해 현대사에 관한 연구가 활발히 이루어지고 있다.

> 과거를 엄격하고 정확하게 판단함으로써 그것이 쌓여서 이루어진 현재를 가장 객관적으로 이해하는 것이 역사학의 임무이지만, 그것보다 더 중요한 임무가 앞으로의 올바른 방향을 제일 먼저 찾아내고 지시하는 데 있음을 강조하지 않을 수 없는 것이다.[i]

현대사 관련 수업을 하다보면, 가르치는 사람과 배우는 사람간에 현재에 관한 이해가 다를 수 있다. 1987년 6월 항쟁에 관한 수업을 할 때, 가르치는 이에게 1987년은 직접 경험한 시대인 반면 배우는 이들에게는 아직 태어나기 전에 일어났던 사건이다. 즉, 선생에게는 과거의 경험이고 학생들에게는 과거의 역사다. 학생들은 자신을 기준으로 태어나기 이전의 사건을 역사로 이해한다. 20살의 나이에 1987년을 겪은 이들에게 1950년 6. 25 전쟁은 37년 전 역사이고, 2024년 20살인 이들에게는 1987년 6월 항쟁이 37년 전 역사다.

역사적 사건과 인물에 관한 내용은 할 수 있다면 현재와 접속해야 한다. 몽골의 침입, 임진왜란, 병자호란 등은 현재와 연결점을 찾기 쉽지 않다. 6. 25 전쟁 역시 2000년대 이후 태어난 학생에게는 과거의 이야기일 뿐이다. 육성을 통해 증언을 들을 할아버지와 할머니가 존재하지 않는 사건이다. 하지만 그보다 더 먼 역사인 1930~40년대 일본군 '위안부'의 경우 현재성을 지닌다. 소녀의 상으로 대표되는 일본군 '위안부'에 관한 기억은 일본군 '위안부' 할머니를 포함해서 우리 모두의 현재와 연결된 물음이기 때문이다.

역사의 현재성은 현재의 관점에 의해 과거를 재구성하는 사례를 통해 확인할 수 있다. 실학의 재조명이나 조선 후기 자본주의

---

i 고려대학교 문과대학 사학과 교수실 편, 1979, 『역사란 무엇인가』, 고려대학교 출판부, 185쪽.

12-7 일본군 '위안부' 소녀의 상.

맹아론 같은 경우가 그러하다. 실학은 조선 후기의 실용적이고 실제적인 새로운 학문 경향으로 개혁에 적용되었다고 배웠다. 그런데 해방 이후에 왜 실학에 주목했을까? 자본주의 맹아론은 자생적 근대의 길을 설명하고자 했던 노력의 일환으로, 실학과 근대화론을 연결해서 강조했던 것이다.

현재에 의해 과거가 감추어지는 사례도 있다. 진보와 보수는 경제문제에 관한 책임 소재를 따지는 논쟁을 벌이고는 한다. 보수는 진보를 향해 "경제가 안 좋으니 기업의 입장을 고려해야 한다."라는 논리를 앞세운다. 그러면서 박정희 시대의 경제 '발전'에 큰 의미를 부여한다. 지금 경제적 역량이 갖추어진 것은 '강력한' 리더십을 바탕으로 한 '경제발전계획' 때문이라는 것이다. 그렇게 방점을 찍으면, 어느샌가 독재자 박정희는 사라지고 경제발전의 '리더' 박정희만 남게 된다.

현재를 위해 과거를 왜곡하는 사례도 있다. 박근혜 정부는 고등학교 국정 교과서를 제작해서 공식적인 국가의 기억을 만들고자 했다. 더불어 1948년 8월의 대한민국 정부 수립일을 '건국절'로 제정하고자 했다. 이에 역사학계는 1919년 4월에 성립한 대한민국 임시정부의 수립과 계승을 강조한 헌법 정신을 지키고자 했다. 1948년이 강조되면 해방 3년 동안 논의되었던 친일과 반공의 경계선이 사라진다. 독립운동가를 탄압했던 일제 경찰은 공산주의자를 억압하는 한국 경찰로 거듭 탄생했는데, 대한민국 건국에 공로를 세웠다며, 반공에 앞장선 존재에게 면죄부를 주는 것이다.

현재가 과거를 침묵시키는silencing 사례도 있다. 겹쳐진 작은 기억들 때문에 큰 기억이 사라지는 것이다. 1572년 프랑스에서 가톨릭을 믿는 집단이 개신교를 믿는 집단을 학살한 사건이 있었다. 양 진영의 결혼식이 열리는 공간에서 비극이 발생한 것이다. 이들은 모두 오늘날 프랑스 민족과 역사를 구성하고 있다. 이에 대해 에르네스트 르낭Ernest Renan은 '망각은 민족 창출의 근본적인 요소'라고 보면서, 예를 들어 "프랑스 시민들은 모두 16세기에 있었던 정오의 학살, 즉 성 바르톨로메오 축일 학살을 분명히 잊고 있을 것입니다."[i]라고 밝혔다. 프랑스 민족을 만들기 위해 가톨릭의 개

---

i 에르네스트 르낭, 신행선 옮김, 2002, 『민족이란 무엇인가』, 책세상, 62~63쪽.

신교에 대한 학살을 망각시키려 한다는 것이다. 이렇듯 역사에 대한 침묵, 생략, 변형, 강요 등에도 주의를 기울여야 한다.

고대가 주로 기억되는 나라가 있다. 이집트, 그리스, 멕시코와 칠레 등이 그러하다. 전 세계 사람들이 피라미드, 파르테논 신전, 마추픽추 등을 보러 그곳에 간다. 과거 고대시대가 관광상품이 된 것이다. 그런데 빛나는 과거는 현재의 정치적·사회적 현실과는 잘 연결되지 않는다. 심지어 과거는 그렇게 화려했는데, 지금은 왜 그렇게 열악한지에 대한 설명도 궁색하다.

어떤 경우에는 화려한 과거를 통째로 부정하는 주장이 나오기도 한다. 피라미드는 단군신화의 고조선보다도 이전에 만들어졌다. 이러니 어떤 이들은 3,000년을 훌쩍 넘는 과거에 만들어진 그 크기와 규모에 압도되어, 그토록 수학적인 정확성을 지닌 피라미드를 과연 이집트 사람이 건설할 수 있었을까라며 의문을 제기한다. 피라미드가 어떻게 만들어졌는지는 아직도 분명하게 규명되지 않았다. 인터넷 상에는 피라미드를 외계인이 만들었다는 이야기도 떠돈다. 이러한 '외계인설'은 서양인의 시선에서 볼 때 동양인으로 규정되는 이집트인의 능력을 부정하는 것으로, '오리엔탈리즘'의 변형이라고 볼 수 있다.

한편, '과거의 부활'이라는 영광에 매달리는 것은 위험하다. 로마제국과 신성로마제국 등을 환기하면서 '로마제국의 영광' '게르만의 영광'을 언급하는 것은 '전체주의'의 정치적 행태였다. 화려한 영광을 부활하자면서, 당대의 모순을 감추고 타자에 대한 공격성을 높인다. 개인적으로도 과거에 매몰되면 위험하다. "왕년에" "나 때는 말이야"라는 일상의 언어가 그러하다. 이렇듯 황금기를 과거로 설정해 불행하고 비참한 당대가 대비되었다. 과거가 현재를 집어삼켜버린 것이다. 심지어 미래까지 위험할 수 있다.

역사학자로서 평소 깊게 생각해야 하는 것은 무엇일까? 일생을 통해 지켜야 할 약속과 명심해야 할 내용을 '좌우명'이라고 하는데, 오래된 글이지만 미국의 사회학자 배링턴 무어Barrington Moore의 말을 항상 명심하며 살고자 한다.

배링턴 무어는 "인간 사회를 탐구하는 모든 학도들에게 역사 과정의 희생자에 대한 동정과 승리자의 주장에 대한 회의는 필수불가결한 방패가 되어 그들을 지배적인 신화에 기만되지 않도록 보호한다."[i]라고 주장했다.

'인간 사회를 탐구하는 모든 학도'는 인문학자를 의미하며, 역사학자도 이에 포함된다고 생각한다. 이들은 역사 과정의 '희생자'와 '승리자' 모두에게 관해 관심을 가져야 하는데, 전자에 대해서는 '동정'을, 후자의 주장에 대해서는 '회의'해야 한다고 배링턴 무어는 이야기한다. 특히 승리자의 주장은 무오류의 '신화'의 형태를 띠고 있다. 신화에서 벗어나야 한다. 나폴레옹은 이를 잘 보여준다.

나폴레옹의 일생에서 프랑스 군대를 이끌고 알프스 산맥을 넘

---

i 배링턴 무어, 진덕규 옮김, 1985, 『독재와 민주주의의 사회적 기원』, 까치, 518쪽.

12-8 나폴레옹에 관한 두 그림. (왼쪽)자크 루이 다비드(Jacques Louis David), 〈생 베르나르 고개를 넘는 나폴레옹〉(1800-01). (오른쪽)폴 들라로슈(Paul Delaroche), 〈알프스 산맥을 건너는 보나파르트〉(1850)

어간 것은 '성공'의 중요한 계기였다. 반대 측 군대의 방어선을 피해 이탈리아에 남아 있던 프랑스 군대와 합류했던 것이다. 왼쪽의 그림이 유명하다. 그런데 상식적으로 이상하다. 눈 덮인 알프스의 산을 넘어갈 때 망토를 휘날리며, 그가 탄 백마가 눈밭에서 앞발을 들고 있다. 추운 날씨와 눈 덮인 상황에서 불가능한 장면이다. 오른쪽 그림은 추운 날씨에 웅송그리고 있는 나폴레옹과 눈길을 조심스럽게 인도하는 마부가 함께 그려져 있다. 왼쪽이 신화이고 오른쪽이 사실에 가깝다. 역사학자는 자신을 포함한 공동체 시민과 함께 '신화'에 속지 않아야 한다.

맺음말

역사학자가 되었지만, 인문학자가 되고 싶었다. 인문학은 문학, 역사, 철학으로 구성되어 있다고 하는데, 역사 영역은 물론 문학과 철학에 관한 책을 읽어서 해답을 찾고자 했다. 책 안에 답이 있다고 믿었다. 필자는 1980년대에 대학을 다녔다. 80년대 학번이라고 불렸다. 70년대 학번을 비롯한 선배들의 독서량과 폭이 부러웠다. 50살이 훌쩍 넘은 나이가 돼서 이것이 불가능함을 알게 되었다. 살아왔던 시간보다 남은 기간이 짧으니 이제는 인문학자 대신 교양인이 되었으면 좋겠다.

읽는 책의 범주를 좁히고 있다. 역사책 외에는 철학과 문학 전체보다는 종교와 신화라는 주제에 관한 책을 찾아 읽고 있다. 종교와 신화는 필자의 책읽기에 중요하다. 종교는 논리를 넘어서기 때문에 끌린다. 신화는 상상을 키울 수 있어서 매력적이다. 그럼

왜 교양인이 되고 싶을까? 생각을 유연하게 하고 싶다. 생각이 유연한 것은 균형 감각을 가지는 것을 의미한다. 나의 삶, 나의 판단, 나의 결정 등을 정답이라고 주장하고 싶지 않기 때문이다.

유연한 사고와 판단을 할 수 있는 교양인이 되고 싶다. 개인의 경험인데, 취미를 함께 가지는 것을 권한다. 나는 '보는 것'을 좋아한다. 책은 물론 영화, 연극, TV, 미술 등 시각매체 모두가 이에 해당한다. 그 가운데 19세기~20세기 초반의 유화를 특히 좋아한다. 한동안은 19세기만이었는데, 샤갈 때문에 20세기까지 확장되었다. 나아가 전시장에 가서 보기를 권한다. 유화 그림의 덧칠을 주목한다. 무슨 색 위에 무슨 책을 덧칠했는지 꼼꼼히 본다. 개인적으로 이전 고전주의 작품에서는 상상의 여지를 찾을 수 없어 19세기~20세기 초반의 유화를 좋아한다.

이런 삶도 좋을 것 같다. 마키아벨리의 편지 가운데 여러 글 쓰는 사람에게 인용되는 대목이 있다. 사람들과 어울려 술 먹고 잡담하다가 방(연구실)에 들어오면 마키아벨리 스스로가 바뀐다는 내용이다. 하루 가운데 몇 시간에 지나지 않지만 방에 들어온 순간부터 로마인의 옷을 입고, 로마인과 대화한다는 것이다. 여러 글쟁이가 이 부분을 인용하는 것은 부러워하기 때문이라고 생각한다.

책을 통해 답을 찾았던 세대의 입장에서 앞으로 책이 살아남을 수 있을지 의문이다. 책이 출간되겠지만 다소간 자신이 없기도 한 이유는 유튜브가 큰 영향력을 발휘하기 때문이다. 콘텐츠의 성격상 일회성이 강한 내용도 많다. 시간이 지난 다음에도 인터넷으로 '다시 보기'가 가능하다. 유튜브 용어 중 '성지聖地'가 있다. 일반적으로는 인기 있는 게시물을 가리키는데, 그 가운데 앞으로 일어날 일을 정확하게 예측했거나, 어처구니없이 틀린 내용을 계속 상기시키는 곳도 꽤 많다.

현재가 된 미래에 관한 내용을 언급했던 과거의 유튜브 영상을 재생하면서 전문가의 의견을 평가한다. 선거 전에 나름의 논리를 바탕으로 선거의 승패를 분석한다. 맞는 경우도 있지만, 틀린 경우도 많다. 여야 거물 정치인에 신인 정치가가 도전하는 선거구에서는 "격에 맞지 않는다."라는 언급이 자주 나온다. 그런데 반대의 결과가 나올 수 있다. 첫 보도에는 '이변' '돌풍' 등의 단어가 등장한다. 분석이 이루어진 "선거에서 진 이유가 만 가지 넘는다."라고 한다. 당대의 평가와 오늘날의 평가 간 차이는 어떻게 해석해야 할까?

역사가의 정체성과 관련해서 "검시관으로서의 역사가"[i]라는 말이 있다. 과거를 낱낱이 보려는 욕망을 실현하고자 하기 때문이다. 역사가는 경험한 시대와 사건을 역사화할 수 있을까? 이전에는 같은 시대의 사건을 평가할 수 없었기에 연구가 어렵다고 보았다. 현대사를 연구하지 않는 경향이 존재했다. 이념 갈등도 한몫했다. 그렇다면 불가능할까?

---

i 아놀드 토인비, 노명식 옮김, 1982, 『역사의 연구』 1, 삼성출판사, 307쪽.

역사가는 "거인 어깨 위의 난쟁이"일까? 나는 이 표현을 프랑크Andre Gunder Frank의 『리오리엔트』(원서 1998년, 한글판 2003년 출간)에서 보았다. 더 찾아보니, 아이작 뉴턴Isaac Newton이 1675년 "거인의 어깨 위에 서 있었기에 더 멀리 볼 수 있었다."[i]라고 했다고 한다. 무슨 의미일까? 거인 위에서 바라볼 수 있기에 그의 시선은 더 높고, 먼 곳까지 볼 수 있는 것일까? 아니면 키가 작아서 알아도 무슨 실천을 할 수 없어서 제한적일까? 더구나 보는 것을 통해 답을 얻을 수 있을까?

거듭 이야기하지만, 필자는 인생의 답을 책에서 찾을 수 있다고 생각했던 세대다. 지금은 인터넷을 클릭해 찾은 내용 가운데 내 눈높이에 맞는 답을 선택하면 된다. 이에 비해 고전을 읽는 행위는 시간이 걸린다. 1쪽을 읽는 데 여러 시간이 걸린 적도 있다. 어떤 것은 절반도 이해되지 않았다. 이렇듯 고전 읽기는 비생산적으로 보일 수 있다. 즉답을 제시하지 않기 때문이다. 심지어 답이라고 찾았다 싶으면 옛날 말투로 주술 관계가 꼬여 있는 어려운 문장과 마주하게 된다.

그래도 고전을 계속 읽고자 한다. 20대에는 주어진 의미만 이해하고 넘어갔는데, 40~50대에 들어 고전의 의도를 새롭게 발견하기도 하기 때문이다. 고전을 읽기 위해서는 여유가 아니라 절대적인 시간을 투여해야 한다. 나아가 이렇게 해야 할 절박함이 있

---

i EBS 특별기획 통찰 제작팀, 2017, 『통찰』, 베가북스, 8쪽.

어야 한다. 고전은 당대 문제를 해결할 직접적인 답을 제시하지 않기 때문이다.

책에서 답을 찾을 수 있다는 의미는 무엇일까? 꼬리에 꼬리를 문다. 문제에 관한 갈증을 해소하고자 책을 준비했는데, 갈증이 심해져간다. 야학에서는, 가르치고 배우는 강학講學과 배우고 가르치는 학강學講이라는 표현을 쓴다. 사막에서 오아시스가 있는 방향을 찾기 위해 함께 배우는 동학同學을 계속 꾸준하게 만나고 싶다.

그림 출처

1장

1-1 Basran Burhan(위키미디어 커먼스)
1-2 반구천의 암각화 https://www.ulsan.go.kr/s/bangudaepetroglyphs/main.ulsan
1-3 반구천의 암각화 https://www.ulsan.go.kr/s/bangudaepetroglyphs/main.ulsan
1-4 국가문화유산포털(문화재청)
1-5 공석구, 2019, 「연꽃무늬와당으로 본 광개토왕릉 비정」, 『고구려발해연구』 제64집, 84쪽
1-6 공석구, 2019, 「연꽃무늬와당으로 본 광개토왕릉 비정」, 『고구려발해연구』 제64집, 96쪽
1-7 (오른쪽) 위키미디어 커먼스
1-8 국립중앙도서관

2장

2-1 https://rgm-79.tistory.com/703
2-2 우리역사넷(국사편찬위원회)
2-3 대한민국 구석구석(한국관광공사)
2-4 Steve46814(위키미디어 커먼스)

4장

4-1 저자

4-3 위키미디어 커먼스
4-4 (왼쪽) 위키미디어 커먼스
4-5 위키미디어 커먼스
4-6 위키미디어 커먼스
4-7 (왼쪽) 위키미디어 커먼스
(오른쪽) 위키미디어 커먼스
4-8 위키미디어 커먼스
4-9 John W. Dower, *War Without Mercy*
4-10 김광재, 「1910~20년대 상해 한인과 조계 공간」, 『역사학보』 228, 2015. 12, 375쪽

5장

5-1 국립중앙박물관 소장
5-2 (왼쪽) 위키미디어 커먼스

6장

6-1 국립중앙박물관 소장
6-2 국가문화유산포털(문화재청)
6-3 (왼쪽) 위키미디어 커먼스
(오른쪽) 조경달, 2008, 『이단의 민중반란』, 역사비평사, 153쪽
6-4 위키미디어 커먼스
6-5 위키미디어 커먼스
6-6 Zazaa Mongolia(위키미디어 커먼스)

7장

7-1 서울역사아카이브
7-2 위키미디어 커먼스
7-3 네이버 뉴스 라이브러리 캡처
7-4 (왼쪽) 의열단 100주년 기념사업 추진위원회
(오른쪽) BYU collection

8장

8-2 저자
8-3 The Trustees of the British Museum(위키미디어 커먼스)
8-4 국립중앙박물관 소장
8-5 (왼쪽) 위키미디어 커먼스
(오른쪽) 위키미디어 커먼스

9장

9-1 위키미디어 커먼스
9-2 위키미디어 커먼스
9-3 (왼쪽) 국가문화유산포털(문화재청)
(오른쪽) 위키미디어 커먼스
9-4 위키미디어 커먼스
9-5 (왼쪽) 위키미디어 커먼스
(오른쪽) 동학농민혁명기념재단

10장

10-1 전태일재단
10-2 독립기념관
10-3 위키미디어 커먼스
10-4 위키미디어 커먼스
10-5 (왼쪽) 위키미디어 커먼스
(가운데) 위키미디어 커먼스
(오른쪽) 위키미디어 커먼스

11장

11-1 국가문화유산포털(문화재청)
11-2 (왼쪽) Bernard Gagnon(위키미디어 커먼스)
(오른쪽) Steve46814(위키미디어 커먼스)
11-3 Lawinc82(위키미디어 커먼스)

11-4 (왼쪽) 위키미디어 커먼스
(오른쪽) 강일웅(위키미디어 커먼스)

11-5 위키미디어 커먼스

11-6 국립중앙박물관 소장

11-7 (왼쪽) 과천 추사박물관 소장
(오른쪽) 소전 미술관 소장

12장

12-1 위키미디어 커먼스

12-2 Isabella Bishop, *KOREA And Her Neighbors*

12-3 Rudolf Zabel, *Meine Hochzeitsreise durch Korea Während des Russisch-japanischen Krieges*

12-4 저자

12-5 (왼쪽) 광주교육대학교 페이스북
(오른쪽) 저자

12-6 위키미디어 커먼스

12-7 Oronsay(위키미디어 커먼스)

12-8 (왼쪽) 위키미디어 커먼스
(오른쪽) 위키미디어 커먼스

* 저작권자를 찾지 못하거나 연락이 닿지 못한 사진들이 있습니다.
확인이 되는 대로 적법하게 처리하겠습니다.

역사를 읽는 법

초판 1쇄 발행 | 2024년 5월 27일

지은이 | 류시현

펴낸곳 | 도서출판 따비
펴낸이 | 박성경
편　집 | 신수진, 정우진
디자인 | 이수정

출판등록 | 2009년 5월 4일 제2010-000256호
주소 | 서울시 마포구 월드컵로28길 6(성산동, 3층)
전화 | 02-326-3897
팩스 | 02-6919-1277
메일 | tabibooks@hotmail.com
인쇄·제본 | 영신사

ISBN 979-11-92169-37-8 03900

책값은 뒤표지에 있습니다.